"十三五"普通高等教育本科规划教材
电子商务与快递物流综合信息技术实训系列教材

电子商务网站实训

邢 颖 周晓光 杨萌柯 编著

内 容 简 介

本书分为3篇，共8章。概述篇介绍了电子商务网站的基础知识；理论篇介绍了电子商务网站建立和实现工具的学习；实训篇则详细介绍了电子商务网站的静态页面、动态页面与后台程序的编写方法。

本书以实践、实训为主，兼顾理论知识，根据课程教学的实际需要，突出实践技能，主要目标是提高学生的网站技术实践与开发水平。

本书既有电子商务网站基础知识的介绍，又包含了丰富的应用案例，可作为物流工程、计算机、软件工程等相关专业的教学用书，也适合有一定Java语言基础和SQL语言基础的人群学习，还可作为网站开发人员的入门级参考用书。

图书在版编目(CIP)数据

电子商务网站实训/邢颖，周晓光，杨萌柯编著.—北京：北京大学出版社，2017.10
（电子商务与快递物流综合信息技术实训系列教材）
ISBN 978-7-301-28831-3

Ⅰ.①电… Ⅱ.①邢…②周…③杨… Ⅲ.①电子商务—网站—高等学校—教材
Ⅳ.① F713.361.2 ② TP393.092

中国版本图书馆 CIP 数据核字 (2017) 第 246604 号

书　　　名	电子商务网站实训 DIANZI SHANGWU WANGZHAN SHIXUN
著作责任者	邢　颖　周晓光　杨萌柯　编著
策划编辑	刘　丽
责任编辑	李瑞芳
数字编辑	陈颖颖
标准书号	ISBN 978-7-301-28831-3
出版发行	北京大学出版社
地　　址	北京市海淀区成府路205号　100871
网　　址	http://www.pup.cn　新浪微博：@北京大学出版社
电子信箱	pup_6@163.com
电　　话	邮购部 62752015　发行部 62750672　编辑部 62750667
印刷者	北京虎彩文化传播有限公司
经销者	新华书店
	787毫米×1092毫米　16开本　19.75印张　465千字 2017年10月第1版　2020年10月第2次印刷
定　　价	45.00元

未经许可，不得以任何方式复制或抄袭本书之部分或全部内容。
版权所有，侵权必究
举报电话：010-62752024　电子信箱：fd@pup.pku.edu.cn
图书如有印装质量问题，请与出版部联系，电话：010-62756370

前言

PREFACE

近年来我国电子商务交易额一直保持快速增长势头。2015年全国电子商务交易额达26.1万亿元，同比增长约19.8%。2015年全国网络零售交易额超5.16万亿元，同比增长26.2%，其中实物商品网上零售额近4.2万亿元，同比增长25.6%，高于同期社会消费品零售总额增速15.2%，占社会消费品零售总额的12.6%。毫无疑问，电子商务正在成为拉动国民经济保持快速可持续增长的重要动力和引擎。

与此同时，电子商务的迅猛增长推动了现代物流的发展，而现代物流也在促进电子商务的发展，二者互相依存，共同发展。电子商务的推广与发展，加快了世界经济一体化，使物流在整个商务过程中占据了举足轻重的地位，这对电子商务物流人才的培养提出了迫切需求。电子商务物流人才的培养，必须强化电子商务实践教学环节，积累电子商务从业经验，强调理论与实践相结合，培养读者创新与实践能力。

本书从电子商务网站的基本原理出发，通过一个电子商务网站的开发实例——图书电子商务网站的规划与开发，使读者掌握电子商务理论知识，培养读者计算机编程技术应用的能力，推动新型物流人才的培养。通过对本书的学习，读者将对以下知识有充分了解，包括电子商务网站的基础概念、电子商务网站的规划分析方法、电子商务网站的开发流程、电子商务网站的开发技术与方法。

本书从电子商务网站的基本概念开始，带领读者从网站规划设计阶段着手，逐步学会网站开发软件以及网站编程语言的使用，完成电子商务网站的开发工作。本书主要内容包括以下几个部分。

（1）电子商务网站概述：介绍电子商务网站的定义、分类、功能以及开发技术。

（2）电子商务网站的规划与设计：介绍如何进行电子商务网站系统分析与规划设计。

（3）电子商务网站数据库的设计与建立：介绍了MySQL数据库的下载、安装和配置，网站数据库的设计，网站数据库物理模型的建立与数据库表的生成。

（4）电子商务网站运行环境配置：介绍了JDK与JRE的下载、安装与配置，MyEclipse的下载、安装与配置，Tomcat服务器的下载、安装与配置。

（5）电子商务网站静态页面的设计与建立：介绍了HTML语言基础、CSS基础、JavaScript语言基础、网站前台首页的设计与建立实例。

（6）电子商务网站动态页面的设计与建立：介绍了JSP基础语法和JSP内置对象。

（7）电子商务网站后台程序的设计与建立：介绍了JavaBean和Servlet程序开发。

（8）电子商务网站案例实训：介绍了电子商务网站各个功能模块的具体实现方法。

本书讲解循序渐进，由浅入深，从最基本的电子商务网站基本概念开始，逐步介绍如何进行网站规划设计、网站数据库设计与建立，如何使用网站建立的实现工具，学习网站编写语言等，最后完成电子商务网站实例开发。同时，在讲解过程中辅以大量实例，并提供了每个实例的源码，方便学生学习和参考。

本书是电子商务与快递物流综合实训教材系列，根据北京邮电大学和中科富创（北京）科技有限公司联合成立的电子商务与物流协同发展研究院的研发成果编写而成，亦得益于邢颖、张琦、邓庆元、潘彦、周红艳、范静静、郑磊、刘刚、于清、孙琼、杨宁等团队成员的努力和贡献，在此对他们的付出表示感谢。

由于作者水平有限，加之时间仓促，书中可能出现不足之处，恳请广大读者批评指正。

编　者

2017 年 3 月

【资源索引】

目 录

CONTENTS

概 述 篇

第1章　电子商务网站概述 ·· 1
  1.1　电子商务网站的定义 ·· 2
  1.2　电子商务网站的分类 ·· 2
  1.3　电子商务网站的功能 ·· 3
  1.4　电子商务网站技术概述 ··· 4
    1.4.1　电子商务网站的体系结构 ··· 4
    1.4.2　电子商务网站的客户端技术 ·· 5
    1.4.3　电子商务网站的服务器端技术 ··· 7
    1.4.4　HTTP通信协议的工作流程 ·· 9
  本章小结 ·· 10
  习题 ·· 11

第2章　电子商务网站的规划与设计 ··· 12
  2.1　系统分析 ·· 13
    2.1.1　需求分析 ·· 13
    2.1.2　可行性研究 ·· 13
  2.2　系统设计 ·· 14
    2.2.1　系统目标 ·· 14
    2.2.2　系统功能结构 ··· 15
    2.2.3　系统业务流程 ··· 16
    2.2.4　系统开发环境 ··· 18
    2.2.5　开发语言、工具和技术 ··· 19
  本章小结 ·· 21
  习题 ·· 22

第3章　电子商务网站数据库的设计与建立 ··· 24
  3.1　MySQL数据库简介 ·· 25
  3.2　MySQL数据库的下载、安装与配置 ·· 25
    3.2.1　MySQL数据库下载 ·· 25

3.2.2　MySQL 数据库安装 …… 27
　　3.2.3　MySQL 数据库配置 …… 29
3.3　网站数据库设计 …… 36
　　3.3.1　数据库需求分析 …… 36
　　3.3.2　数据库结构设计 …… 36
　　3.3.3　数据库逻辑结构 …… 39
3.4　网站数据库建立 …… 44
　　3.4.1　PowerDesigner 简介 …… 44
　　3.4.2　数据库物理数据模型的建立 …… 44
　　3.4.3　数据库表的生成 …… 47
本章小结 …… 49
习题 …… 50

第 4 章　电子商务网站运行环境配置 …… 51

4.1　JDK、JRE、MyEclipse、Tomcat 服务器简介 …… 52
　　4.1.1　JDK 简介 …… 52
　　4.1.2　JRE 简介 …… 52
　　4.1.3　MyEclipse 简介 …… 52
　　4.1.4　Tomcat 服务器简介 …… 53
4.2　JDK 与 JRE 的下载、安装与配置 …… 53
　　4.2.1　JDK 与 JRE 的下载 …… 53
　　4.2.2　JDK 与 JRE 的安装 …… 56
　　4.2.3　JDK 与 JRE 的配置 …… 59
4.3　MyEclipse 的下载、安装与配置 …… 61
4.4　Tomcat 服务器的下载、安装与配置 …… 63
　　4.4.1　Tomcat 服务器的下载 …… 63
　　4.4.2　Tomcat 服务器安装与配置 …… 63
　　4.4.3　Tomcat 文件夹介绍 …… 65
　　4.4.4　MyEclipse 配置 Tomcat 服务器 …… 68
4.5　项目实战源码导入 …… 71
本章小结 …… 74
习题 …… 74

理　论　篇

第 5 章　电子商务网站静态页面的设计与建立 …… 75

5.1　HTML 的基本结构 …… 76
　　5.1.1　最简单的 HTML 网页 …… 76
　　5.1.2　HTML 文档的基本结构 …… 77

5.1.3　HTML 标签规范 …… 77
　　5.1.4　HTML 标签概览 …… 78
5.2　Dreamweaver 简介与 Web 站点的创建 …… 86
　　5.2.1　Dreamweaver 简介 …… 86
　　5.2.2　Web 站点的创建 …… 86
5.3　DIV + CSS 设计与制作网页 …… 87
　　5.3.1　XHTML 和 CSS 基础知识 …… 87
　　5.3.2　网页布局 …… 95
　　5.3.3　纵向导航栏和横向导航栏 …… 104
5.4　电子商务网站前台首页的设计与建立 …… 107
5.5　JavaScript 基础知识 …… 119
　　5.5.1　基本语法 …… 119
　　5.5.2　事件处理 …… 126
　　5.5.3　window 对象 …… 132
本章小结 …… 133
习题 …… 134

第 6 章　电子商务网站动态页面的设计与建立 …… 135

6.1　使用 MyEclipse 建立 JSP 页面 …… 136
6.2　JSP 基础语法 …… 140
　　6.2.1　JSP 注释 …… 140
　　6.2.2　Scriptlet …… 141
　　6.2.3　Scriptlet 标签 …… 143
　　6.2.4　page 指令 …… 144
　　6.2.5　包含指令 …… 146
　　6.2.6　跳转指令 …… 150
　　6.2.7　实例操作 JSP + JDBC …… 151
6.3　JSP 内置对象 …… 157
　　6.3.1　内置对象 …… 157
　　6.3.2　四种属性范围 …… 157
　　6.3.3　request 对象 …… 162
　　6.3.4　response 对象 …… 166
　　6.3.5　session 对象 …… 170
　　6.3.6　application 对象 …… 173
　　6.3.7　config 对象 …… 174
　　6.3.8　out 对象 …… 175
本章小结 …… 176
习题 …… 177

第7章 电子商务网站后台程序的设计与建立 178
7.1 JavaBean 179
7.1.1 JavaBean 简介 179
7.1.2 JSP 对 JavaBean 的支持 182
7.1.3 JavaBean 保存范围 186
7.1.4 JavaBean 删除 187
7.1.5 实例操作：注册验证 187
7.1.6 DAO 设计模式 193
7.2 Servlet 程序开发 206
7.2.1 Servlet 简介 206
7.2.2 Servlet 生命周期 206
7.2.3 Servlet 和表单 207
7.2.4 Servlet 跳转 210
7.2.5 MVC 设计模式 214
7.2.6 过滤器 225
本章小结 228
习题 229

实 训 篇

第8章 电子商务网站案例实训 230
8.1 工程项目的建立 231
8.2 公共类设计 239
8.2.1 获取系统时间 239
8.2.2 数据库连接类 240
8.2.3 字符串自动处理类 241
8.3 首页的设计与建立 242
8.3.1 首页概述 242
8.3.2 首页技术分析 244
8.3.3 首页布局 245
8.4 用户模块的设计与实现 245
8.4.1 用户模块概述 245
8.4.2 用户模块技术分析 246
8.4.3 用户登录的实现过程 258
8.4.4 用户注册的实现过程 261
8.4.5 修改用户信息的实现过程 264
8.5 商品信息查询模块的设计与实现 268
8.5.1 商品信息查询模块概述 268
8.5.2 商品信息查询模块技术分析 268

8.5.3 商品信息分类查询的实现过程 ……………………………………… 279
8.6 购物车模块的设计与实现 ……………………………………………… 283
   8.6.1 购物车模块概述 ………………………………………………… 283
   8.6.2 购物车模块技术分析 …………………………………………… 283
   8.6.3 购物车添加商品的实现过程 …………………………………… 284
   8.6.4 查看购物车的实现过程 ………………………………………… 287
   8.6.5 修改商品数量的实现过程 ……………………………………… 288
   8.6.6 清空购物车的实现过程 ………………………………………… 289
8.7 订单模块的设计与实现 ………………………………………………… 290
   8.7.1 订单模块概述 …………………………………………………… 290
   8.7.2 订单模块技术分析 ……………………………………………… 290
   8.7.3 生成订单的实现过程 …………………………………………… 291
8.8 软件测试 ………………………………………………………………… 294
   8.8.1 工具简介 ………………………………………………………… 294
   8.8.2 工作目录简介 …………………………………………………… 294
   8.8.3 被测系统及自动化代码维护 …………………………………… 294
   8.8.4 案例管理 ………………………………………………………… 295
   8.8.5 案例自动化 ……………………………………………………… 297
   8.8.6 执行管理 ………………………………………………………… 301
本章小结 …………………………………………………………………… 304

附录 本书主要专业术语 ……………………………………………………… 305
参考文献 ……………………………………………………………………… 307

概述篇

第 1 章 电子商务网站概述

【学习目标】
(1) 了解电子商务网站的定义与功能。
(2) 了解电子商务网站的分类。
(3) 了解电子商务网站的体系结构。
(4) 了解电子商务网站 Web 客户端技术。
(5) 了解电子商务网站 Web 服务器端技术。
(6) 了解 HTTP 通信协议的工作原理。

【学习重点】
(1) 电子商务网站的分类。
(2) 电子商务网站的体系结构。
(3) 电子商务网站 Web 客户端技术。
(4) 电子商务网站 Web 服务器端技术。

【学习难点】
(1) 电子商务网站 Web 客户端技术。
(2) 电子商务网站 Web 服务器端技术。

互联网改变了许多人的生活习惯、交流方式、思想观念，同时也改变了商业企业的经营行为，改写了商业企业的竞争规则，其中主要形式便是电子商务。电子商务活动大都是通过电子商务网站实现的，它是企业利用信息网络进行的商务活动，是一种电子化的运作方式。它为用户提供网页服务（Web Server）、数据传输服务（FTP Server）、邮件服务（Mail Server）、数据库服务（Database Server）等多种服务的信息载体。本章主要介绍的是电子商务网站的基本概念，这是我们创建和管理电子商务网站必不可少的基础知识。

【拓展视频】

1.1 电子商务网站的定义

电子商务网站就是企业、机构或者个人在互联网上建立的一个站点，是企业、机构或者个人开展电商的基础设施和信息平台，是实施电商的交互窗口，是从事电商的一种手段。

对于一个企业来说，电子商务网站就是"工厂""公司""经销商"；对于一个商家来说，电子商务网站就是"商店""商场""门市部"；对于一个政府机构来说，电子商务网站就是"宣传窗""接待处""办公室"。

电子商务网站是企业在 Internet 上的门户，是电商系统的重要组成部分，是开始电商活动的基本手段，是与市场进行信息交换的平台，是与外界进行资源交换的平台。

总之，电子商务网站是一个真正的符合国际商务惯例，具有国际商务功能的先进国际电子商务平台，它能够展现一个公司全方位的动态信息，树立一个具有国际商务能力的现代化公司。

1.2 电子商务网站的分类

电子商务网站按照不同的分类标准有以下分类。

（1）按照商务目的和业务功能分类：基本型电子商务网站、宣传型电子商务网站、客户型电子商务网站、综合型电子商务网站。

（2）按构建网站的主体分类：行业型电子商务网站、企业型电子商务网站、政府型电子商务网站、组织型电子商务网站。

（3）按电商网站开办者分类：流通型电子商务网站、生产型电子商务网站。

（4）按网站运作的广度和深度分类：垂直型电子商务网站、水平型电子商务网站、专门型电子商务网站、公司型电子商务网站。

（5）按业务范畴和运作方式分类：非交易型电子商务网站、半交易型电子商务网站、全交易型电子商务网站。

1.3 电子商务网站的功能

电子商务网站的功能关系到电子商务业务能否具体实现，电子商务网站功能的设计是电子商务实施与运作的关键环节，是电子商务应用系统构建的前提。随着网络信息技术的逐渐发展和普及，企业都认识到利用互联网进行品牌建设、市场拓展的重要性。由于在网上开展的电子商务业务不尽相同，因此每一个电子商务网站在具体实施功能上也不相同。企业利用互联网的形式包括 B2B、B2C、C2C、O2O 等。其中有些企业专注于电子商务，也有些企业利用电子商务作为商业运作的第二渠道。但无论哪种企业，电子商务网站的功能殊途同归，即充分利用互联网信息传播范围广、传播速度快的优势，拓展线下交易，建立网上展示、交易平台。对企业电子商务网站来说，一般要拥有以下功能。

【拓展文本】

1. 商品展示

商品展示是一个基本且十分重要的功能。用户进入企业的电子商务网站，应该与进入现实中的超市一样，能够看到琳琅满目的商品。利用网络媒体进行产品的推销，无疑使企业多了一条很有前途的营销渠道。这些商品是经过分类的，与超市中将商品分为服装类、副食类、家电类等一样。企业还可以在电子商务网站上对某些商品开展广告促销活动。

2. 信息检索

电子商务网站提供信息搜索与查询功能，可以使客户在电子商务数据库中轻松而快捷地找到需要的信息，这是电子商务网站能否使客户久留的重要因素。如果一个电子商务网站的内容非常丰富，而且企业的产品种类繁多，要想将所提供的服务和商品信息详尽地介绍给客户，就应该使用数据库为浏览者提供准确、快捷的检索服务。这是体现网站信息组织能力和拓展信息交流与传递的途径。

3. 商品订购

电子商务网站可借助 Web 中的邮件交互传送实现网上的订购。用户想购买时，可以将商品放入购物车。当客户填写完订购单后，通常系统会回复确认信息单来保证订购信息的收到知悉。该功能不仅依赖于技术的设计与实现，更依赖于网站主体在设计时从简化贸易流程且便于用户运用的角度去构思。用户发现自己感兴趣的商品时，单击该商品可以看到该商品的文字、图片、视频等多种样式的描述性信息。网上的订购通常是在产品介绍的页面上提供十分友好的订购提示信息和订购交互对话框，实现用户在线贸易磋商、在线预订商品、网上购物或获取网上服务的业务功能，提供全天候的随时交易。

4. 网上支付

除交易外网上支付是重要的环节。网上支付必须要有电子金融来支持，即银行或信用卡公司及保险公司等金融单位要为金融服务提供网上操作的服务。在网上直接采用电子支付手段可省略交易中很多人员的开销。电子商务要成为一个完整的过程离不开网上支付。网上支付需要可靠的信息传输安全性控制，以防止欺骗、窃听、冒用等非法行为。目前客户和商家之间主要采用网上银行进行支付，信用卡号或银行账号都是电子账户的一种标志。一些新的网上支付形式在不断探索中。为保证支付的安全性，必须应用如数字证书、数字签名、加密等手段。

5. 信息管理

完全的电子商务网站还要包括销售业务信息管理与客户信息管理功能。其中，销售业务信息管理主要包括订单、商品销量等信息的管理，客户信息管理是反映网站主体能否以客户为中心、能否充分地利用客户信息挖掘有市场潜力的、有重要利用价值的功能，是电子商务中主要的信息管理内容。网络的连通使企业能够及时地接受、处理、传递与利用相关的数据资料，并使这些信息有序且有效地流动起来，为企业其他信息管理系统，如ERP、SCM 等提供信息支持。

6. 信息反馈

一个成功的网站必须是交互性的、多点信息互动的。企业商务网站对于收集客户的反馈信息尤为重要。企业发布功能包括新闻的动态更新、新闻的检索、热点问题追踪、行业信息、供求信息、需求信息的发布等。企业可以利用网站搜集客户反馈回来的信息，然后根据这些信息做出自己的决定。

7. 形象宣传

电子商务可凭借企业的 Web 服务器和客户的浏览，在 Internet 上发布各类商业信息。企业建立自己的电子商务网站并率先打造与树立企业形象，是企业利用网络媒体开展业务的最基本的出发点。与以往的各类广告相比，网上的广告成本最为低廉，而给客户的信息量却最为丰富。客户可借助网上的检索工具迅速地找到所需商品信息，而商家可利用网上主页和电子邮件在全球范围内进行广告宣传。

1.4 电子商务网站技术概述

1.4.1 电子商务网站的体系结构

电子商务网站是一种典型的基于 Web 的分布式、三层应用体系结构，即表示层、应用层和数据层。其中，应用层与表示层和数据层明显地分离出来，如图 1.1 所示。

（1）浏览器指的是在客户端浏览 Internet 信息的软件，也称为 Web 浏览器。

（2）Web 服务器指的是计算机信息资源的存放主机。

（3）数据库服务器存放可以在 Web 服务器中调用的数据库数据。

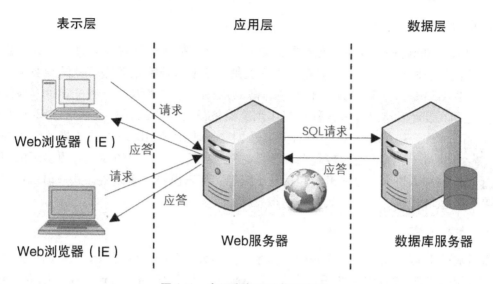

图1.1 电子商务网站体系结构

Web 通信的基本原理：由浏览器向 Web 服务器发出 HTTP 请求，Web 服务器接到请求后，进行相应的处理，并将处理的结果以 HTML 文件的形式返回浏览器，客户浏览器对其进行解释并显示给用户。Web 服务器要与数据库服务器进行交互，则必须通过中间件才能实现，常用的中间件有 CGI、ASP、JSP、JDBC、WebAPI 等。

1.4.2 电子商务网站的客户端技术

Web 客户端的主要任务是展现信息内容，其涉及的技术主要包括 HTML、CSS、脚本程序、Java Applets、XML、插件技术以及 VRML 技术等。

1. HTML

HTML 是 Hypertext Markup Language（超文本标记语言）的缩写，它是构成 Web 页面的主要工具，是由 SGML（Standard General Markup Language，标准广义标志语言）衍生出来的一种通用文档，用来定义信息表现方式的格式。HTML 是与 Web 密切相关的第二个协议。用 HTML 格式书写的文件，不会因为操作平台与界面程序的差异而造成读取障碍，它正确地"告诉"Web 浏览器如何显示信息，如何进行链接。

在 HTML 文档中包含有特殊的标记，它使得该文档元素能指向其他 HTML 文档或其他某一个图片、某一个站点等，这一现象称为超文本链接。超文本链接可用于不同的服务器，还可以创建指向该文档另一部分的链接，这种内嵌链接是从一个文档跳转到另一个文档的关键，正是由于它才使得客户浏览器与服务器的数量以指数型方式增加，才使得用户能轻松地在网上进行"冲浪"，并通过这种链接"畅游全世界"。

2. CSS

CSS(Cascading Style Sheet，层叠样式表)是用于控制网页样式并允许将样式信息与网页内容分离的一种标记性语言。CSS 的引入就是为了使 HTML 语言更好地适应页面的美工设计。它以 HTML 为基础，提供了丰富的格式化功能，如字体、颜色、背景、整体排版等，并且网页设计者可以针对各种可视化浏览器来设置不同的样式风格。CSS3 是 CSS 技术的升级版本，CSS3 语言开发是朝着模块化发展的。以前的规范作为一个模块过于庞大而且比较复杂，所以，把它分解为一些小的模块，更多新的模块也被加入进来。这些模块包括盒子模型、列表模块、超链接方式、语言模块、背景和边框、文字特效、多栏布局等。

【拓展文本】

3. 脚本语言

脚本语言是嵌入在 HTML 文档中的程序。使用脚本程序可以创建动态页面，大大提高交互性。用于编写脚本程序的语言主要有 JavaScript 和 VBScript。JavaScript 由 Netscape 公司开发，具有易于使用、变量类型灵活和无须编译等特点。VBScript 由 Microsoft 公司开发，与 JavaScript 一样，可用于设计交互的 Web 页面。要说明的是，虽然 JavaScript 和 VBScript 语言最初都是为创建客户端动态页面而设计的，但它们都可以用于服务端脚本程序的编写。客户端脚本与服务端脚本程序的区别在于执行的位置不同，前者在客户端机器执行，而后者在 Web 服务端机器执行。

【拓展文本】

4. Java Applets

Java Applets 即 Java 小应用程序。使用 Java 语言创建小应用程序，浏览器可以将 Java Applets 从服务器下载到浏览器，在浏览器所在的机器上运行。Java Applets 可提供动画、音频和音乐等多媒体服务。Java Applets 使得 Web 页面从只能展现静态的文本或图像信息，发展到可以动态展现丰富多样的信息。动态 Web 页面，不仅表现在网页的视觉展示方式上，更重要的是它可以对网页中的内容进行控制与修改。

【拓展文本】

5. XML

XML(Extensible Markup Language)是一种可扩展标记语言，可扩展性是因为 XML 里允许用户创建所需的标签，而 HTML 的标签却是固定的。

【拓展文本】

XML 并不是标记语言，它只是用来创造标记语言(如 HTML)的元语言。XML 也不是 HTML 的替代产品，或 HTML 的升级，它只是 HTML 的补充，为 HTML 扩展更多功能。我们不能用 XML 来直接编写网页。即便是包含了 XML 数据，依然要转换成 HTML 格式才能在浏览器上显示。

在 XML 中，标记语法是通过文件类型定义(Document Type Definition，DTD)来描述的。也就是说，通过 DTD 来定义 XML 文档中的元素、属性以及元素之间的关系。一个遵守 XML 语法规则并遵守相应 DTD 文件规范的 XML 文档才能称为有效的 XML 文档。

采用 XML 技术的网页，最大的特点是将数据与显示分离，数据存放在 XML 文档中。XML 数据与 HTML 间的调用和交互是通过页面脚本语言来实现的。

6. 插件技术

插件技术大大丰富了浏览器的多媒体信息展示功能，常见的插件包括 QuickTime、Realplayer、Media Player 和 Flash 等。

7. VRML 技术

Web 已经由静态步入动态，并正在逐渐由二维走向三维，将用户带入五彩缤纷的虚拟现实世界。VRML（Virtual Reality Modeling Language）是目前创建三维对象最重要的工具，它是一种基于文本的语言，并可运行于任何平台。

【拓展文本】

1.4.3 电子商务网站的服务器端技术

对于电子商务网站开发来说，更重要的是应用服务器端的程序，与 Web 客户端技术从静态向动态的演进过程类似，Web 服务端的开发技术也是由静态向动态逐渐发展、完善起来的。Web 服务器技术主要包括服务器端技术、CGI 技术、PHP 技术、ASP 技术和 JSP 技术等。

1. 服务器端技术

服务器端技术主要指有关 Web 服务器构建的基本技术，包括服务器策略与结构设计、服务器软硬件的选择及其他有关服务器构建的问题。

2. CGI 技术

CGI（Common Gateway Interface）是一种公共网关接口。本质上，CGI 是一个运行在服务器上的程序，是 Web 服务器调用外部程序的一个接口。通过 CGI，Web 服务器能将用户从浏览器中输入的数据作为参数，调用本机上的程序，并把运行结果返回用户浏览器。

启动 CGI 程序需要以下基本方法。

（1）用户在 HTML 页面中单击某个链接。

（2）浏览器请求服务器运行某个 CGI 程序。

（3）如果用户具有适当权限，服务器运行该 CGI 程序。

（4）Web 服务器将 CGI 程序的结果返回浏览器。

（5）浏览器显示输出结果。

在创建 CGI 程序时，需要使用某种编程语言。常用的有 Visual Basic、Shell Script、Perl、Java 以及 C/C++ 等。

3. ASP 技术

ASP（Active Server Pages）是一种动态服务器主页。ASP 是一套服务器端的脚本运行环境。通过 ASP，可以结合 HTML 网页、ASP 指令、ActiveX 元素和 JavaScript 脚本或 VB-

Script 脚本建立动态、交互、高效的 Web 服务器应用程序。

ASP 支持动态的 HTML 主页，它的执行可以分成以下几个步骤。

（1）用户在浏览器的网址栏中输入 ASP 的文件名，并按 Enter 键。

（2）浏览器将该 ASP 的请求发送给 Web 服务器 IIS(Internet Information Services)。

（3）IIS 接收该申请要求，并根据其.asp 的扩展名从硬盘或者内存中调用正确的 ASP 文件。

（4）这个文件被发送到一个称为 ASP.DLL 的特定文件中，然后将会从头至尾被执行并根据命令要求生成相应的静态主页。

（5）该主页将被送回浏览器，由用户浏览器解释执行并显示。

ASP 不仅可以提供动态网页，而且可以利用 ADO(Active Data Object，微软开发的一种数据访问模型)方便地访问数据库，这样我们就能够开发基于 WWW 的应用系统。

4. PHP 技术

PHP(Personal Home Page)是一种跨平台的服务器端的嵌入式脚本语言，它大量地借用 C、Java 和 Perl 语言的语法，并结合 PHP 自己的特性，使 Web 开发者能够快速地写出动态生成页面。它支持目前绝大多数数据库。最重要的一点，PHP 是完全免费的，不用花钱就可以从各个站点自由下载，而且可以不受限制地获得源码，甚至可以加进用户自己需要的特色。

对于中小企业来说，使用 PHP 构建电子商务网站无疑是最佳选择。因为 PHP 是完全免费的，并且开放源代码。PHP 在大多数 UNIX 平台、GUN/Linux 和微软 Windows 平台上均可以运行，而且安装过程比较简单。PHP 支持绝大多数主流或非主流的数据库，如 dbase、Informix、Microsoft SQL Server、MySQL、Sybase、ODBC(Open Database Connectivity) 和 Oracle 等。目前利用 Apache 做 Web 服务器，MySQL 为后台数据库，PHP 开发网页是非常流行的一个组合。

5. JSP 技术

【拓展文本】

JSP(Java Server Pages)是 Servlet2.1 API 的扩展。利用这一技术，可以建立先进、安全和跨平台的动态网站，而且它能够适应市场上包括 Apache Web Server、IIS 在内的大部分的服务器产品。

JSP 与 Microsoft 的 ASP 技术非常相似，都是面向 Web 服务器的技术，但 JSP 可以不加修改运行在多数平台上，符合"一次编写，各处运行"的 Java 标准。

Java Beans 是一种基于 Java 的可重复使用的软件组件，在 JSP 程序中，Java Beans 常用来封装事务逻辑、数据库操作等，可以实现业务逻辑和前台程序(如 JSP 程序)的分离。目前，Java Beans 在服务器端的应用非常广泛。

【拓展文本】

当 Web 服务器接收到一个 JSP 文件请求时，Web 服务器将请求发送至 JSP 服务器(如 Apache 公司的 Tomcat)，JSP 服务器对 JSP 文件进行语法分析并将其编译成 Servlet。该编译过程仅在初次调用时发生。

JSP 技术具有以下优点。

1）将内容的生成和显示进行分离

使用 JSP 技术，Web 页面开发人员可以使用 HTML 或者 XML 标记来设计页面的显示方式，使用 JSP 标记或者小脚本来生成页面的动态内容。核心逻辑被封装在标记和 Java Beans 中，这样就可以明确地进行分工，Web 页面设计人员编写 HTML，Servlets 程序人员和 Java Beans 程序人员编写动态部分和各种组件。

在服务器端，JSP 引擎解释 JSP 标记和小脚本，生成所请求的内容（如通过 Java Beans 组件和 JDBC 技术访问数据库），然后将结果以 HTML（或者 XML）页面的形式发送回浏览器。这有助于用户保护自己的代码，还保证任何基于 HTML 的 Web 浏览器的完全可用性。

2）强调可重用的组件

绝大多数 JSP 页面依赖于可重用的、跨平台的组件（Java Beans 或者 Enterprise Java Beans 组件）来执行应用程序所要求的更为复杂的处理。开发人员能够共享和交换执行普通操作的组件，或者使得这些组件为更多的使用者或者客户团体所使用。基于组件的方法加速了总体开发过程，并且使得各种组织在他们现有的技能和优化结果的开发努力中得到平衡。

3）采用标记简化页面开发

绝大多数 JSP 处理将通过与 JSP 相关的 XML 标记来完成。在 JSP 页面中，JSP 语句利用标记将 JSP 脚本嵌入 HTML 文档中，或利用 JSP 标记访问 Java Beans 组件。标记的好处在于它们易于在应用程序间使用和共享。

JSP 技术能够使开发者扩展 JSP 标记。第三方开发人员和其他人员可以为常用功能创建自己的标志库。这使得 Web 页面开发人员能够使用熟悉的工具如同标记一样地执行特定功能的构件来工作。

4）安全性高

由于 JSP 页面的内置脚本语言是基于 Java 编程语言的，而且所有的 JSP 页面都被编译成为 Java Servlets，因此 JSP 页面具有 Java 技术的所有优势，包括健壮的存储管理和相当高的安全性。

5）一次编写，各处运行

作为 Java 平台的一部分，JSP 拥有 Java 编程语言"一次编写，各处运行"的特点。随着越来越多的供应商将 JSP 支持添加到他们的产品中，用户可以使用自己所选择的服务器和工具，更改工具或服务器并不影响当前的应用。本次开发使用的就是 JSP 语言。

1.4.4　HTTP 通信协议的工作流程

电子商务网站客户端与服务器端是通过 HTTP 通信协议进行通信的，HTTP 通信协议允许用户提出 HTTP"请求"（Request），然后由服务器根据实际处理结果传回 HTTP"响应"（Response）。

【拓展文本】

（1）当用户向 Web 服务器送出请求时，Web 服务器将会开启一个新的链接。

（2）通过该链接，用户可以将 HTTP 请求传递给 Web 服务器。

（3）当 Web 服务器收到 HTTP 请求时，将进行解析与处理，并把处理结果包装成 HTTP 响应。

（4）Web 服务器将 HTTP 响应传至用户。只要用户接收到 HTTP 响应，Web 服务器就会关闭该链接，用户的执行状态将不会保存。

本章小结

本章首先介绍了电子商务网站的基本定义，然后按照商务目的和业务功能对电子商务网站进行了分类，接着叙述了电子商务网站的基本功能，并在最后简单介绍了电子商务网站的基础技术。

电子商务网站就是在软硬件基础设施设计下，通过 Internet 相互连接起来的，为用户提供网页服务（Web Server）、数据传输服务（FTP Server）、邮件服务（Mail Server）、数据库服务（Database Server）等多种服务的信息载体。其中，电子商务网站按照商务目的和业务功能分为基本型电子商务网站、宣传型电子商务网站、客户型电子商务网站、综合型电子商务网站。电子商务网站具备的基本功能包括商品展示、信息检索、商品订购、网上支付、信息管理、信息反馈、形象宣传等。

电子商务网站是一种典型的基于 Web 的分布式、三层应用体系结构，即表示层、应用层和数据层。电子商务网站技术分为客户端技术与服务器端技术，其中客户端技术内容主要包括 HTML、CSS、脚本程序、Java Applets、XML、插件技术以及 VRML 技术；服务器端技术内容主要包括服务器技术、CGI 技术、PHP 技术、ASP 技术和 JSP 技术。客户端与服务器端通过 HTTP 通信协议进行通信。

关键术语

电子商务（E-commerce）
网页服务（Web Server）
数据传输服务（Mail Server）
数据库服务（Database Server）
B2B（Business to Business）
B2C（Business-to-Customer）

C2C（Customer to Customer）
O2O（Online to Offline）
HTML（Hypertext Markup Language）
CSS（Cascading Style Sheets）
JSP（Java ServerPages）
XML（Extensible Markup Language）

习 题

一、简答题

1. 电子商务网站的基本定义是什么？
2. 按网站运作广度和深度可将电子商务网站分为哪几种类型？
3. 电子商务网站的功能包括哪些？
4. 电子商务网站三层应用体系结构分为哪三层？
5. 简述 HTTP 通信协议的工作流程。

二、判断题

1. 电子商务活动是一种电子化的运作方式。它为用户提供网页服务、数据传输服务、邮件服务、数据库服务等多种服务的信息载体。（ ）
2. 电子商务网站是一种典型的基于 Web 的分布式、三层应用体系结构。（ ）
3. 电子商务网站功能的设计是电子商务实施与运作的关键环节，是电子商务应用系统构建的前提。（ ）
4. 在电子商务网站中，C2C 属于消费者对消费者的电子商务网站。（ ）

三、选择题

1. 下面属于电子商务产生的原因的是（   ）。
   A. 计算机的广泛运用、网络的普及和成熟
   B. 信用卡的普及和应用、电子交易安全协议的确定
   C. 政府的支持和推动
   D. 以上都是
2. 电子商务根据实质内容和交易对象来分主要有四类，即企业与消费者之间的电子商务模式（B2C）、企业与企业之间的电子商务模式（B2B）、企业与政府之间的电子商务模式（B2G）、消费者与消费者之间的电子商务模式（C2C）。其中（   ）在整个电子市场上占有率最大。
   A. B2C   B. B2B   C. B2G   D. C2C
3. 在电子商务活动中，制约电子支付发展的关键要素是（   ）。
   A. 安全性   B. 高效性   C. 经济性   D. 便携性
4. 不是电子商务网站的服务器端技术的是（   ）。
   A. CGI   B. ASP   C. HTTP   D. JSP

第 2 章 电子商务网站的规划与设计

【学习目标】
(1) 能够进行网站需求分析。
(2) 能够进行网站可行性研究。
(3) 能够进行网站系统设计。
(4) 能够进行网站功能模块设计。

【学习重点】
(1) 网站需求分析。
(2) 网站系统设计。
(3) 网站功能模块设计。

【学习难点】
网站功能模块设计。

随着Internet的普及与发展，网站已经成为形象宣传、产品展示、信息沟通的最方便快捷的桥梁。本章将通过介绍电子商务网站规划的基本内容：网站需求分析、可行性研究、系统设计等，来培养读者进行电子商务网站规划与设计的能力。

2.1 系统分析

2.1.1 需求分析

传统商务经过几千年的发展在国内外已经达到繁荣阶段，随着互联网日益深入社会和家庭的每一个角落，电子商务已经对传统商务发起了全方位的挑战。计算机网络作为一种先进的信息传输媒体，其特点就是信息传送速度快、信息覆盖面广且成本低，因此可以利用网络开展商务活动。电子商务的网上实践，是从网上销售开始的，"网上商店"打破了传统的销售形式——商店，将商店和网络结合，是一种典型的电子商务网站运用。网上商店的价格比传统的商业模式要低；花样品种的选择较多；对于某些商品来说网上搜寻和选择更为便利。为适应国际贸易和商业领域的国际化、信息化和无纸化需求，电子商务充分利用计算机技术、网络通信技术和互联网，在短短的几年内迅速发展成为全球的支柱产业，给人们的经济、生活、工作带来综合的革新。

2.1.2 可行性研究

计算机网络作为一种先进的信息传输媒体，有着信息传递速度快、覆盖面广、成本低的特点。因此，很多企业都在利用网络开展商务活动，可以看到，在企业进行网上商务活动时产生的效益是多方面的。但是，开发任何一个基于计算机的系统，都会受到时间和资源上的限制。因此，在接受项目开发任务之前，必须根据客户可能提供的时间和资源条件进行可行性分析，以减少项目的开发风险，避免人力、物力和财力的浪费。可行性分析和风险分析在很多方面是互相关联的，项目风险越大，开发高质量的软件的可行性越小。

当接受一个软件开发任务后，就进入软件生命的第一个阶段，即进行可行性研究。并不是所有问题都具有简单的解决办法，许多问题不能在预定的规模之内解决，程序可以分期分批实现。但是，需要指出的是，系统目标是不可能在总体规划阶段就提得非常具体，它还将在开发过程中逐步明确和定量化，以完成更加出色的程序系统。

1. 技术可行性

技术上的可行性分析主要分析现有技术条件能否顺利完成开发工作，硬、软件配置能否满足开发者需要等。电子商务是利用计算机硬件设备、软件和网络（包括互联网、内联网、局域网）等基础设施在一定的协议连接起来的电子网络环境下从事各种各样商务活动的方式。

开发一个小型电子商务网站，涉及的技术问题不会太多，主要用到的技术就是 JSP + Servlet + JavaBean。JSP 作为视图，来表现页面；Servlet 作为控制器，控制程序的流程并调用业务进行处理；JavaBean 封装了业务逻辑，遵循了 MVC 设计模式。开发所需的编程知识较为简单，新手经过学习也能开发出自己的网站。

2. 经济可行性

经济可行性即进行成本效益分析，评估项目的开发成本，估算开发成本是否会超过项目预期的全部利润。电子商务网站在经济上主要有以下几个突出优势。

（1）投资资金少，回收快，而且无存货，特别适合小商店和个人网上创业。

（2）销售时间不受限制，无须专人看守，还可随时营业。

（3）销售地点不受限制，小商店也可以做成大生意。

（4）网上客流量比较多，只要商品有特色，经营得法，电子商务网站每天将为企业带来成千上万的客流量。

2.2　系统设计

2.2.1　系统目标

【拓展文本】

对于典型的数据库管理系统，尤其是像电子商务网站这样的数据流量特别大的网络管理系统，必须满足使用方便、操作灵活等设计需求，同时数据库设计尽量满足三大范式。

电子商务网站具有以下系统目标。

（1）展示网站最新商品信息，不断更新商品，使用户了解最新的市场动态。

（2）提供信息搜索与查询功能，可以使客户在电子商务数据库中轻松而快捷地找到需要的信息。

（3）用户可以在网站上修改个人资料、修改个人进入网站密码、查询提交的订单以及查询个人消费情况。

（4）实现购物车的功能，用户选择所需商品后，可以在线提交商品订单。

（5）对商品信息进行管理，将商品具体信息储存到数据库中，并可以修改或者删除商品信息。

（6）可以查看用户详细信息、用户消费信息。

（7）对用户提交的订单，根据情况进行阶段处理。

（8）对管理员信息、网站公告信息进行维护。

（9）系统运行稳定、安全可靠。

2.2.2 系统功能结构

本系统共分为前台和后台两个部分。

（1）前台是面向用户的部分，包括会员登录和注册、商品查询、商品展示、购物车、会员管理、订单查询、用户留言、商城公告及友情链接九个部分，其功能结构如图 2.1 所示。

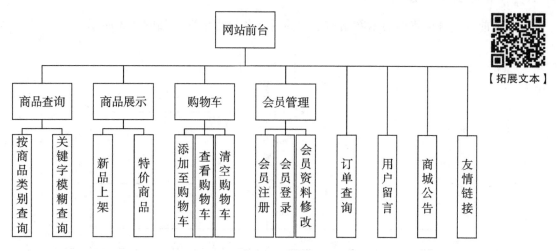

图 2.1 网站前台功能结构

（2）后台是网站管理部分，包括商品管理、商品类别管理、订单管理、友情链接管理、公告管理、会员管理、管理员管理、用户留言管理八个部分，其功能结构如图 2.2 所示。

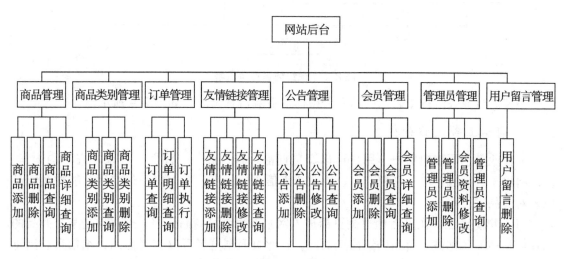

图 2.2 网站后台功能结构

2.2.3 系统业务流程

本系统有两个业务主角，即用户与管理员。用户活动对应网站前台业务流程，管理员活动对应网站的后台业务流程。在对业务流程分析中，对业务主角的活动需考虑全面，这样才能尽量完善系统的功能。

1. 系统业务流程图

系统前台业务流程图表示网站前台整体的业务流程情况，如图2.3所示。

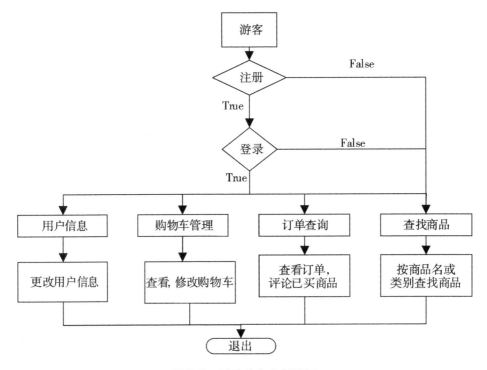

图2.3　系统前台业务流程

系统后台业务流程图表示网站后台整体的业务流程情况，如图2.4所示。

2. 前台业务流程分析

前台业务主要面向用户。用户可以浏览商品、查询商品、注册、登录、查看购物车、修改购物车、生成订单、订单查询、修改个人信息、留言。在用户登录之后才能购买商品以及对商品进行评论。

（1）浏览商品。浏览者通过浏览器进入网站首页浏览商品列表，通过单击某个商品的图片或是商品名称进入商品详细信息页面，在此页面浏览者可以查看商品详细信息。浏览者要想直接购买此商品或是将此件商品添加到购物车都需要先登录，浏览者在未登录的情况下单击"直接购买"和"添加至购物车"两个按钮时会跳转到登录界面。若浏览者已经注册了本网站的账号可以直接登录，若没有注册过，则需要通过单击登录页面的注册链

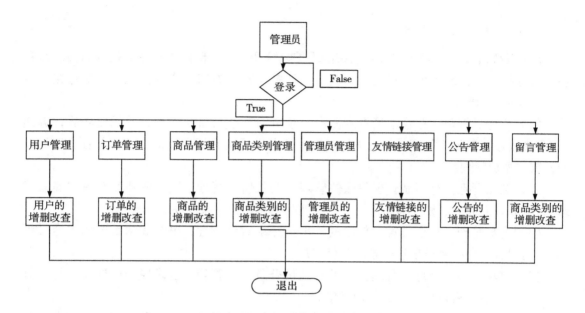

图2.4 系统后台业务流程

接进入注册页面进行注册,注册成功后再登录网站可将商品添加至购物车。

(2) 查询商品。用户通过浏览器进入网站首页后,可以单击商品所有分类的链接对商品进行分类查询,也可以通过检索框对商品进行查询,系统会根据用户输入的查询内容对数据库中所有销售中的商品信息进行模糊查询,再将查询结果显示到页面上。

【拓展文本】

(3) 注册、登录。用户进入网站首页后,在每一个网站页面的右上角都有注册、登录链接,浏览者通过单击链接就可以进入注册或登录页面。

(4) 查看购物车、修改购物车。用户只有在登录的状态下才能对购物车进行操作,用户在登录后可向购物车中添加商品。当用户进入购物车页面后可以查看购物车,对购物车进行修改操作,如修改购物车中某个商品的购买数量或是删除购物车中的某个商品或是清空购物车,以上所说的操作通过购物车页面的相应按钮就可以完成。

(5) 生成订单、订单查询。用户在确认要购买的商品后,就可以进入订单信息确认页面,进入此页面有两个途径:一是通过单击单个商品详细信息页面的"直接购买"按钮进入确认订单信息页面,二是通过购物车页面的"结算"按钮进入确认订单信息页面。进入确认订单信息页面后填写收件人、收件详细地址、邮编、手机号码,确认收件人信息无误后单击"提交订单"按钮,订单提交成功后会进入订单提交成功页面,订单可以通过订单提交成功页面的"我的订单"链接进行查询,也可在登录后通过每个页面右上角的"已购商品"链接进行查询。

(6) 修改个人信息。用户可以随时进入修改个人信息界面,但是修改个人信息的首要条件是当前用户已经注册过账号并登录的状态下。

(7) 留言。用户登录后才可对商品进行评价,用户只需要输入留言内容后单击"提交"按钮即可。

3. 后台业务流程分析

在网站设计中，管理员完成对网站的维护与管理工作。使用数据库中权限的功能对管理员设置权限，管理员可以对商品、会员、订单、商品类别、公告信息、友情链接、留言、管理员进行管理。

（1）管理员管理。总管理员进入后台登录页面，登录后台管理，登录成功后，选择"管理员管理"对所有管理员信息进行管理，可以查看所有管理员信息、为所有管理员分配权限、添加管理员。

（2）商品管理。有商品管理权限的管理员登录后台管理，登录成功后选择"商品管理"，可以查询商品、修改商品信息、删除商品信息、上下架商品。

（3）会员管理。有会员管理权限的管理员登录后台管理，登录成功后选择"会员管理"，可以查看所有会员信息、删除会员信息。

（4）订单管理。有订单管理权限的管理员登录后台管理，登录成功后选择"订单管理"，可以查看所有订单信息、处理订单。

（5）商品类别管理。有商品类别管理权限的管理员登录后台管理，登录成功后选择"商品类别管理"，可以查看所有商品类别、增加或删除商品类别信息。

（6）公告信息管理。有公告信息管理权限的管理员登录后台管理，登录成功后选择"公告信息管理"，可以查看所有公告信息、增加或删除公告信息。

（7）友情链接管理。有友情链接管理权限的管理员登录后台管理，登录成功后选择"友情链接管理"，可以查看所有友情链接、增加或删除友情链接。

（8）留言管理。有评论管理权限的管理员登录后台管理，登录成功后选择"评论管理"，可以对评论信息进行删除操作。

2.2.4 系统开发环境

在开发电子商务网站时，需具备下述服务器端和客户端软件环境。

1. 服务器端

（1）操作系统：Windows 7。
（2）Web 服务器：Tomcat 6.0。
（3）Java 开发包：JDK 1.6 以上。
（4）数据库：MySQL 6.0。
（5）测试浏览器：IE 11.0、FireFox、Opera、Chrome。
（6）分辨率：最佳效果为 1600×900 像素。

2. 客户端

（1）浏览器：IE 11.0、FireFox、Opera、Chrome。
（2）分辨率：最佳效果为 1600×900 像素。

2.2.5 开发语言、工具和技术

1. 开发语言

1）HTML

HTML（Hyper Text Markup Language，超文本标记语言），是标准通用标记语言下的一个应用，可以规定网页中信息陈列格式，指定需要显示的图片，嵌入其他浏览器支持的描述性语言，以及指定超文本链接对象，如其他网页、Java 程序等。

【拓展文本】

简单来说，HTML 语言是桥梁，搭建于各个语言和平台之间，是编辑网页学习过程中必须掌握的一种语言，后面所列举的其他几种语言一般都是嵌套在 HTML 代码中一起执行的。

2）JavaScript 语言

JavaScript 是一种基于对象和事件驱动并具有相对安全性的客户端脚本语言，同时也是一种广泛用于客户端 Web 开发的脚本语言，常用来给 HTML 网页添加动态功能，如响应用户的各种操作。它最初由 Netscape 公司的 Brendan Eich 设计，是一种动态、弱类型、基于原型的语言，内置支持类。JavaScript 是 Sun 公司的注册商标。Ecma（European Computer Manufacturers Association）以 JavaScript 为基础制定了 ECMAScript 标准。JavaScript 也可以用于其他场合，如服务器端编程。完整的 JavaScript 实现包含三个部分：ECMAScript、文档对象模型、字节顺序记号。

3）JSP 语言

JSP（Java Server Pages，Java 服务器页面）是在 Sun Microsystems 公司的倡导下，由许多公司共同参与建立的一种新的动态网页技术标准，是一种运行在服务器的脚本语言。它在动态网页的建设方面具有强大而特殊的功能。

JSP 页面由 HTML 代码和嵌入其中的 Java 代码所组成。服务器在页面被客户端请求以后对这些 Java 代码进行处理，然后将生成的 HTML 页面返回给客户端的浏览器。Java Servlet 是 JSP 的技术基础，而且大型的 Web 应用程序的开发需要 Java Servlet 和 JSP 配合才能完成。

4）Java 语言

Java 是一种可以撰写跨平台应用软件的面向对象的程序设计语言，是由 Sun Microsystems 公司推出的 Java 程序设计语言和 Java 平台（JavaEE、JavaME、JavaSE）的总称。Java 自面世后就非常流行，发展迅速，对 C++语言形成了巨大冲击。

【拓展文本】

Java 技术具有卓越的通用性、高效性、平台移植性和安全性，广泛应用于个人计算机、数据中心、游戏控制台、科学超级计算机、移动电话和互联网，同时拥有全球最大的开发者专业社群。在全球云计算和移动互联网的产业环境下，Java 更具备了显著优势和广阔前景。

总的来说，编写语言可以有很多种选择。但是综合来看，网站设计目标是简单易用、可扩展性、平台无关性以及良好的安全性，所以我们选择了围绕 Java 语言来进行开发，选择了 HTML、JSP 以及 Java 的组合。

2. 开发工具

本次开发使用的软件是 MyEclipse，它是功能丰富的 J2EE 集成开发环境，同时使用 Adobe 公司的 Dreamweaver 软件进行开发和 Photoshop 软件进行外观辅助设计，最后使用 Oracle 公司的 MySQL 数据库和 Apache 公司的 Tomcat 服务器分别作为网站数据库和服务器。

1）MyEclipse

MyEclipse 企业级工作平台（My Eclipse Enterprise Workbench，简称 MyEclipse）是对 Eclipse IDE 的扩展，利用它可以极大地提高在数据库和 J2EE 的开发、发布，以及应用程序服务器的整合方面的工作效率。它是功能丰富的 J2EE 集成开发环境，包括了完备的编码、调试、测试和发布功能，完整支持 HTML、Struts、JSF、CSS、JavaScript、SQL、Hibernate。

2）Dreamweaver

Dreamweaver 主要用来进行前台 HTML 页面的样式开发，Dreamweaver 更像是一种属于设计师的工具，主要是美工编辑方面，其可以与多种美工编辑软件无缝结合起来一起完成开发，所以更偏向于前台的开发。Dreamweaver 在设计时一些基本的框架可以自动生成代码，也能实时查看当前样式，大大提高了设计效率。

【拓展文本】

3）Photoshop

Photoshop 作为一款强大的美工处理软件，使用它的主要目的是设计网站的 logo，它也是目前主流的设计软件之一。

4）MySQL

MySQL 是非常流行的关系型数据库管理系统，在 Web 应用方面 MySQL 是极好的关系数据库管理系统（Relational Database Management System，RDBMS）应用软件之一。本次开发使用 MySQL 数据库作为网站数据库。

5）Tomcat

Tomcat 服务器是一个免费的开放源代码的 Web 应用服务器，属于轻量级应用服务器，在中小型系统和并发访问用户不是很多的场合下被普遍使用，是开发和调试 JSP 程序的首选。

通过以上软件相互配合，完成网站开发。

3. 开发技术

在开发过程中，主要使用的是 MVC 三层结构开发模式，这也是目前网站开发的主流开发模式。MVC 中，M 代表模型（Model），指的是应用程序的核心功能，管理这个模块中的数据和值；V 代表视图（View），视图提供模型的展示，管理模型如何显示给用户，它是应用程序的外观；C 代表控制器（Controller），它对用户的输入做出反应，管理用户和视图的交互，是连接模型和视图的枢纽。

对于本次开发，它们分别对应 JavaBean、JSP 以及 Servlet，而三层结构分为 Web 层、业务逻辑层 Service 以及数据访问层 DAO。

MVC 三层结构的工作流程如图 2.5 所示。

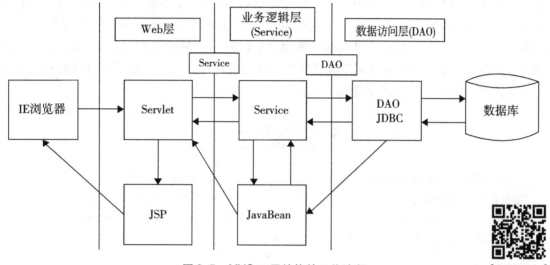

图 2.5　MVC 三层结构的工作流程

【拓展文本】

用户通过浏览器发送请求给 Servlet，但是 Servlet 不直接对请求进行处理，而是调用 Service 组件进行处理，Service 的数据是从 DAO 接收的，DAO 负责同数据库交互取出数据。取出数据后，DAO 将数据封装到 JavaBean。由于 Service 调用 DAO 相当于调用一个方法，因此 DAO 通过方法的返回值，将 JavaBean 返回给 Service。接下来 Service 就能对数据进行处理，然后重新封装回 JavaBean（这时候变为另一个 Bean）。这时候 Servlet 调用 Service，同样相当于调用方法，通过方法的返回值将新的 JavaBean 发送给 Servlet，那么 Servlet 就拿到了用户想看的数据。由于 Servlet 不适合做输出，因此将数据转发给 JSP（此时 JavaBean 储存在域里面），然后 JSP 将用户想看的数据发送给浏览器显示。

在层与层之间，通常也会定义一个接口，每一层通过接口来调用另一层，当某一层的代码变了以后，对另一层没有影响，因为层与层之间只需对接口进行调用，不直接接触代码，这使得以后更新维护需要修改时更加方便。

本章小结

本章首先对电子商务网站的需求进行分析，为适应国际贸易和商业领域的国际化、信息化和无纸化的需求，电子商务迅速发展成为全球的支柱产业，研究了网站开发的技术与经济可行性，开发所需的编程知识较为简单，新手经过学习也能开发出自己的网站，并且有投资少、回收快等优点。确定网站必须满足使用方便、操作灵活等设计需求的系统目标，接着展示了网站前台和后台的功能结构图与业务流程图，最后确定了网站的开发环境以及网站的开发语言、工具和技术。

网站设计目标是简单易用、可扩展性、平台无关性以及良好的安全性。我们选择了围绕 Java 语言来进行开发，以及 HTML、JSP 和 Java 的组合，使用的软件是 MyEclipse，它是功能丰富的 J2EE 集成开发环境，同时使用 Adobe 公司的 Dreamweaver 软件进行开发和 Photoshop 软件进行外观辅助设计，最后使用 Oracle 公司的 MySQL 数据库和 Apache 公司的 Tomcat 服务器分别作为网站数据库和服务器。在开发过程中，主要使用的是目前网站开发的主流开发模式 MVC 三层结构开发模式。

关键术语

需求分析(Requirement Analysis)
可行性研究(Feasibility Study)
业务流程(Business Process)
HTML(Hypertext Markup Language)
CSS(Cascading Style Sheets)
JSP(Java Server Pages)
XML(Extensible Markup Language)

习 题

一、简答题

1. 请简述网站的系统目标。
2. 请简述网站前台的功能结构。
3. 请简述网站前台的业务流程。
4. 请简述网站的服务器端和客户端软件环境。
5. 请简述网站的开发语言、工具和技术。

二、判断题

1. JavaScript 实现包含三个部分：ECMAScript、文档对象模型、字节顺序记号。　　　　　　（　　）
2. JSP 页面由 HTML 代码和嵌入其中的 Java 代码所组成，它是一种新的动态网页技术标准，在动态网页的建设方面具有强大而特殊的功能。（　　）
3. 我们进行电商网页的开发，会运用到 HTML 语言、JavaScript 语言、JSP 语言和 Java 语言。（　　）
4. 开发一个小型的商务网站遵循 MVC 模式，其中 M 代表模型(Model)，V 代表视图(View)，C 代表控制器(Controller)。（　　）

三、填空题

1. 电子商务系统共分为_____和_____两个部分，_____是面向用户的部分，包括会员登录和注册、_____、_____、_____、_____、_____、_____及友情链接九个部分；_____是网站管理部分，这部分的内容包括商品管理、_____、_____、_____、_____、_____、_____和友情链接管理八个部分。

2. 前台业务主要面向用户。用户可以浏览商品、_____、_____、_____、_____、_____、_____、_____、_____，并进行留言。在网站设计中，管理员完成对网站的维护与管理工作。使用数据库中权限的功能对管理员设置权限，管理员可以对商品、_____、_____、_____、_____、_____、管理员进行管理。

3. 在开发过程中，主要使用的是 MVC 三层结构开发模式，MVC 中，M 代表_____，指的是_____；V 代表_____，视图提供_____；C 代表_____，它是指对_____。

第 3 章 电子商务网站数据库的设计与建立

【学习目标】
(1) 了解 MySQL 数据库相关内容。
(2) 掌握 MySQL 数据库的安装与配置方法,以及可视化软件安装。
(3) 掌握电子商务网站数据库的设计方法。
(4) 掌握电子商务网站数据库表的建立方法。

【学习重点】
(1) MySQL 数据库的安装与配置方法。
(2) 电子商务网站数据库的设计方法。
(3) 电子商务网站数据库表的建立方法。

【学习难点】
电子商务网站数据库的设计方法。

Web 数据库是 Web 技术与数据库技术相结合的产物，电子商务相关功能的实现都需要利用 Web 数据库来储存和管理数据。本项目以一个基于 B2C 模式的网上书店 bookstore 为例，按要求完成数据库的设计与实现。这一过程包括为网站选择合适的数据库（项目采用 MySQL 数据库）、安装与管理 MySQL 数据库、设计网上书店的数据库并创建网站数据库和数据库表。

3.1　MySQL 数据库简介

【拓展文本】

MySQL 是一个关系型数据库管理系统，由瑞典 MySQL AB 公司开发，目前属于 Oracle 旗下公司。MySQL 是最流行的关系型数据库管理系统，在 Web 应用方面，MySQL 是极好的 RDBMS（Relational Database Management System，关系数据库管理系统）应用软件之一。MySQL 是一种关联数据库管理系统，关联数据库将数据保存在不同的表中，而不是将所有数据放在一个大仓库内，这样就增加了速度并提高了灵活性。MySQL 所使用的 SQL 语言是用于访问数据库的最常用标准化语言。MySQL 具有体积小、速度快、总体拥有成本低、开放源码的优点，一般中小型网站的开发都选择 MySQL 作为网站数据库。

MySQL 主要具备以下特性。

（1）使用 C 和 C++编写，并使用了多种编译器进行测试，保证源代码的可移植性。

（2）支持 Linux、Mac OS、Windows、OpenBSD、AIX、FreeBSD、HP－UX 等多种操作系统。

（3）为 C、C++、Python、Java、Perl、PHP、Eiffel、Ruby 和 TCL 等多种编程语言提供了接口（API）。

（4）支持多线程，充分利用 CPU 资源。

（5）优化的 SQL 查询算法，有效地提高了查询速度。

（6）提供 TCP/IP、ODBC 和 JDBC 等多种数据库连接途径。

3.2　MySQL 数据库的下载、安装与配置

3.2.1　MySQL 数据库下载

（1）在地址栏输入 http：//dev.mysql.com/，进入 MySQL 官网，在 MySQL Community Server 子目录中找到下载链接，单击进入下载页面，如图 3.1 所示。

（2）选择 MSI Installer 版本，ZIP Archive 版本是解压缩版本，如图 3.2 所示。

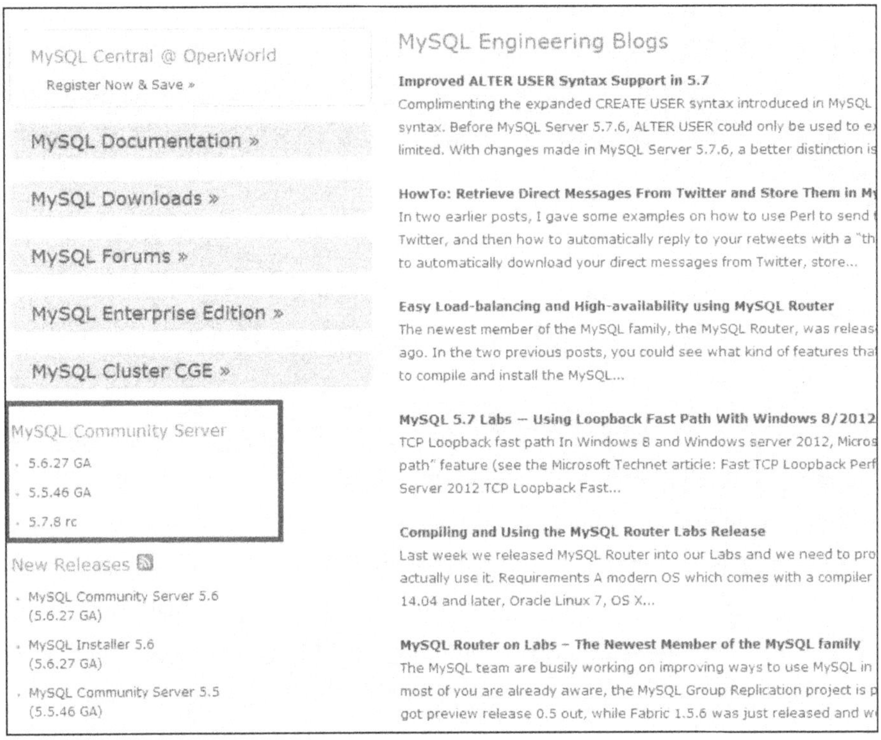

图 3.1　MySQL 官网

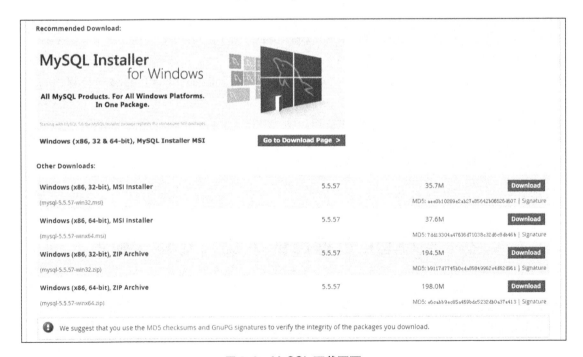

图 3.2　MySQL 下载页面

3.2.2 MySQL 数据库安装

(1) 打开下载的 MySQL 安装文件 mysql-5.5.45.winx64.msi,双击运行,MySQL 安装向导启动,单击 Next 按钮继续,如图 3.3 和图 3.4 所示。

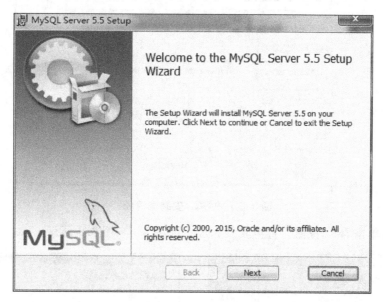

图 3.3　MySQL 安装流程(1)

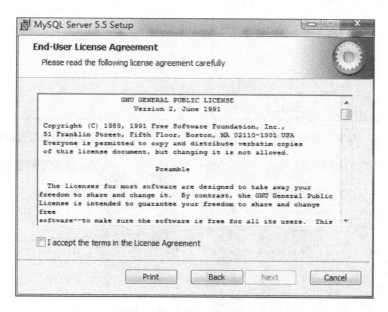

图 3.4　MySQL 安装流程(2)

(2) 选择安装类型,如图 3.5 所示,有 Typical(默认)、Complete(完全)、Custom(用户自定义)三个按钮,单击 Custom 按钮。

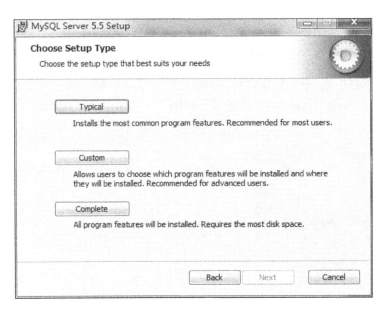

图3.5 MySQL 安装流程(3)

(3) 依次单击 Next 按钮,直至安装完成,如图3.6~图3.9所示。

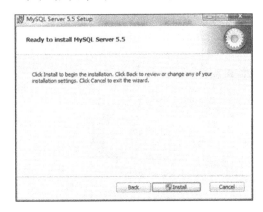

图3.6 MySQL 安装流程(4)

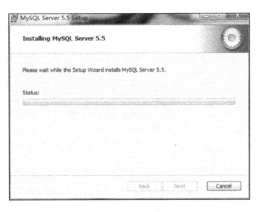

图3.7 MySQL 安装流程(5)

图3.8 MySQL 安装流程(6)

图3.9 MySQL 安装流程(7)

3.2.3 MySQL 数据库配置

(1) MySQL 安装完成后会询问是否进行 MySQL 配置,默认为选取,单击 Finish 按钮,开始 MySQL 数据库配置,如图 3.10 所示。

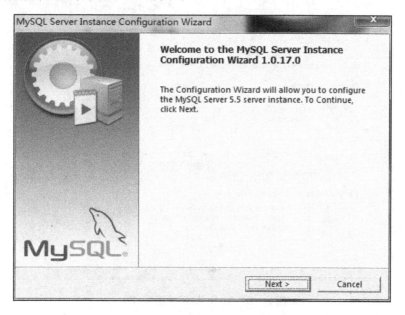

图 3.10 MySQL 配置流程(1)

(2) 选择配置方式,配置方式有 Detailed Configuration(手动精确配置)、Standard Configuration(标准配置),此处选中 Detailed Configuration 单选按钮,如图 3.11 所示。

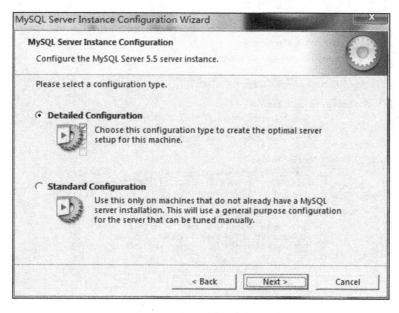

图 3.11 MySQL 配置流程(2)

(3) 选择服务器类型，服务器类型有 Developer Machine(开发测试类，MySQL 占用很少资源)、Server Machine(服务器类型，MySQL 占用较多资源)、Dedicated MySQL Server Machine(专门的数据库服务器，MySQL 占用所有可用资源)。由于是进行开发，因此选中 Developer Machine 单选按钮，如图 3.12 所示。

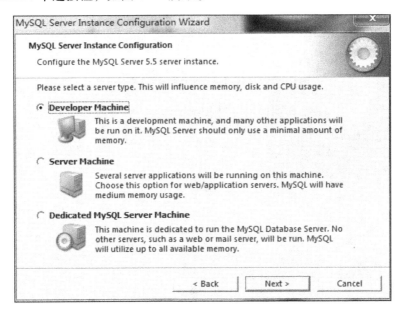

图 3.12　MySQL 配置流程(3)

(4) 选择 MySQL 数据库的用途，有 Multifunctional Database(通用多功能型)Transactional Database Only(服务器类型)、Non-Transactional Database Only(非事务处理型)，这里选中 Multifunctional Database 单选按钮，单击 Next 按钮继续，如图 3.13 所示。

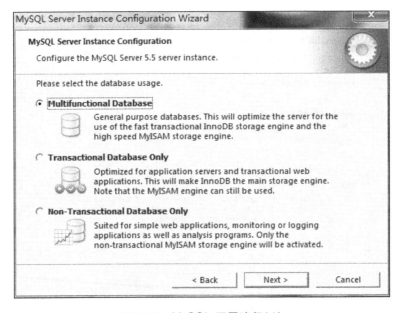

图 3.13　MySQL 配置流程(4)

(5) 对 InnoDB Tablespace 进行配置，即为 InnoDB 数据库文件选择一个存储空间，该空间位置应牢记，重装时应选择相同的位置，否则可能会造成数据库损坏，使用默认位置，单击 Next 按钮继续，如图 3.14 所示。

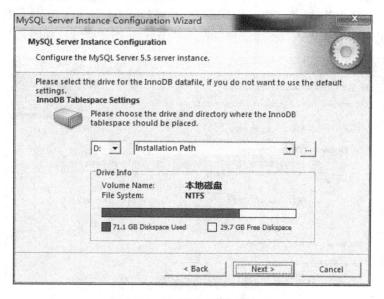

图 3.14　MySQL 配置流程(5)

(6) 选择网站的一般 MySQL 访问量，即同时连接的数目。如图 3.15 所示有 Decision Support(DSS)/OLAP(20 个左右)、Online Transaction Processing(OLTP)(500 个左右)、Manual Setting(手动设置)几项，这里选中 Decision Support(DSS)/OLAP 单选按钮，单击 Next 按钮继续。

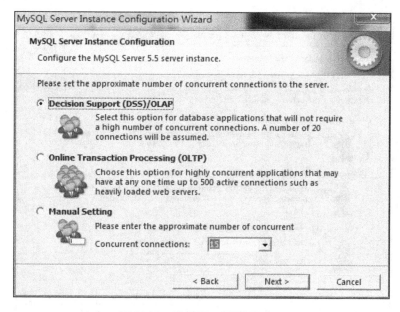

图 3.15　MySQL 配置流程(6)

（7）设置是否启用 TCP/IP 连接，并设定端口，如果不启用，就只能在本地访问 MySQL 数据库。此处选择启用并确定端口号 Port Number 为 3306，在该页面上，还可以选中 Enable Strict Mode 复选框（启用标准模式），这样 MySQL 就不会允许细小的语法错误。建议初学者取消选中 Enable Strict Mode 复选框，以减少麻烦。熟悉 MySQL 以后，尽量使用标准模式，因为它可以降低有害数据进入数据库的可能性。单击 Next 按钮继续，如图 3.16 所示。

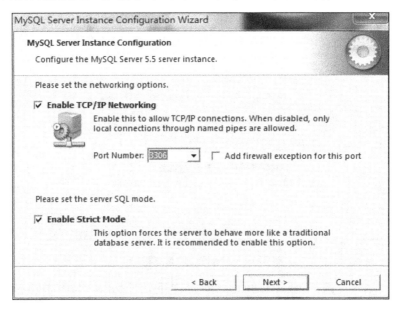

图 3.16　MySQL 配置流程(7)

（8）选中 Best Support For Multilingualism 单选按钮，单击 Next 按钮继续，如图 3.17 所示。

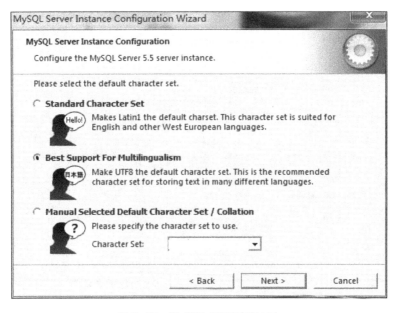

图 3.17　MySQL 配置流程(8)

(9) 选中 Install As Windows Service 复选框,将 MySQL 安装为 Windows 服务,指定 Service Name(服务标识名称),将 MySQL 的 Bin 目录加入 Windows PATH,Service Name 不变。单击 Next 按钮继续,如图 3.18 所示。

图 3.18　MySQL 配置流程(9)

(10) 选中 Modify Security Settings 复选框,设置 root 用户(超级管理员)的密码(默认为空)。设置完毕后单击 Next 按钮继续,单击 Excute 按钮执行配置,如图 3.19 和图 3.20 所示(若 Excute 执行错误,可能是因为重装 MySQL 之前没有彻底清理之前的 MySQL,请按照官网上 MySQL 清理教程进行清理)。

【拓展文本】

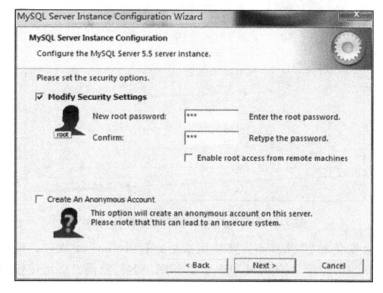

图 3.19　MySQL 配置流程(10)

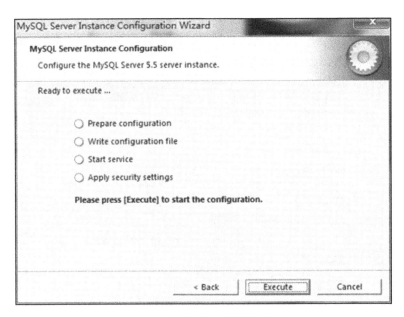

图 3.20　MySQL 配置流程（11）

【拓展文本】

（11）安装可视化软件 Navicat：下载 Navicat for MySQL 安装包，双击安装包，这款软件的"快速安装"和自定义安装基本相同，选择好文件夹后单击"安装"按钮，等待安装完成，如图 3.21 所示。

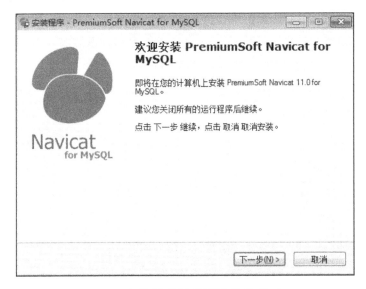

图 3.21　安装 MySQL 可视化软件 Navicat

（12）配置可视化软件 Navicat：安装完成后，打开 Navicat 软件，选择"文件"→"新建连接"→MySQL 命令，输入 MySQL 数据库用户名与密码，即可连接到 MySQL 数据库，如图 3.22 所示。

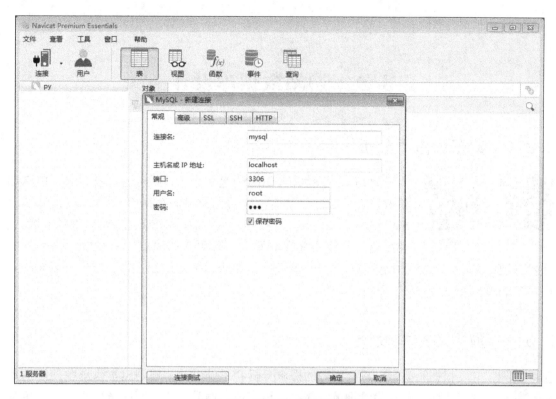

图 3.22 连接 MySQL 数据库

可视化软件 Navicat 的介绍

  Navicat for MySQL 是一套管理和开发 MySQL 或 MariaDB 的理想解决方案，支持单一程序，可同时连接到 MySQL 和 MariaDB。该功能齐备的前端软件为数据库管理、开发和维护提供了直观而强大的图形界面，为 MySQL 或 MariaDB 初学者以及专业人士提供了一组全面的工具。

  Navicat for MySQL 是一款强大的 MySQL 数据库管理和开发工具，它为专业开发者提供了一套强大的足够尖端的工具，但对于新用户仍然易于学习。Navicat for MySQL 基于 Windows 平台，为 MySQL 量身定做，提供类似于 MySQL 的用户管理界面工具。此解决方案的出现，将解放 PHP、J2EE 等程序人员以及数据库设计者、管理者的大脑，降低开发成本，为用户带来更高的开发效率。

  Navicat for MySQL 使用了极好的图形用户界面（Graphical User Interface，GUI），可以用一种安全和更为容易的方式快速和容易地创建、组织、存取和共享信息。用户可完全控制 MySQL 数据库和显示不同的管理资料，包括一个多功能的图形化管理用户和访问权限的管理工具，方便将数据从一个数据库转移到另一个数据库中（Local to Remote、Remote to Remote、Remote to Local），进行档案备份。Navicat for MySQL 支持 Unicode，以及本地或远程 MySQL 服务器多连线，用户可浏览数据库、建立和删除数据库、编辑数据、建立或执行 SQL Queries、管理用户权限（安全设定）、将数据库备份/复原、汇入/汇出数据（支援 CSV、TXT、DBF 和 XML 档案种类）等。该软件与任何 MySQL 5.0.x 伺服器版本兼容，支援 Triggers，以及 BINARY、VARBINARY/BIT 数据种类等的规范。

3.3 网站数据库设计

3.3.1 数据库需求分析

【拓展文本】

【拓展视频】

数据库管理系统(DBMS)是一个软件系统,具有存储、检索和修改数据的功能。目前,应用比较多的数据库是 Oracle、Microsoft SQL Server、Access、MySQL 等。其中 MySQL 数据库具有体积小、速度快、总体拥有成本低、开放源码的优点,一般中小型网站的开发都选择 MySQL 作为网站数据库。MySQL 数据库提供 JDBC 编程接口,这样可以非常方便地在 Java 编程中使用 MySQL。

3.3.2 数据库结构设计

【拓展文本】

根据第2章对系统所做的需求分析和系统设计,规划出本系统中使用的数据库实体,分别为管理员实体、会员实体、商品实体、商品类别实体、订单实体、订单明细实体、用户留言实体、网站公告实体和友情链接实体。

1. 管理员实体

管理员实体包括管理员登录账号、登录密码、真实姓名、联系电话和管理员标识。其中管理员标识信息中,0 代表总管理员(系统中总管理员仅有一个,登录账号为 root,密码为 111),1 代表商品管理员,2 代表用户管理员,3 代表订单管理员。管理员实体图如图 3.23 所示。

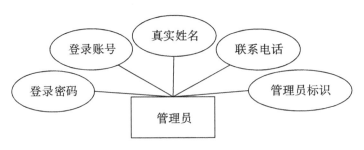

图 3.23 管理员实体图

2. 会员实体

会员实体包括会员登录账号、登录密码、真实姓名、邮箱、手机号和身份证号。会员实体图如图 3.24 所示。

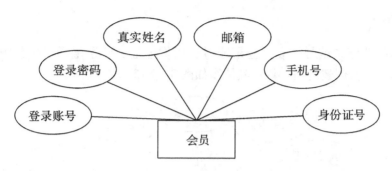

图 3.24　会员实体图

3. 商品实体

商品实体包括商品编号、商品类别编号、商品名称、商品简介、出版社、出版日期、商品特价、商品现价、商品图片以及特价标识（标识为 0 时为非特价，标识为 1 时表示特价）。商品实体图如图 3.25 所示。

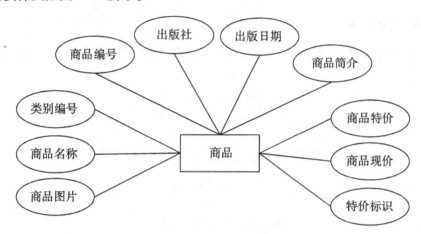

图 3.25　商品实体图

4. 商品类别实体

商品类别实体包括类别编号和类别名称。商品类别实体图如图 3.26 所示。

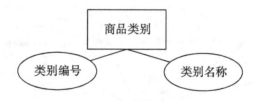

图 3.26　商品类别实体图

5. 订单实体

订单实体包括订单编号、会员登录账号、送货地址、联系电话、付款方式、投递方式、备注、标识以及创建时间。订单实体图如图 3.27 所示。

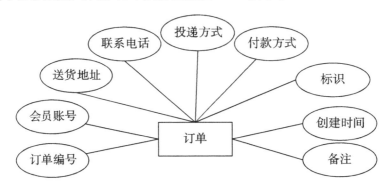

图 3.27　订单实体图

6. 订单明细实体

订单明细实体包括订单编号、商品编号、价格和数量。订单明细实体图如图 3.28 所示。

图 3.28　订单明细实体图

7. 用户留言实体

用户留言实体包括留言编号、商品编号、会员账号、留言标题、留言内容和留言时间。用户留言实体图如图 3.29 所示。

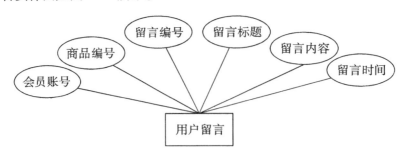

图 3.29　用户留言实体图

8. 网站公告实体

网站公告实体包括公告编号、公告标题、公告信息和发布时间。网站公告实体图如图 3.30 所示。

图 3.30　网站公告实体图

9. 友情链接实体

友情链接实体包括链接编号、链接名称和链接地址。友情链接实体图如图 3.31 所示。

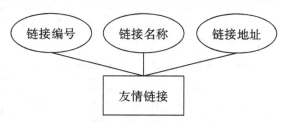

图 3.31　友情链接实体图

3.3.3　数据库逻辑结构

基于上述数据库概念设计,需设计数据库表,这些表之间相互关联,共同储存着系统所需要的数据。在设计数据库表的过程中,要记住以下原则。

(1) 数据库中,一个表最后只存储一个实体或对象的相关信息,不同的实体最后存储在不同的数据库表中,如果实体还可以再划分,则实体划分原则是最好能够比当前系统要开发的实体颗粒度要小。

(2) 数据表的信息表结构一定要合适,表的字段数量不要太多。

(3) 扩充信息和动态信息一定要分开存储在不同的表里。

(4) 尽量不出现多对多的表关系。

图 3.32 为数据表树形结构图,其中包含了系统所有的数据表。

本数据库有九张数据表,表的详细设计如下所示。

1. tb_manager(管理员信息表)

管理员信息表主要用来保存管理员信息,表 tb_manager 的结构如表 3-1 所示。

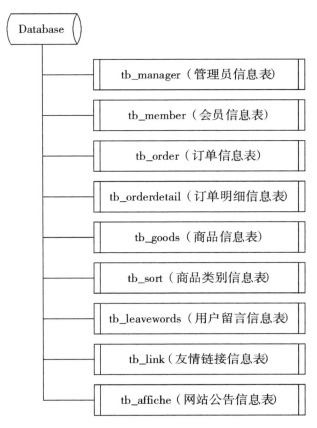

图 3.32 数据表树形结构图

表 3-1 tb_manager(管理员信息表)

字段名	数据类型	是否为空	是否主键	默认值	描述
account	varchar(50)	No	Yes		管理员账号
password	varchar(50)	Yes	No	Null	管理员密码
reallyName	varchar(50)	Yes	No	Null	真实姓名
sign	int	Yes	No	Null	管理员标识

2. tb_member(会员信息表)

会员信息表主要用来保存会员信息,表 tb_member 的结构如表 3-2 所示。

表 3-2 tb_member(会员信息表)

字段名	数据类型	是否为空	是否主键	默认值	描述
account	varchar(50)	No	Yes		会员账号
password	varchar(50)	Yes	No	Null	会员密码
reallyName	varchar(50)	Yes	No	Null	真实姓名

续表

字段名	数据类型	是否为空	是否主键	默认值	描述
email	varchar(50)	Yes	No	Null	邮箱
tel	varchar(50)	Yes	No	Null	手机号
idCard	varchar(50)	Yes	No	Null	身份证号

3. tb_order(订单信息表)

订单信息表主要用来保存订单信息,表 tb_order 的结构如表 3-3 所示。

表 3-3 tb_order(订单信息表)

字段名	数据类型	是否为空	是否主键	默认值	描述
orderId	varchar(50)	No	Yes		订单编号
account	varchar(50)	Yes	No	Null	会员账号
reallyName	varchar(50)	Yes	No	Null	真实姓名
address	varchar(50)	Yes	No	Null	送货地址
tel	varchar(50)	Yes	No	Null	联系电话
post	varchar(50)	Yes	No	Null	投递方式
setMoney	varchar(50)	Yes	No	Null	付款方式
sign	bit	Yes	No	Null	标识
bz	varchar(50)	Yes	No	Null	备注
creaTime	datetime	Yes	No	Null	创建时间

4. tb_orderdetail(订单明细信息表)

订单明细信息表主要用来保存订单明细信息,表 tb_orderdetail 的结构如表 3-4 所示。

表 3-4 tb_orderdetail(订单明细信息表)

字段名	数据类型	是否为空	是否主键	默认值	描述
orderId	varchar(50)	No	Yes		订单编号
goodsId	int	Yes	No	Null	商品编号
price	float	Yes	No	Null	商品价格
number	int	Yes	No	Null	商品数量

5. tb_goods(商品信息表)

商品信息表主要用来保存商品信息，表 tb_goods 的结构如表 3-5 所示。

表 3-5 tb_goods(商品信息表)

字段名	数据类型	是否为空	是否主键	默认值	描述
goodsId	int	No	Yes		商品编号
sortId	int	Yes	No	Null	类别编号
bookName	varchar(50)	Yes	No	Null	商品名称
publisher	varchar(50)	Yes	No	Null	出版社
publishdate	date	Yes	No	Null	出版日期
introduce	text	Yes	No	Null	商品简介
freeprice	float	Yes	No	Null	商品特价
nowprice	float	Yes	No	Null	商品现价
sign	bit	Yes	No	Null	特价标识
picture	varchar(50)	Yes	No	Null	商品图片

6. tb_sort(商品类别信息表)

商品类别信息表主要用来保存商品类别信息，表 tb_sort 的结构如表 3-6 所示。

表 3-6 tb_sort(商品类别信息表)

字段名	数据类型	是否为空	是否主键	默认值	描述
sortId	int	No	Yes		类别编号
sortName	varchar(50)	Yes	No	Null	类别名称

7. tb_leavewords(用户留言信息表)

用户留言信息表主要用来保存用户留言信息，表 tb_leavewords 的结构如表 3-7 所示。

表 3-7 tb_leavewords(用户留言信息表)

字段名	数据类型	是否为空	是否主键	默认值	描述
id	int	No	Yes		留言编号
goodsId	Int	Yes	No	Null	商品编号
account	varchar(50)	Yes	No	Null	留言账号
title	varchar(50)	Yes	No	Null	留言标题
content	text	Yes	No	Null	留言内容
creaTime	datetime	Yes	No	Null	留言时间

8. tb_link(友情链接信息表)

友情链接信息表主要用来保存友情链接信息，表 tb_link 的结构如表 3-8 所示。

表 3-8 tb_link(友情链接信息表)

字段名	数据类型	是否为空	是否主键	默认值	描述
id	int	No	Yes		链接编号
linkName	varchar(50)	Yes	No	Null	链接名称
linkAddress	varchar(50)	Yes	No	Null	链接地址

9. tb_affiche(网站公告信息表)

网站公告信息表主要用来保存网站公告信息，表 tb_affiche 的结构如表 3-9 所示。

表 3-9 tb_affiche(网站公告信息表)

字段名	数据类型	是否为空	是否主键	默认值	描述
id	int	No	Yes		公告编号
affiche	varchar(50)	Yes	No	Null	公告标题
content	varchar(100)	Yes	No	Null	公告信息

图 3.33 清晰地表达了各个数据库之间的关系，也反映了系统中各个实体之间的关系。

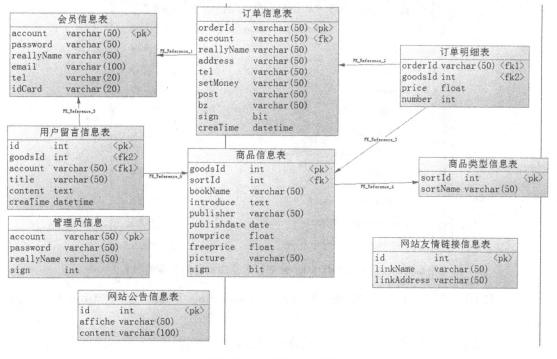

图 3.33 数据库之间的关系

【拓展文本】

3.4 网站数据库建立

3.4.1 PowerDesigner 简介

PowerDesigner 是一款进行数据库设计的强大软件，是开发人员常用的数据库建模工具。使用它可以分别从概念数据模型(Conceptual Data Model)和物理数据模型(Physical Data Model)两个层次对数据库进行设计。在这里，概念数据模型描述的是独立于数据库管理系统(DBMS)的实体定义和实体关系定义，物理数据模型是在概念数据模型的基础上针对目标数据库管理系统的具体化。

3.4.2 数据库物理数据模型的建立

下面将使用 PowerDesigner 建立数据库物理数据模型，以便后面直接生成 MySQL 数据库表。

(1) 如图 3.34 所示，首先运行 PowerDesigner 软件，选择 File→New Model→Model Type→Physical Data Model→Physical Diagram 命令。

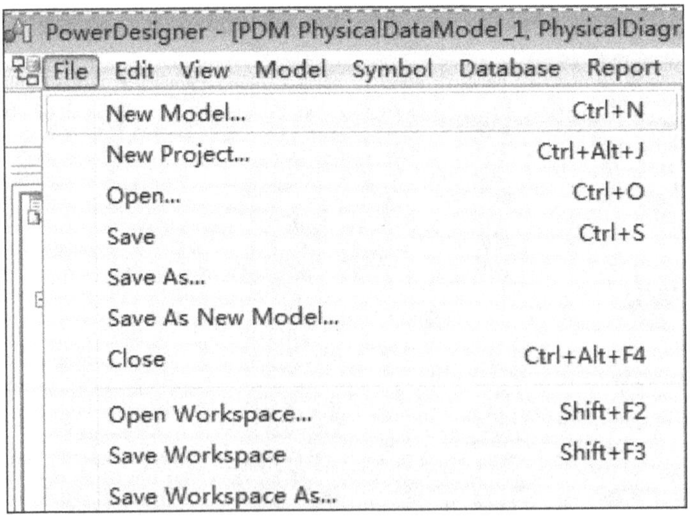

图 3.34 利用 PowerDesigner 建立数据库物理数据模型(1)

(2) 如图 3.35 所示，设置 Model name 为 bookstore，DBMS 为 MySQL 5.0，单击 OK 按钮。

(3) 建立数据库物理数据模型。利用操作面板，建立如图 3.36 所示的数据库物理数据模型。

第3章 电子商务网站数据库的设计与建立

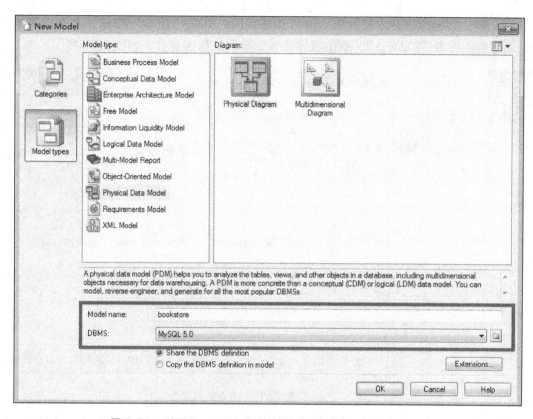

图 3.35　利用 PowerDesigner 建立数据库物理数据模型（2）

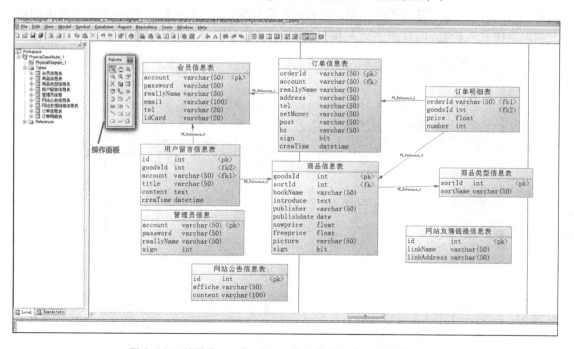

图 3.36　利用 PowerDesigner 建立数据库物理数据模型（3）

（4）建立数据库表并设置表的主键与普通字段。单击"建表"按钮，在空白区域单击，新建数据库表"Table_1"，双击新建的表，输入数据库表名，如图 3.37 所示。

图 3.37　建立数据库表

（5）选择 Colums 选项卡，进入表的字段设置窗口，并设置表的主键与普通字段，如图 3.38 所示。表的主键如果是整型，需要将其设置为"自增主键"。在不指定主键值的情况下向表中插入数据，"自增主键"将自动加一。

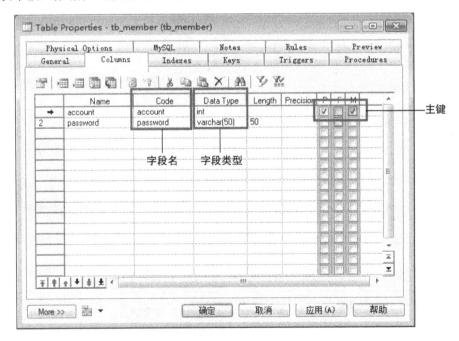

图 3.38　设置表的主键与普通字段

(6) 数据库表之间存在引用关系。例如，用户与订单关系为一对多，一个用户可以拥有多个订单，而一个订单只属于一个用户。单击"数据表引用"按钮，单击并拖动"订单信息表"指向"用户信息表"，这样即建立了"用户信息表"与"订单信息表"之间一对多的引用关系，如图 3.39 所示。

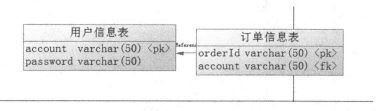

图 3.39　设置表与表的引用关系

(7) 重复步骤(4)~(6)，即可完成网站数据库模型的建立。

3.4.3　数据库表的生成

前面介绍了如何建立数据库物理数据模型，下面将说明如何使用 PowerDesigner 软件直接生成 SQL 文件。

(1) 选择 Database→Generate Database 命令，在新打开的窗口中可以选择 SQL 文件导出位置和导出的 SQL 文件名，导出的 SQL 文件是 MySQL 5.0 格式的，如图 3.40 和图 3.41 所示。

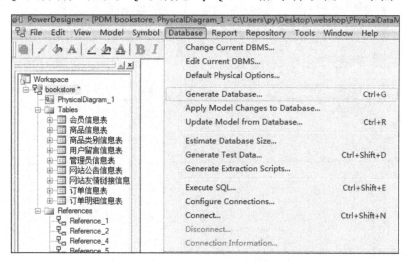

图 3.40　PowerDesigner 导出 SQL 文件(1)

(2) 打开 Navicat Premium 软件，新建一个 MySQL 连接。新建一个数据库，数据库名为 bookstore，字符集为 UTF-8，排序规则为 utf8_bin，如图 3.42 所示。

(3) 将鼠标指针移动到新建的数据库 bookstore 上，右击，在弹出的快捷菜单中选择"运行 SQL 文件"命令，选择前面生成的 SQL 文件，单击"开始"按钮，如图 3.43 和图 3.44所示。

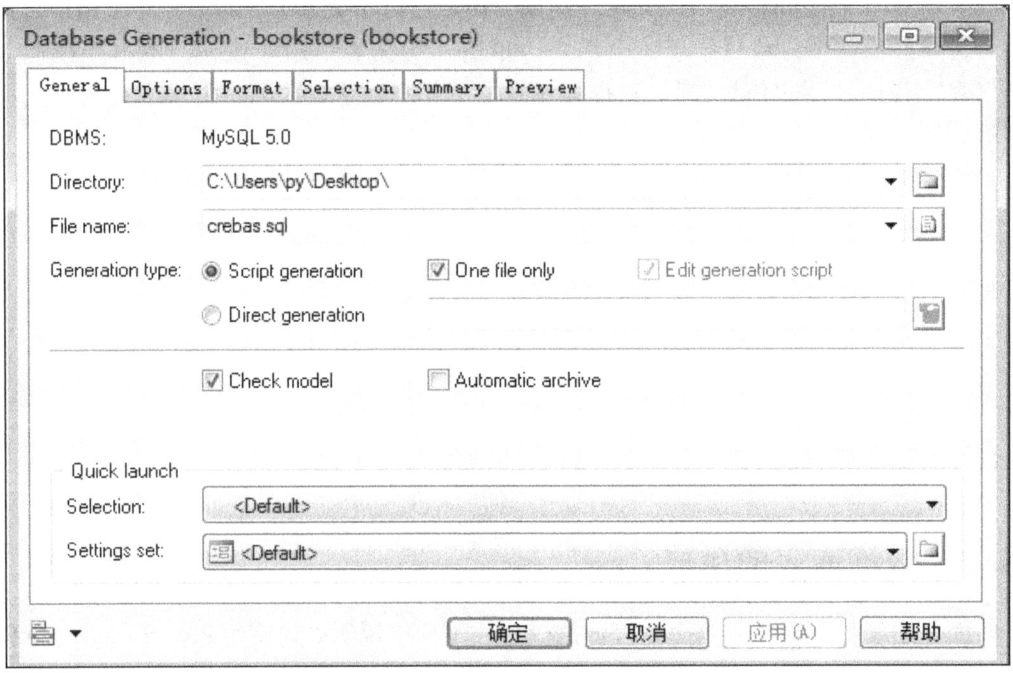

图 3.41　PowerDesigner 导出 SQL 文件(2)

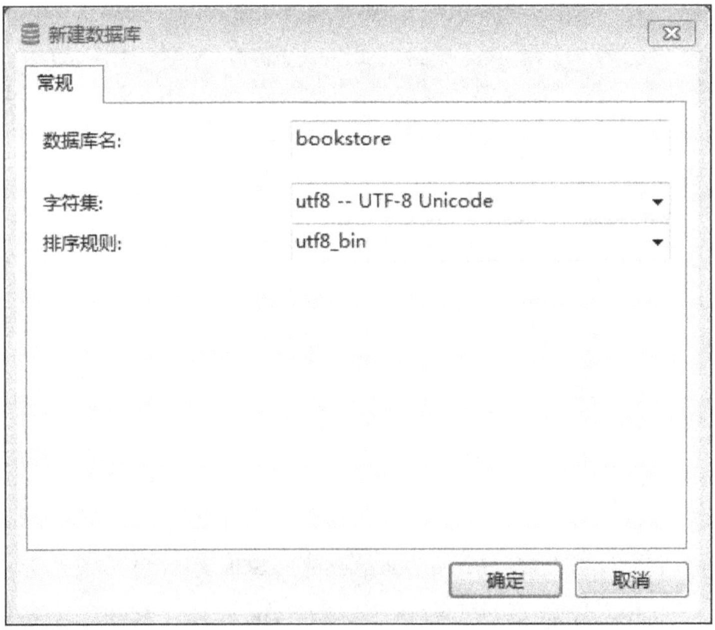

图 3.42　新建数据库

电子商务网站数据库的设计与建立 第 3 章

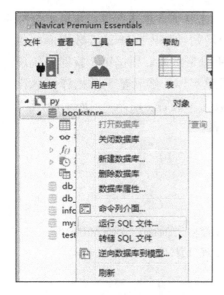

图 3.43 运行 SQL 文件(1)

图 3.44 运行 SQL 文件(2)

（4）运行完毕之后刷新数据库，在 bookstore 数据库中将生成九张数据库表，至此网站数据库建立完成，运行结果如图 3.45 所示。

图 3.45 成功建立的网站数据库表

本章小结

本章首先介绍了网站开发所使用的数据库 MySQL，讲解了如何安装与配置 MySQL 数据库，接着介绍了电子商务网站数据库的设计方法，最后说明了如何使用 PowerDesigner 工具建立数据库物理数据模型并在数据库中生成数据库表。

MySQL 是一个关系型数据库管理系统，具有体积小、速度快、总体拥有成本低、开放源码的优点，一般中小型网站的开发都选择 MySQL 作为网站数据库。MySQL 数据库提供了 JDBC 编程接口，这样可以非常方便地在 Java 编程中使用 MySQL。根据第 2 章对系统所做的需求分析和系统设计，规划出本系统中使用的数据库实体，然后基于数据库概念设计，设计相互关联的数据库表，共同储存系统所需要的数据。最后使用 PowerDesigner 建立数据库物理数据模型，以便后面直接生成 MySQL 数据库表。

关键术语

关系型数据库管理系统(Relational Database Management System)
实体(Entity)　　　　　　　　　　　概念数据模型(Conceptual Data Model)
关系(Relationship)　　　　　　　　数据库物理模型(Physical Data model)
E-R 图(Entity-Relationship Model)

习 题

实践题

1. 建立网站的 E-R 图(实体关系图)。
2. 使用 PowerDesigner 软件建立电子商务网站数据库物理模型。
3. 使用 PowerDesigner 中生成的 SQL 文件在 MySQL 中建立网站运行所需的九张数据库表。

第 4 章 电子商务网站运行环境配置

【学习目标】
(1) 掌握 Java 开发环境的配置方法。
(2) 掌握 MyEclipse 软件的安装。
(3) 掌握 Tomcat 服务器的配置方法。

【学习重点】
(1) Java 开发环境的配置方法。
(2) Tomcat 服务器的配置方法。

【学习难点】
Java 开发环境的配置方法。

进行网站开发,首先需要的就是配置网站开发环境,此次电子商务网站是使用 JSP + Tomcat + MySQL 进行开发设计的。第 3 章已经讲解了如何配置 MySQL 数据库,本章将介绍此次网站开发需要的环境以及开发环境的配置方法。

4.1 JDK、JRE、MyEclipse、Tomcat 服务器简介

4.1.1 JDK 简介

JDK(Java Development Kit)是 Java 语言的软件开发工具包。

【拓展文本】

(1) SE(J2SE),Standard Edition,标准版,是我们通常用的一个版本。其从 JDK 5.0 开始,改名为 Java SE。J2SE 包含那些构成 Java 语言核心的类,如数据库连接、接口定义、输入/输出、网络编程。

(2) EE(J2EE),Enterprise Edition,企业版,使用这种 JDK 开发 J2EE 应用程序。其从 JDK 5.0 开始,改名为 Java EE。J2EE 包含 J2SE 中的类,并且还包含用于开发企业级应用的类,如 EJB、Servlet、JSP、XML、事务控制。

(3) ME(J2ME),Micro Edition,主要用于移动设备、嵌入式设备上的 Java 应用程序。其从 JDK 5.0 开始,改名为 Java ME。J2ME 包含 J2SE 中一部分类,用于消费类电子产品的软件开发,如手机、PDA。

如果没有 JDK,则无法编译 Java 程序。若想运行 Java 程序,要确保已安装相应的 JRE。

4.1.2 JRE 简介

JRE(Java Runtime Environment,Java 运行环境),是运行 Java 程序所必需的环境的集合,包含 JVM 标准实现及 Java 核心类库。

【拓展文本】

JRE 是 Sun 的产品,包括两部分:Java Runtime Environment 和 Java Plug – in。Java Runtime Environment(JRE)是可以在其上运行、测试和传输应用程序的 Java 平台。编译器 JRE 需要辅助软件(Java Plug – in)以便在浏览器中运行 Java Applets。

4.1.3 MyEclipse 简介

【拓展文本】

MyEclipse 是在 Eclipse 基础上加上自己的插件开发而成的功能强大的企业级集成开发环境,主要用于 Java、Java EE 以及移动应用的开发。MyEclipse 的功能非常强大,支持也十分广泛,尤其是对各种开源产品的支持。本次开发使用的就是 MyEclipse 开发软件。

4.1.4 Tomcat 服务器简介

Tomcat 服务器是一个免费的开放源代码的 Web 应用服务器，是 Apache 软件基金会（Apache Software Foundation）的 Jakarta 项目中的一个核心项目，由 Apache、Sun 和其他一些公司及个人共同开发而成。因为 Tomcat 技术先进、性能稳定，而且免费，所以深受 Java 爱好者的喜爱并得到了部分软件开发商的认可，成为目前比较流行的 Web 应用服务器。目前 Tomcat 最新版本是 9.0，本次使用的 Tomcat 6.0（版本不影响使用）。

【拓展文本】

4.2　JDK 与 JRE 的下载、安装与配置

4.2.1　JDK 与 JRE 的下载

（1）在浏览器地址栏中输入网址 http://www.oracle.com，打开 Oracle 官网，下载 Java JDK，注册账号（下载时需要用户注册登录，可以免费注册），如图 4.1 所示。

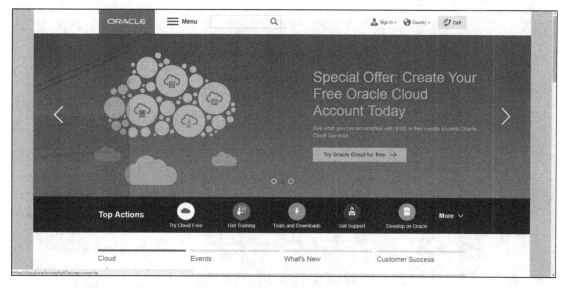

图 4.1　Oracle 官网

（2）注册完毕后，将鼠标指针依次悬停在 Menu→Database and TechnoLogies→Java，在弹出的子目录中单击 Download Java for Developers，进入下载页面，如图 4.2 和图 4.3 所示。

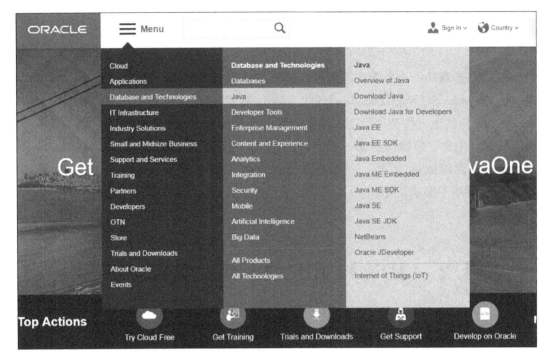

图 4.2 JDK 下载(1)

图 4.3 JDK 下载(2)

(3) 在下载页面中不要下载最新版本的 JDK, 拖动页面到底部, 在 Java Archive 栏中单击 DOWNLOAD, 进入旧版本的 JDK 下载页面, 如图 4.4~图 4.6 所示。

第 4 章 电子商务网站运行环境配置

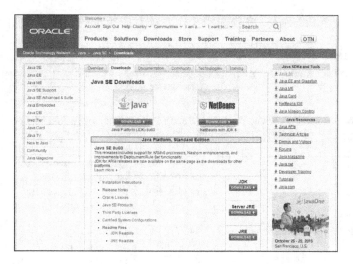

图 4.4　JDK 下载(3)

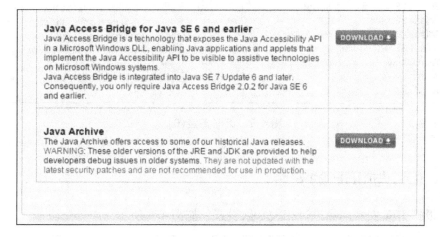

图 4.5　JDK 下载(4)

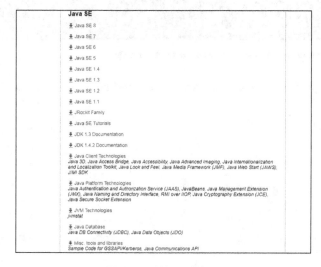

图 4.6　JDK 下载(5)

（4）选择下载 Java SE 7，接着选择操作系统对应版本的 JDK，如图 4.7 所示。

Java SE Development Kit 7u80

You must accept the Oracle Binary Code License Agreement for Java SE to download this software.

Thank you for accepting the Oracle Binary Code License Agreement for Java SE; you may now download this software.

Product / File Description	File Size	Download
Linux x86	130.44 MB	jdk-7u80-linux-i586.rpm
Linux x86	147.68 MB	jdk-7u80-linux-i586.tar.gz
Linux x64	131.69 MB	jdk-7u80-linux-x64.rpm
Linux x64	146.42 MB	jdk-7u80-linux-x64.tar.gz
Mac OS X x64	196.94 MB	jdk-7u80-macosx-x64.dmg
Solaris x86 (SVR4 package)	140.77 MB	jdk-7u80-solaris-i586.tar.Z
Solaris x86	96.41 MB	jdk-7u80-solaris-i586.tar.gz
Solaris x64 (SVR4 package)	24.72 MB	jdk-7u80-solaris-x64.tar.Z
Solaris x64	16.38 MB	jdk-7u80-solaris-x64.tar.gz
Solaris SPARC (SVR4 package)	140.03 MB	jdk-7u80-solaris-sparc.tar.Z
Solaris SPARC	99.47 MB	jdk-7u80-solaris-sparc.tar.gz
Solaris SPARC 64-bit (SVR4 package)	24.05 MB	jdk-7u80-solaris-sparcv9.tar.Z
Solaris SPARC 64-bit	18.41 MB	jdk-7u80-solaris-sparcv9.tar.gz
Windows x86	138.35 MB	jdk-7u80-windows-i586.exe
Windows x64	140.09 MB	jdk-7u80-windows-x64.exe

Back to top

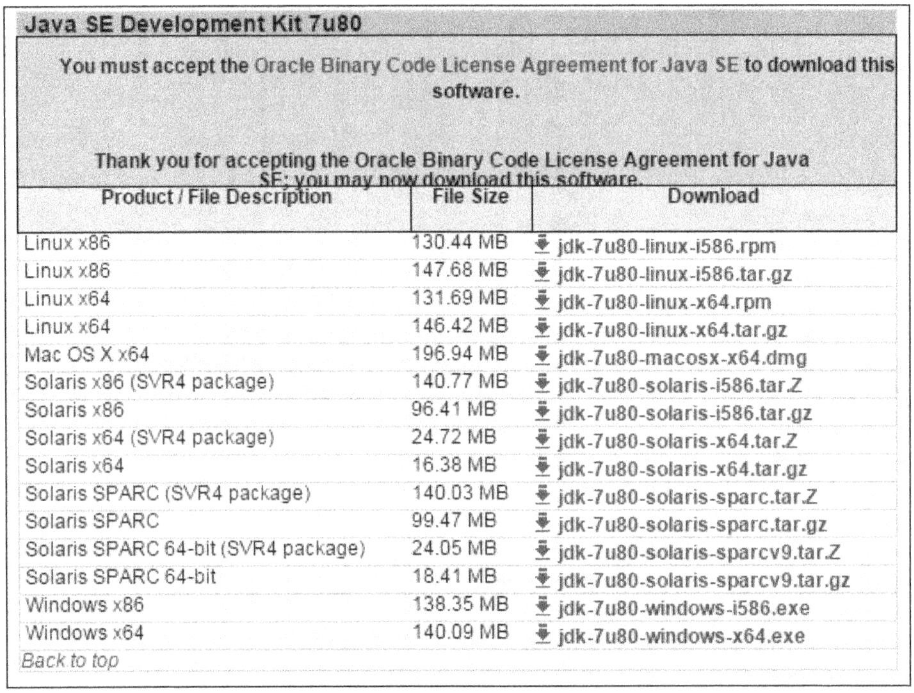

图 4.7　JDK 下载(6)

4.2.2　JDK 与 JRE 的安装

（1）根据 JDK 安装向导进行相关参数设置，如图 4.8 所示。

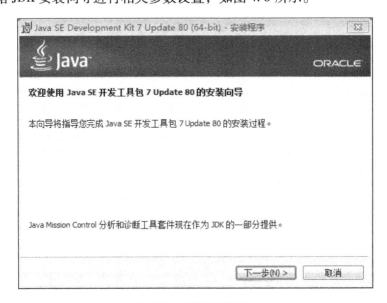

图 4.8　JDK 安装(1)

(2) 选择 JDK 安装路径,如图 4.9 所示。

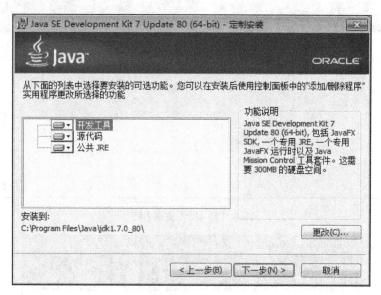

图 4.9　JDK 安装(2)

(3) JDK 安装进度条如图 4.10 所示。

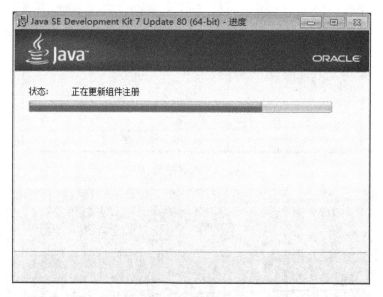

图 4.10　JDK 安装(3)

(4) 安装完 JDK 后,继续安装 JRE,选择安装的路径,可以自定义,也可以为默认路径,如图 4.11 和图 4.12 所示。

(5) 安装成功之后进行测试,测试其是否真的成功安装,选择"开始"→"运行"命令,在弹出的"运行"对话框中输入 CMD,在 DOS 中输入 Java -version 并按 Enter 键,出现图 4.13 所示内容,即为安装成功。

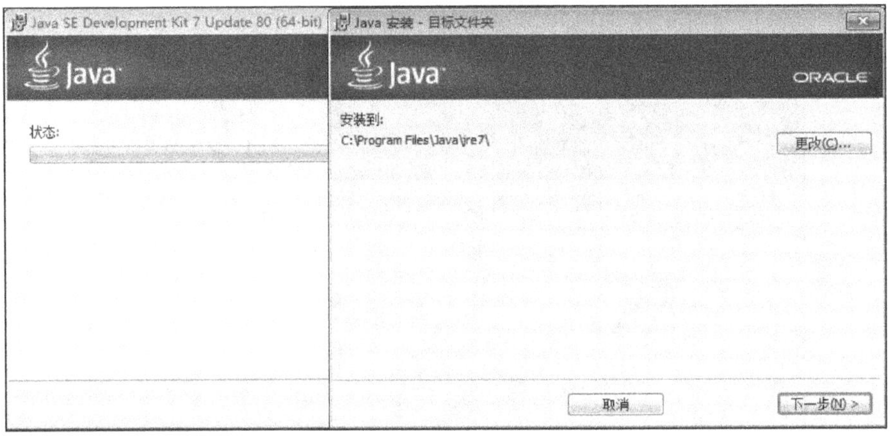

图 4.11 JDK 安装(4)

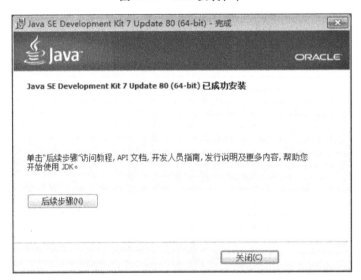

图 4.12 JDK 安装(5)

图 4.13 JDK 安装验证

4.2.3 JDK 与 JRE 的配置

(1) 右击"计算机"图标,在弹出的快捷菜单中选择"属性"命令,弹出"系统属性"对话框,选择"高级"选项卡,单击"环境变量"按钮,弹出"环境变量"对话框,如图 4.14 所示。

图 4.14　配置 JDK 环境变量(1)

(2) 单击"系统变量"下的"新建"按钮,弹出"编辑系统变量"对话框,在"变量名"文本框输入 JAVA_HOME,在"变量值"文本框中输入 JDK 的安装路径(根目录),单击"确定"按钮,如图 4.15 所示。

图 4.15　配置 JDK 环境变量(2)

(3) 在"系统变量"选项区域中查看 Path 变量,如果不存在,则新建变量 Path,否则选中该变量,单击"编辑"按钮,弹出"编辑系统变量"对话框,在"变量值"文本框的起始位置添加"%JAVA_HOME%\bin;%JAVA_HOME%\jre\bin;"(注意最后的符号";"),单击"确定"按钮,如图 4.16 所示。

（4）在"系统变量"选项区域中查看CLASSPATH变量，如果不存在，则新建变量CLASSPATH，否则选中该变量，单击"编辑"按钮，弹出"编辑系统变量"对话框，在"变量值"文本框的起始位置添加".;%JAVA_HOME%\lib;%JAVA_HOME%\lib\tools.jar;"（注意前面有符号"."和";"，以及最后的符号";"），如图4.17所示。

图4.16　配置JDK环境变量(3)　　　　图4.17　配置JDK环境变量(4)

（5）测试环境变量的配置成功与否。在DOS命令行窗口输入javac，输出帮助信息即为配置正确，如图4.18所示。

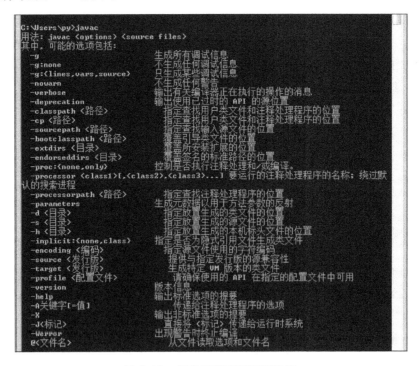

图4.18　JDK环境变量配置验证

4.3　MyEclipse 的下载、安装与配置

（1）下载 MyEclipse 版本 v10.x。

（2）安装 MyEclipse 到 D:\myeclipse，注意安装路径中不应存在中文。安装成功后运行，结果如图 4.19 所示。

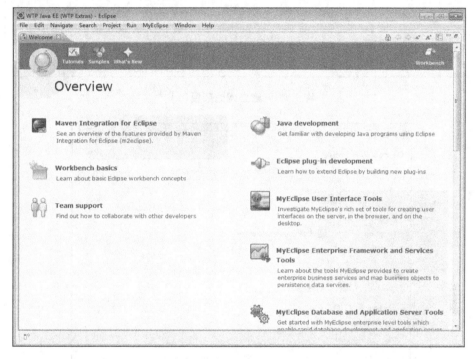

图 4.19　MyEclipse 运行成功

（3）选择 File→New→Web Project 命令，在新打开的界面中输入项目名称，如图 4.20 和图 4.21 所示。

（4）建立成功的网站项目如图 4.22 所示。其中 src 一般用来存放网站开发所需的 Java 程序，JRE System Library 与 Java EE 6 Libraries 用来存放网站运行所需要的 JRE 环境包以及所需要调用的 JAR 文件。WebRoot 文件夹其实就是网站的全部文件所存放的路径，其中，META-INF 相当于一个信息包，目录中的文件和目录获得了 Java 平台的认可与解释，用来配置应用程序、扩展程序、类加载器和服务；WEB-INF 对于网站来说十分重要，包括 lib 文件夹（用来存放网站运行所需要的 JAR 文件）和 classes 文件夹（MyEclipse 中未显示，其中存放着前面 src 文件夹中 Java 程序编译的 class 文件），web.xml 文件是网站的配置文件，后面学习中会具体介绍。我们编写的网页文件一般直接放在 WebRoot 文件夹中（如 MyEclipse 自动创建的 Index.jsp）。

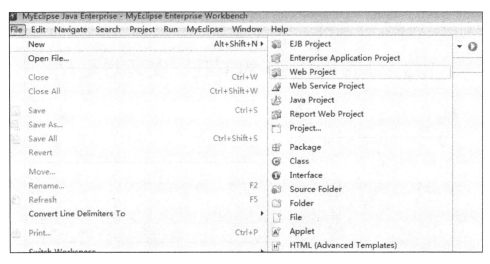

图 4.20 建立网站项目(1)

图 4.21 建立网站项目(2)

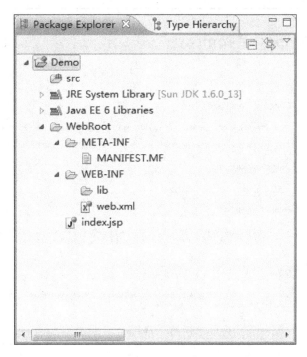

图4.22 网站项目

4.4 Tomcat 服务器的下载、安装与配置

网站项目必须发布到服务器上后才能在浏览器中访问，下面介绍 Tomcat 服务器的下载、安装与配置，以及如何在 MyEclipse 中使用 Tomcat 服务器。

4.4.1 Tomcat 服务器的下载

在浏览器地址栏中输入网址 http://tomcat.apoche.org，进入 Tomcat 官网。如图4.23～图4.25所示，在左侧导航栏 Downloads 模块中找到 Tomcat 6.0 下载超链接并单击，进入下载页面后选择操作系统对应的 Tomcat 版本。这里下载的 Tomcat 有两种格式：一种是联网安装；另一种是压缩文件格式的。本次选择压缩文件格式。

4.4.2 Tomcat 服务器安装与配置

（1）在解压时注意解压目录，因为要配置和 Java 相同的环境变量。打开"环境变量"的配置窗口，单击"系统变量"下的"新建"按钮，弹出"编辑系统变量"对话框，设置变量名为 CATALINA_HOME，变量值为刚刚解压的路径，如图4.26所示。

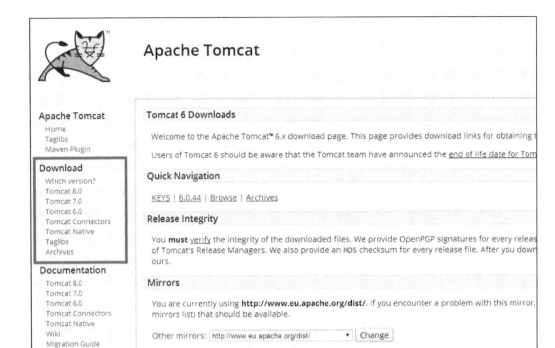

图 4.23 Tomcat 下载(1)

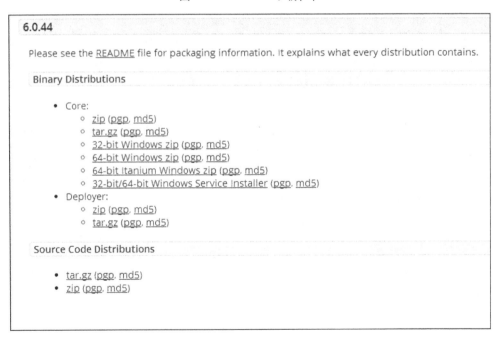

图 4.24 Tomcat 下载(2)

（2）测试安装配置是否成功。进入 C:\Ruanjian\tomcat-6.0.43\bin 文件夹，单击 startup.bat，启动 Tomcat 服务（单击 shutdown.bat 将停止 Tomcat 服务）。打开浏览器，在地址栏输入 http://localhost:8080，若出现图 4.27 所示页面则表示 tomcat 配置成功。

电子商务网站运行环境配置　第4章

图 4.25　Tomcat 下载(3)

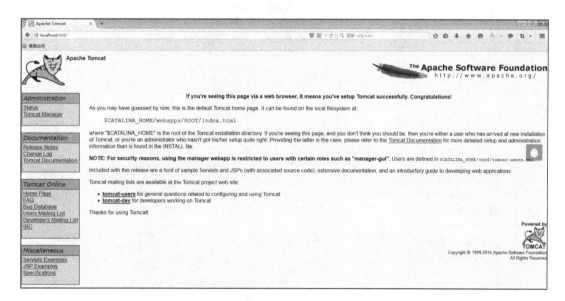

图 4.26　Tomcat 配置环境变量

图 4.27　Tomcat 配置验证

4.4.3　Tomcat 文件夹介绍

（1）打开 Tomcat 解压路径，现说明 Tomcat 文件夹结构（这里是 Tomcat 6.0 的文件夹结构），如图 4.28 所示。

图 4.28　Tomcat 文件夹结构

（2）其中 bin 文件夹主要用来存放可执行程序，如 Tomcat 服务器的启动（startup.bat）和关闭（shutdown.bat），如图 4.29 所示。

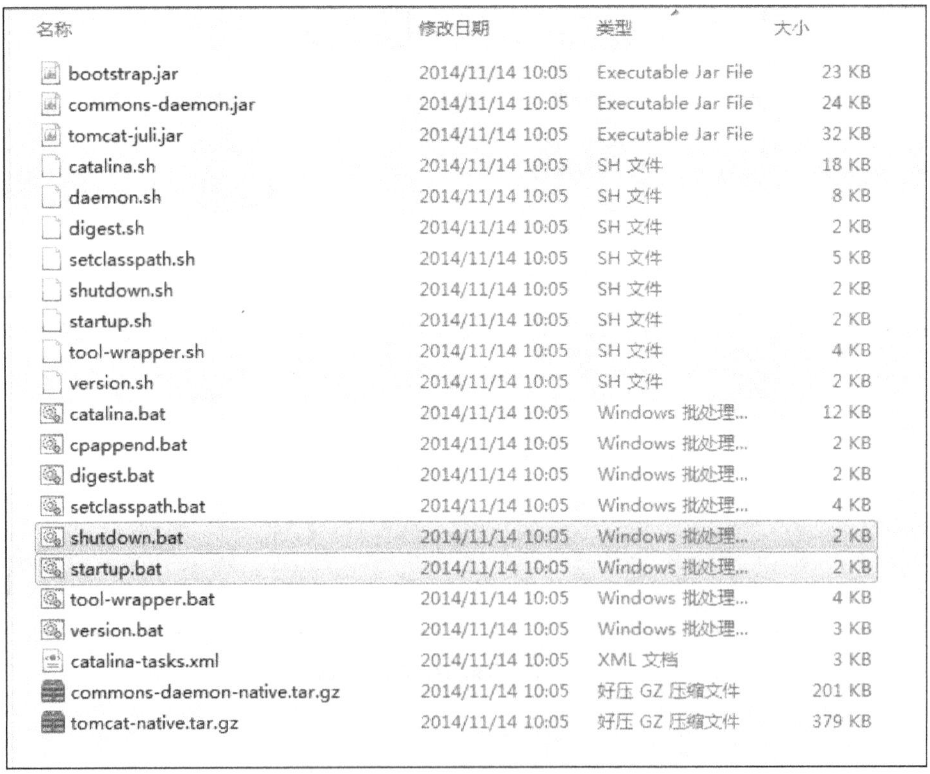

图 4.29　Tomcat 解压路径下的 bin 文件夹

（3）conf 文件夹中存放了 Tomcat 服务器的配置文件，如图 4.30 所示。

（4）lib 文件夹中存放有公共的 jar 包，如图 4.31 所示。

名称	修改日期	类型	大小
Catalina	2015/9/12 15:42	文件夹	
catalina.policy	2014/11/14 10:05	POLICY 文件	11 KB
catalina.properties	2014/11/14 10:05	PROPERTIES 文件	4 KB
context.xml	2014/11/14 10:05	XML 文档	2 KB
logging.properties	2014/11/14 10:05	PROPERTIES 文件	4 KB
server.xml	2014/11/14 10:05	XML 文档	7 KB
tomcat-users.xml	2014/11/14 10:05	XML 文档	2 KB
web.xml	2014/11/14 10:05	XML 文档	165 KB

图 4.30　Tomcat 解压路径下的 conf 文件夹

名称	修改日期	类型	大小
annotations-api.jar	2014/11/14 10:05	Executable Jar File	15 KB
catalina.jar	2014/11/14 10:05	Executable Jar File	1,220 KB
catalina-ant.jar	2014/11/14 10:05	Executable Jar File	54 KB
catalina-ha.jar	2014/11/14 10:05	Executable Jar File	130 KB
catalina-tribes.jar	2014/11/14 10:05	Executable Jar File	234 KB
ecj-4.3.1.jar	2014/11/14 10:05	Executable Jar File	1,788 KB
el-api.jar	2014/11/14 10:05	Executable Jar File	34 KB
jasper.jar	2014/11/14 10:05	Executable Jar File	521 KB
jasper-el.jar	2014/11/14 10:05	Executable Jar File	110 KB
jsp-api.jar	2014/11/14 10:05	Executable Jar File	76 KB
servlet-api.jar	2014/11/14 10:05	Executable Jar File	130 KB
tomcat-coyote.jar	2014/11/14 10:05	Executable Jar File	782 KB
tomcat-dbcp.jar	2014/11/14 10:05	Executable Jar File	213 KB
tomcat-i18n-es.jar	2014/11/14 10:05	Executable Jar File	70 KB
tomcat-i18n-fr.jar	2014/11/14 10:05	Executable Jar File	51 KB

图 4.31　Tomcat 解压路径下的 lib 文件夹

（5）logs 文件夹中存放有服务器运行的日志文件，如图 4.32 所示。

名称	修改日期	类型	大小
catalina.2015-10-15.log	2015/10/15 22:09	文本文档	4 KB
catalina.2015-10-21.log	2015/10/21 9:27	文本文档	4 KB
catalina.2015-11-06.log	2015/11/6 19:51	文本文档	6 KB
catalina.2015-11-07.log	2015/11/7 17:34	文本文档	17 KB
catalina.2015-11-12.log	2015/11/12 8:47	文本文档	5 KB
catalina.2015-11-17.log	2015/11/17 18:46	文本文档	6 KB
catalina.2015-11-27.log	2015/11/28 0:01	文本文档	6 KB
catalina.2015-11-28.log	2015/11/28 0:01	文本文档	1 KB
host-manager.2015-10-15.log	2015/10/15 21:51	文本文档	0 KB
host-manager.2015-10-21.log	2015/10/21 8:57	文本文档	0 KB
host-manager.2015-11-06.log	2015/11/6 19:05	文本文档	0 KB
host-manager.2015-11-07.log	2015/11/7 17:13	文本文档	0 KB
host-manager.2015-11-12.log	2015/11/12 8:45	文本文档	0 KB

图 4.32　Tomcat 解压路径下的 logs 文件夹

（6）temp 文件夹用于存放临时文件。

（7）webapps 文件夹为网站发布路径，在 MyEclipse 中编写好的网站项目将发布到此文件夹，如图 4.33 所示。

图 4.33 Tomcat 解压路径下的 webapps 文件夹

（8）work 文件夹用来存放 JSP 文件编译后的 servlet，用户首次访问 JSP 页面会感觉加载很慢，其原因就是 JSP 文件首先需要进行编译，编译完成后用户才能访问，用户再次访问时无须编译，可大大提高访问速度，如图 4.34 所示。

图 4.34 Tomcat 解压路径下的 work 文件夹

以上介绍了 Tomcat 服务器的目录结构以及各部分的作用，下面将介绍如何在 MyEclipse 中使用 Tomcat 服务器。

4.4.4 MyEclipse 配置 Tomcat 服务器

（1）运行 MyEclipse 程序文件，打开 MyEclipse 工作界面，单击右上角的图标，调整工作视图到 MyEclipse Java Enterprise，如图 4.35 和图 4.36 所示。

第4章 电子商务网站运行环境配置

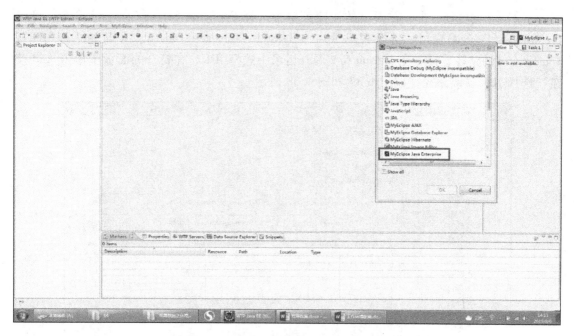

图 4.35　MyEclipse 配置 Tomcat 服务器(1)

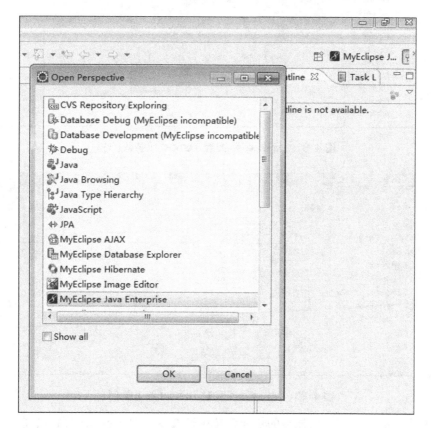

图 4.36　MyEclipse 配置 Tomcat 服务器(2)

（2）在空白处右击，在弹出的快捷菜单中选择 Configure Server Connetor 命令，弹出 Preferences(Fitered)窗口，选择 MyEclipse→Servers→Tomcat→Tomcat 6.x 命令。首先配置 Tomcat 6.x 的路径，接着在 Tomcat 6.x 展开目录中选择 JDK，在打开的面板中单击 Add 按钮，选择 JDK 安装路径，如图 4.37 和图 4.38 所示。

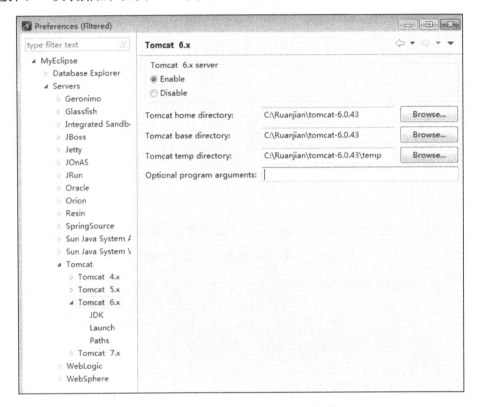

图 4.37　MyEclipse 配置 Tomcat 服务器(3)

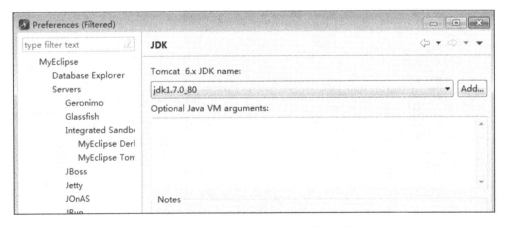

图 4.38　MyEclipse 配置 Tomcat 服务器(4)

（3）右击 Tomcat 6.x，在弹出的快捷菜单中选择 Add Deployment 命令，将建立的 Web 工程导入 Tomcat 服务器中，如图 4.39 和图 4.40 所示。

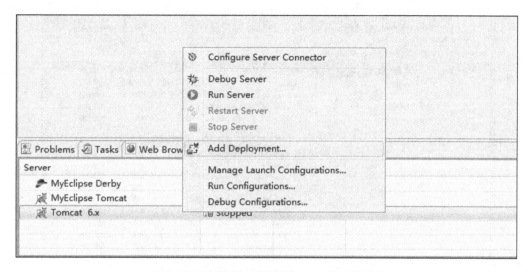

图 4.39　MyEclipse 配置 Tomcat 服务器(5)

图 4.40　Tomcat 导入工程项目

4.5　项目实战源码导入

（1）从网站下载项目源码文件，解压源码文件，如图 4.41 所示。

图 4.41　网站源码文件

（2）启动 MySQL 服务，选择"计算机管理"→"服务和应用程序"→"服务"→"启动 MySQL 服务"命令，如图 4.42 所示。

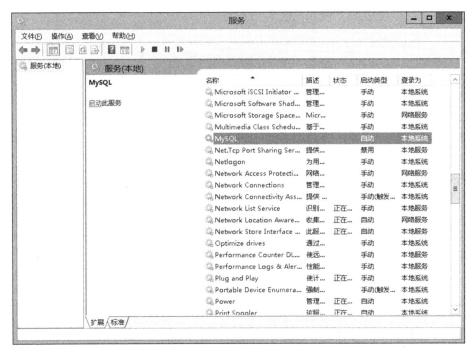

图 4.42 启动 MySQL 服务

(3) 运行 Navicat Premium 软件,新建 MySQL 连接,新建数据库,取名为 bookstore,字符编码为 utf-8,如图 4.43 所示。右击新建的 bookstore 数据库,在弹出的快捷菜单中选择"运行 SQL 文件"命令,打开"运行 SQL 文件"窗口,文件路径为源码文件内的 bookstore.sql 文件,其他选项不变,单击"开始"按钮,如图 4.44 所示。

图 4.43 建立网站数据库(1)

图 4.44 建立网站数据库(2)

(4) 运行完成后刷新数据库,将在 bookstore 数据库中生成网站运行所需的九张数据库表,如图 4.45 所示。

(5) 将解压的项目文件复制到 MyEclipse 工作空间,运行 MyEclipse,选择 File→

Import→General→Existing Projects into Workspace→next→"选择工作空间内的网站项目"→Finish 命令，至此完成了网站项目的导入，如图 4.46 所示。

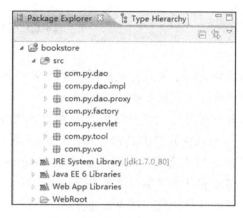

图 4.45　网站数据库表　　　　　图 4.46　已导入的工程项目

（6）打开 bookstore 工程项目下的 com.py.tool 包内的 DatabaseConnection.java 文件，将其中的三个静态常量（DBURL、DBUSER、DBPASSWORD）修改为对应的数据库地址（将 Webshop 改为创建的数据库名称）、数据库登录名和数据库密码，如图 4.47 所示。

```
public class DatabaseConnection {
    private static final String DBDRIVER = "com.mysql.jdbc.Driver";
    private static final String DBURL = "jdbc:mysql://localhost:3306/webshop";
    private static final String DBUSER = "root";
    private static final String DBPASSWORD = "111";
    private Connection conn;
```

图 4.47　修改网站数据库连接常量

（7）将工程项目发布到 Tomcat 上，右击 Tomcat 6.x，在弹出的快捷菜单中选择 Run Server 命令，启动 Tomcat 服务器，如图 4.48 所示。在浏览器地址栏中输入 http://localhost:8080/bookstore，按 Enter 键，跳转到网站首页。

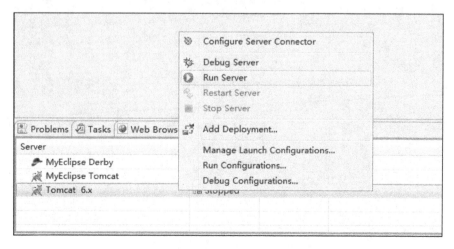

图 4.48　将网站发布到 Tomcat

本章小结

本章主要介绍了网站开发所需要的开发环境与开发工具的下载、安装与配置的方法，配置完成后完成了网站实例源码的导入。

网站开发所需要的开发环境与开发工具主要有 JDK、JRE、MyEclipse 和 Tomcat。JDK 是 Java 语言的软件开发工具包。JRE 是运行 Java 程序所必需的环境的集合，包含 JVM 标准实现及 Java 核心类库。MyEclipse 是在 Eclipse 基础上加上自己的插件开发而成的功能强大的企业级集成开发环境，主要用于 Java、Java EE 以及移动应用的开发。Tomcat 服务器是一个免费的开放源代码的 Web 应用服务器。

关键术语

JDK（Java Development Kit）　　　　　　　　JRE（Java Runtime Environment，Java 运行环境）

习　题

实践题

1. 完成 JDK 的下载、安装与配置。
2. 完成 Tomcat 的下载、安装及配置。
3. 完成 MyEclipse 的下载与安装，同时在 MyEclipse 上配置 Tomcat 服务器。
4. 完成网站实例源码的导入。

理论篇

第5章 电子商务网站静态页面的设计与建立

【学习目标】
(1) 掌握 HTML 的基本结构与简单的网页元素。
(2) 熟悉网页制作的工作流程及常规操作方法。
(3) 掌握 CSS 基础知识。
(4) 熟悉网页设计与制作工具。
(5) 掌握 JavaScript 语言基础。

【学习重点】
(1) HTML 的基本结构与简单的网页元素。
(2) CSS 基础知识。
(3) JavaScript 语言基础。

【学习难点】
(1) CSS 基础知识。
(2) JavaScript 语言基础。

网站页面设计与制作是电子商务网站开发过程中的核心阶段,熟悉页面设计与制作的工作流程及相关技巧是用户进行网页设计与制作的必要条件。本章主要是完成电子商务网站网页的设计与制作。这一过程需要掌握创建简单的 HTML 网页、创建与管理网站站点、CSS 的基础知识、网站前台主页设计制作与 JavaScript 的基础知识。

【拓展视频】

5.1　HTML 的基本结构

5.1.1　最简单的 HTML 网页

创建简单的 HTML 网页流程如图 5.1 所示。

图 5.1　创建简单的 HTML 网页流程

创建简单的 HTML 网页包括以下几个操作步骤。
（1）启动记事本。
（2）在记事本中输入 HTML 源代码。
（3）另存为网页文件 index.html。
（4）运行 index.html 网页文件。

【例 5-1】index.html

```
<html>                                          <!--HTML 开始标记-->
<head>                                          <!--头标记开始-->
    <title>电子商务网站</title>                    <!--文档标题信息-->
</head>                                         <!--标记完结-->
<body> <!--body 标记开始-->
    <h2>
    <h2>                                        <!--二级标题-->
        <font color="BLUE">电子商务网站</font>     <!--蓝色字体-->
    </h2>                                       <!--完结标记-->
    <h3>                                        <!--三级标题-->
        <a href="http://www.baidu.com/">超链接</a>  <!--超链接-->
    </h3>                                       <!--完结标记-->
</body>                                         <!--完结标记-->
</html>
```

5.1.2　HTML 文档的基本结构

HTML 是网页超文本标记语言，是 Internet 上用于编写网页的主要语言。HTML 中每个用来作为标记的符号都可以看作一条命令，它告诉浏览器应该如何显示文件的内容。

一个完整的 HTML 文件由标题、段落、表格和文本等各种嵌入的对象组成，这些对象统称为元素，HTML 使用标记来分隔并描述这些元素。实际上整个 HTML 文件就是由元素与标记组成的。

下面是一个 HTML 文件的基本结构：

```
<html>文件开始标记
<head>文件头开始的标记
……文件头的内容
</head>文件头结束的标记
<body>文件主体开始的标记
……文件主体的内容
</body>文件主体结束的标记
</html>文件结束标记
```

从上面的代码可以看出，HTML 代码分为三部分，其各部分包含以下含义。

（1）<html>…</html>：告诉浏览器 HTML 文件开始和结束的位置，其中包括<head>和<body>标记。HTML 文档中所有的内容都应该在这两个标记之间，一个 HTML 文档总是以<html>开始，以</html>结束。

（2）<head>…</head>：HTML 文件的头部标记，在其中可以放置页面的标题以及文件信息等内容，通常将这两个标签之间的内容统称为 HTML 的头部。

（3）<body>…</body>：用来指明文档的主体区域，网页所要显示的内容都放在该标记内，其结束标记</body>指明主体区域的结束。

5.1.3　HTML 标签规范

HTML 的使用规范主要体现在标记的使用上。

1. 标记

标记有开始标记与结束标记之分。开始标记由<标记名>组成，如<head>；结束标记由</标记名>组成，如</head>。

标记有单标记与双标记之分，单标记由一个标记组成，如
、<hr/>；双标记由开始标记与结束标记两部分组成，需要成对出现，如<title>…</title>、<font>…</font>。

2. 属性

很多标记都有属性，这些属性能够进一步描述标记的作用，属性必须放在开始标记中。一个标记可以拥有多个属性项，属性项之间没有次序之分，各属性项间使用空格间隔。例如，<font face="宋体" size="12" color="#FF0000">…</font>，其中有 face（字体）、size（字号）、color（颜色）三个属性。

3. 注释

在 HTML 中可以使用 <!-- --> 标记对文档进行注释，从而使 HTML 源代码更易于阅读与理解。注释可以放在 HTML 中任何地方，浏览器不显示注释。

5.1.4　HTML 标签概览

HTML 语言的标签很多，常用的标签有以下几个。

1. 标题标签 <hn>

HTML 一共提供了六个等级的标题，即 h1~h6，h1 最大，h6 最小，默认字号为 <h6>。标题使用示例如【例 5-2】所示。

【例 5-2】标题标签 <hn>

```
<html>
<head>
    <title>标题标签示例</title>
</head>
<body>
    <h1>这是 h1 标题</h1>
    <h2>这是 h2 标题</h2>
    <h3>这是 h3 标题</h3>
    <h4>这是 h4 标题</h4>
    <h5>这是 h5 标题</h5>
    <h6>这是 h6 标题</h6>
</body>
</html>
```

运行结果如图 5.2 所示。

图 5.2　运行结果

2. 逻辑风格标签

逻辑风格标签用来标示文本的使用方式，这些标签定义的文本大多会呈现出特殊的样式，它说明被标示文本如何使用，而不是去显示它。

【例5-3】 逻辑风格标签

```
<html>
<head>
<title>逻辑风格标签示例</title>
</head>
<body>
    <em>em，把文本定义为强调的内容。</em><br>
    <strong>strong，把文本定义为语气更强的强调的内容。</strong><br>
    <dfn>dfn，定义一个定义项目。</dfn><br>
    <cite>cite，定义引用。可使用该标签对参考文献的引用进行定义，比如书籍或杂志的标题。</cite><br>
    <kbd>kbd，定义键盘文本，表示文本是从键盘上键入的，经常用在与计算机相关的文档或手册中。</kbd><br>
    <code>code，定义计算机代码文本。</code><br>
    <var>var，定义变量。</var><br>
    <samp>samp，定义样本文本。</samp><br>
</body>
</html>
```

运行结果如图5.3所示。

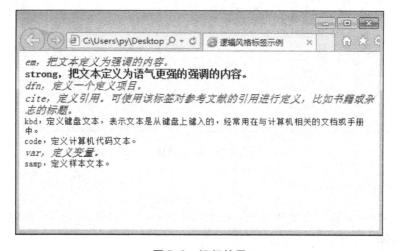

图5.3 运行结果

3. 物理风格标签

物理风格标签可以用来定义文本的显示方式，使用斜体、粗体或宽体字等字体显示方式。物理风格标签使用示例如【例5-4】所示。

【例5-4】物理风格标签

```
<html>
<head>
<title>物理风格标签示例</title>
</head>
<body>
    <b>b标签规定粗体文本。</b><br>
    <i>i标签显示斜体文本效果。</i><br>
    <big>big标签呈现大号字体效果。</big><br>
    <small>small标签呈现小号字体效果。</small><br>
    <tt>tt标签呈现类似打字机或者等宽的文本效果。</tt><br>
    <s>s标签可定义加删除线文本定义。</s><br>
    <u>u标签可定义下划线文本。</u><br>
定义字符上标：x<sup>上标</sup><br>
定义字符下标：y<sub>下标</sub><br>
</body>
</html>
```

运行结果如图5.4所示。

图5.4 运行结果

4. 文字标签<font>

文字标签<font>有三个重要属性：face(字体)、size(字号)、color(颜色)，文字标签规定文本的字体、字体尺寸、字体颜色。

(1) face属性表示字体类型，只有在计算机上装有该字体类型，才能在浏览器中显示该字体风格。

(2) size属性有效范围为1~7，默认为3。

(3) color属性的颜色值可以是一个十六进制的数(用#RRCCBB表示)，也可以直接用颜色名称表示。

【例 5-5】 文字标签 < font >

```
<html>
<head>
    <title>font 标签示例</title>
</head>
<body>
    <p><font face="verdana">A heading</font></p>
    <p><font size="5" face="arial" color="red">A paragraph.</font></p>
    <p><font size="6" face="宋体" color="green">A paragraph.</font></p>
    <p><font size="7" face="黑体" color="#000080">A paragraph.</font></p>
</body>
</html>
```

运行结果如图 5.5 所示。

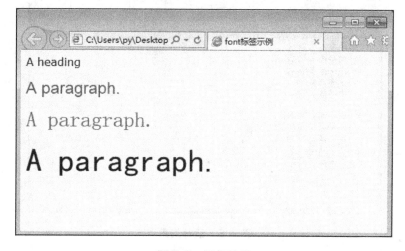

图 5.5 运行结果

5. 无序号列表标签 < ul > 与有序号列表标签 < ol >

无序号列表标签使用的是一对标记 < ul > … </ul >，其中每一个列表项前使用 < li > 标签。有序号列表标签使用的是一对标记 < ol > … </ol >，其中每一个列表项前使用 < li > 标签。

【例 5-6】 无序号列表标签 < ul > 与有序号列表标签 < ol >

```
<html>
<head><title>无序号与有序号标签示例</title></head>
<body>
    <ul>
    <li>电子商务网站
    <li>电子商务网站
    <li>电子商务网站
```

```
        <li>电子商务网站
        <li>电子商务网站
        </ul>
        <ol>
        <li>电子商务网站
        <li>电子商务网站
        <li>电子商务网站
        <li>电子商务网站
        <li>电子商务网站
        </ol>
</body>
</html>
```

运行结果如图 5.6 所示。

图 5.6　运行结果

6. 表格标签 <table>

表格标签由一个或多个 tr、th 或 td 元素组成。tr 元素定义表格行，th 元素定义表头，td 元素定义表格单元，表格标签的基本结构如【例 5-7】所示。

【例 5-7】表格标签 <table>

```
<html>
<head>
    <title>表格标签示例</title>
</head>
<body>
<table border = "1">
    <tr>
    <th>Number</th>
    <th>Name</th>
    <th>Age</th>
```

```
        </tr>
        <tr>
        <td>1</td>
        <td>张三</td>
        <td>22</td>
        </tr>
        <tr>
        <td>2</td>
        <td>李四</td>
        <td>24</td>
        </tr>
</table>
</body>
</html>
```

运行结果如图 5.7 所示。

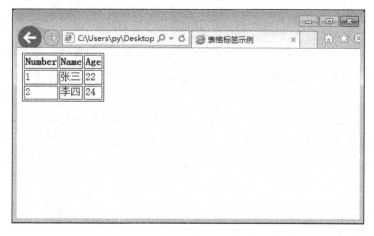

图 5.7　运行结果

7. 表单标签 < form >

在表单标签中包含若干个文本框供用户输入文字或数字信息,还包括单选按钮、复选框和下拉列表等多种表单域。在 HTML 文档中,以 < form > 开始和以 < /form > 结束的区域来定义一个表单。

【例 5-8】 表单标签 < form >

```
<html>
<head>
    <title>表单标签示例</title>
</head>
<body>
<form action="" method="post">
    编号: <input type="text" name="id" value="No."><br>
```

```
用户名：<input type="text" name="account" value="请输入用户名"><br>
密码：<input type="password" name="password" value="请输入密码"><br>
性别：<input type="radio" name="sex" value="男" checked>男
      <input type="radio" name="sex" value="女">女<br>
学历：<select name="edu">
          <option value="本科" checked>本科</option>
          <option value="研究生">研究生</option>
          <option value="博士">博士</option>
      </select><br>
兴趣：<input type="checkbox" name="inst" value="睡觉" checked>睡觉
      <input type="checkbox" name="inst" value="游泳">游泳
      <input type="checkbox" name="inst" value="上网">上网<br>
说明：<textarea name="note" cols="30" rows="3">建立电子商务网站
      </textarea><br>
      <input type="submit" value="注册">
<input type="reset" value="重置">
</form>
</body>
</html>
```

本程序使用了各种表单元素进行表单的显示，下面将一一介绍以上各个表单标记的作用。

（1）<form action="" method="post">：所有表单都必须使用 form 元素进行声明，其中 action 为表单提供信息提交的路径，如提交给 hello.jsp。

（2）<input type="text" name="id" value="No.">：表示文本框，文本名称为 id，默认显示的内容是"No."。

（3）<input type="password" name="password" value="请输入密码">：与文本框一样，只是所有输入的字符都以密文形式显示。

（4）<input type="radio" name="sex" value="男" checked>：单选按钮，其内容只能选择一个，其中 value 的值为真正提交给处理页的内容，如果希望被默认选择，可以使用 checked 属性。

（5）<select name="edu">：下拉列表框，如果希望被默认选择，可以使用 selected 属性表示。

（6）<input type="checkbox" name="inst" value="睡觉">：复选框，可以同时选择多个，但是要求每组复选框的名称必须保持一致，可以通过 checked 属性指定默认选择。

（7）<input type="submit" value="注册">："注册"按钮，通过"注册"按钮可将表单提交到由 form 元素的 action 属性所指定的页面。

（8）<input type="reset" value="重置">："重置"按钮，可将表单的内容恢复到默认显示。

运行结果如图 5.8 所示。

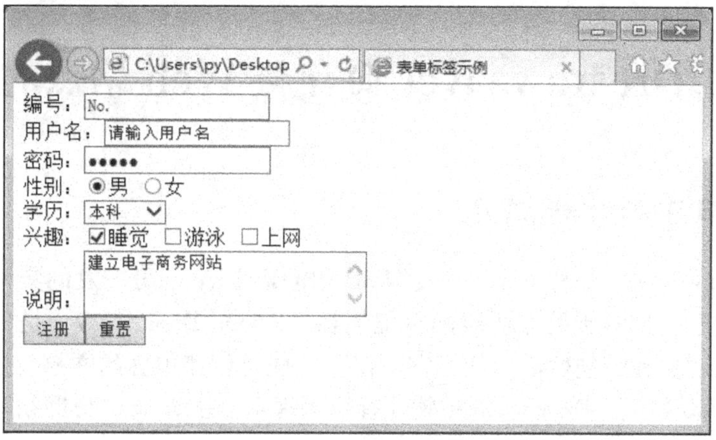

图 5.8 运行结果

8. 超链接标签 < a >

单击网页上的超链接文字或图片等,能够链接到另一网页文件。

【例 5-9】超链接标签 < a >

```
<html>
<head>
    <title>超链接标签示例</title>
</head>
<body>
<a href="http://www.baidu.com">baidu</a><br>
<a href="http://www.baidu.com"><img border="0" src="/baidu.gif"/></a>
</body>
</html>
```

9. 图像标签 < img >

插入图像的标签示例如【例 5-10】所示。可通过 width 和 height 分别表示图片的高和宽,若没有设置,则图片按原大小显示。

【例 5-10】图像标签 < img >

```
<img border="0" src="/baidu.gif" width="" height=""/>
```

5.2　Dreamweaver 简介与 Web 站点的创建

5.2.1　Dreamweaver 简介

【拓展文本】

Adobe Dreamweaver，简称 DW，是美国 MACROMEDIA 公司开发的集网页制作和管理网站于一身的所见即所得网页编辑器。Adobe Dreamweaver 是一款功能强大的站点创建和管理软件，使用它不仅可以任意创建单独的文档，还可以创建完整的 Web 站点。Dreamweaver 软件有代码提示功能，能够帮助初学者快速地编写出可运行的网页。

5.2.2　Web 站点的创建

下面介绍利用 Dreamweaver CS6 创建 Web 站点的基本流程。

Web 站点的创建包括以下几个操作步骤。

（1）创建本地站点文件夹。在本地硬盘 D 建立一个文件夹（如 D:\bookstore），用来存放要制作的站点，可以将该文件夹命名为站点的名称。

（2）运行 Dreamweaver CS6，选择"站点"→"新建站点"命令。在打开的"站点设置对象"对话框中选择"站点"选项卡，并为站点输入一个有意义的名称，同时定位到存放网站源码的位置，即刚创建的文件夹，单击"保存"按钮，如图 5.9 所示。

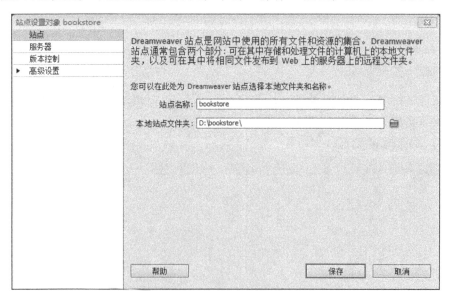

图 5.9　创建站点(1)

（3）在站点里新建文件夹 image、css 和 js，分别用来存放网站所需要的图片、样式表以及 JavaScript，如图 5.10 所示。

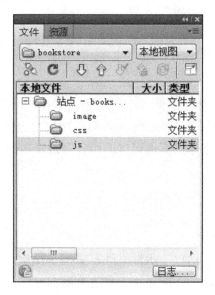

图 5.10　创建站点(2)

5.3　DIV+CSS 设计与制作网页

【拓展文本】

5.3.1　XHTML 和 CSS 基础知识

1. 文档类型

使用 Dreamweaver 新建 html 格式文档时，查看源代码，代码最上部有文档说明：

```
<!DOCTYPE html PUBLIC "-//W3C//DTD XHTML 1.0 Transitional//EN"
"http://www.w3.org/TR/xhtml1/DTD/xhtml1-transitional.dtd">
<html xmlns="http://www.w3.org/1999/xhtml">
```

这句话标明本文档是过渡类型，另外还有框架和严格类型，此次采用过渡类型，因为浏览器对 XHTML 的解析比较宽松，允许使用 HTML 4.01 中的标签，但必须符合 XHTML 的语法。

2. 语言编码

文档的语言编码如下：

```
<meta http-equiv="content-type" content="text/html; charset=UTF-8">
```

这是一种常用的编码 UTF-8 编码,它是国际通用的编码。无论采用哪种编码,包含的 CSS 样式表和其他文件必须和本文档的编码一样,否则会出现乱码。

3. CSS 样式

加载 CSS 样式有以下四种。

(1) 外部样式:

【拓展文本】

```
<link rel="stylesheet" type="text/css" href="css/styles.css">
```

这种形式是把 CSS 单独写到一个 CSS 文件内,然后在源代码中以 link 方式链接。它的好处是不但本页可以调用,其他页面也可以调用,是最常用的一种形式。

(2) 内部样式:

```
<style>
p{font-size:18px;}
</style>
```

这种形式是内部样式表,它以 <style> 和 </style> 结尾,写在源代码的 head 标签内。这样的样式表只针对本页有效,不能作用于其他页面。

(3) 行内样式:

```
<p style="font-size:18px">行内样式</p>
```

这种在标签内以 style 标记的为行内样式,行内样式只针对标签内的元素有效,因其没有和内容相分离,所以不建议使用。

(4) 导入样式:

```
@import url("global.css");
```

链接样式是以 @import url 标记所链接的外部样式表,它一般用在另一个样式表内部。例如,layout.css 为主页所用样式,那么就可以把全局都需要用的公共样式放到一个 global.css 的文件中,然后在 layout.css 中以 @import url("global.css") 的形式链接全局样式,这样就能使代码起到很好的重复利用性。

4. CSS 选择器

CSS 选择器种类很多,下面讲解比较重要的几种。

1) 元素选择器

最常见的 CSS 选择器是元素选择器。换句话说,文档的元素就是最基本的选择器。

如果设置 HTML 的样式,选择器通常将是某个 HTML 元素,如 p、h1、em、a,甚至可以是 HTML 本身:

```
html {color:black;}
h1 {color:blue;}
h2 {color:silver;}
```

2）类选择器

类选择器使用 .class 名称的形式进行定义：

```
.black {color:black;}
.blue {color:blue;}
.silver {color:silver;}
```

3）ID 选择器

ID 选择器使用#ID 名称的形式进行定义，与类选择器不同，ID 选择同一页面仅能使用一次。

```
#black {color:black;}
```

4）属性选择器

属性选择器可以根据元素的属性及属性值来选择元素。

```
* [title] {color:red;}
```

以上表示含有属性 title 的标签 color 属性值为 red。

5）后代选择器

后代选择器(Descendant Selector)又称包含选择器。后代选择器可以选择作为某元素后代的元素。

```
p em {color:red;}
```

以上表示在 p 标签内部的 em 标签的 color 属性值为 red。

6）子元素选择器

子元素选择器与后代选择器类似，但子元素选择器指的是某元素的直接子类。

```
p > strong {color:red;}
```

以上表示在 p 标签的子元素 strong 的 color 属性值为 red。

7）相邻兄弟选择器

相邻兄弟选择器(Adjacent Sibling Selector)可选择紧接在另一元素后的元素，且二者有相同父元素。

```
h1 + p {color:red;}
```

以上表示 h1 标签的相邻兄弟标签 p 的 color 属性值为 red。

8）伪类选择器

伪类选择器用于向某些选择器添加特殊的效果。链接的不同状态都可以不同的方式显示，这些状态包括活动状态、已被访问状态、未被访问状态和鼠标悬停状态。

```
a:link {color: #FF0000}        /* 未访问的链接 */
a:visited {color: #00FF00}     /* 已访问的链接 */
a:hover {color: #FF00FF}       /* 鼠标指针移动到链接上 */
a:active {color: #0000FF}      /* 选定的链接 */
```

9）伪元素选择器

CSS 伪元素选择器用于向某些选择器设置特殊效果，这里伪元素不一一具体列出。

```
p:first-letter
  {
  color:#ff0000;
  font-size:xx-large;
  }
```

first-letter 伪元素用于向文本的首字母设置特殊样式。

5. CSS 优先级

（1）id 优先级高于 class。
（2）后面的样式覆盖前面的。
（3）指定的高于继承的（子标签可以继承父标签部分样式）。
（4）行内样式高于内部或外部样式。

总结：单一的(id)高于共用的(class)，有指定的用指定的，无指定的则继承离它最近的。

6. CSS 盒模型

传统的表格排版是通过大小不一的表格和表格嵌套来定位排版网页内容，改用 CSS 排版，就是通过由 CSS 定义的大小不一的盒子和盒子嵌套来编排网页。这种排版方式的网页代码简洁，表现和内容相分离，维护方便，能兼容更多的浏览器。CSS 盒模型结构如图 5.11 所示。

【拓展视频】

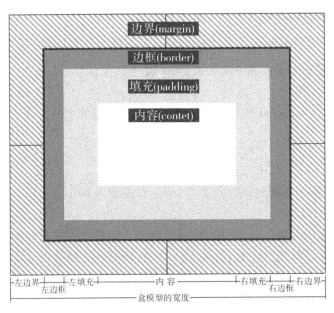

图 5.11　盒模型结构

盒模型的最内部分是实际的内容，直接包围内容的是内边距。内边距呈现了元素的背景，内边距的边缘是边框。边框以外是外边距，外边距默认是透明的，因此不会遮挡其后的任何元素。如图 5.12 所示，该盒模型内容宽度为 70px，内边距为 5px，边框厚度为 0px，外边距为 10px。

【拓展文本】

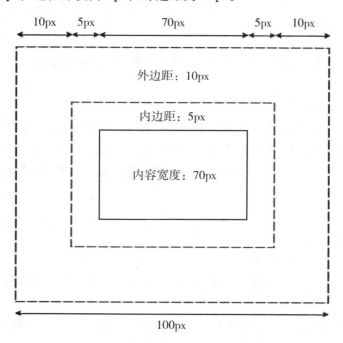

图 5.12　盒模型

1）内边距（padding）

padding 属性定义元素边框与元素内容之间的空白区域，padding 属性接受长度值或百分比值，但不允许使用负值。内边距有多种定义方法，这里只举出最常见的几种。

可以通过一个值定义内边距，如：

```
h1 {
    padding:10px;
}
```

也可分别定义内边距，如：

```
h1 {
    padding-top:10px;
    padding-right:10px;
    padding-bottom:10px;
    padding-left:10px;
}
```

需要注意的是，内边距优先级是 top > bottom、left > right，即如果 content（内容）大小不满足要求，首先满足内上边距与内左边距。

2）边框（border）

border 属性允许用户规定元素边框的样式、宽度和颜色。border 属性有多种设置方法，这里不一一介绍。例如：

```
p {
   border:1px solid red;
}
```

border 属性设置了三个值，分别代表 border 宽度、border 种类（实线、虚线或者其他）、border 颜色。

3）外边距（margin）

设置外边距的最简单的方法就是使用 margin 属性，该属性接受任何长度单位、百分数值甚至负值。外边距与内边距类似，同样可以通过一个值或者多个值来定义外边距，优先级也满足 top > bottom、left > right。外边距有多种设置方法，这里需要强调的是实现水平居中的方法，如：

```
p {
   margin:0 auto;
}
```

以上表示 p 元素，上下外边距为零，左右外边距自适应，保持水平居中。

4）外边距合并

简单地说，外边距合并指的是当两个垂直外边距相遇时，它们将形成一个外边距。合并后的外边距的高度等于两个发生合并的外边距的高度中的较大者。

当一个元素出现在另一个元素上面时，第一个元素的下外边距与第二个元素的上外边距会发生合并，如图 5.13 所示。

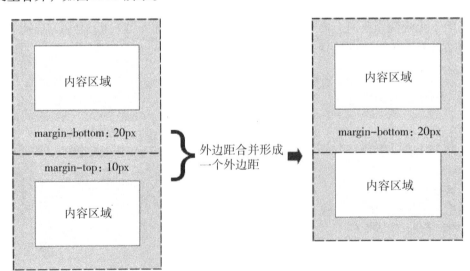

图 5.13　外边距合并（1）

当一个元素包含在另一个元素中时（假设没有内边距或边框把外边距分隔开），它们的上和/或下外边距也会发生合并，如图 5.14 所示。

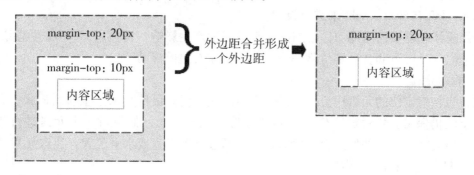

图 5.14　外边距合并(2)

7. 块级元素与行内元素

CSS 把 HTML 中的元素分为三种：块级元素、行内元素与可变元素。

（1）块级元素：就是一个方块，与段落类似，默认占据一行出现。一般的块级元素有段落 <p>，标题 <h1>，列表 <ul>、<ol>、<li>，表格 <table>、<tr>，表单 <form>，<div> 和 <body> 等元素。

（2）行列元素：顾名思义，只能放在行内，就像一个单词，不会造成前后换行，起辅助作用。行内元素有表单元素 <input>、超级链接 <a>、图像 <img>、<span> 等。

（3）可变元素：根据上下文来决定其是块级元素还是行内元素。

块级元素的显著特点是：每个块级元素都是从一个新行开始显示，而且其后的元素也需另起一行进行显示。

如果没有 CSS 的作用，块元素会顺序以每次另起一行的方式一直往下排。而有了 CSS 以后，用户可以改变 HTML 的默认布局模式，把块元素摆放到需要的位置上，而不是每次都另起一行。同时，可以用 CSS 的 display：inline 将块级元素改变为行列元素，也可以用 display：block 将行列元素改变为块级元素。

8. CSS 定位

CSS 有 4 种基本的定位机制：普通流、浮动、相对定位与绝对定位。除非专门指定，否则所有元素都在普通流中。

1）普通流

普通流中的元素的位置由元素在(X)HTML 中的位置决定。其中，块级元素从上到下顺序排列，元素之间的垂直距离是由元素的垂直外边距计算出来的；行内元素在一行中水平布置。可以使用水平内边距、边框和外边距调整它们的间距。但是，垂直内边距、边框和外边距不影响行内元素的高度。由一行行内元素形成的框称为行框（Line Box），行框的高度总是足以容纳它包含的所有行内元素。设置行高可以增加行框的高度。

2）浮动

浮动的框可以向左或向右移动，直到它的外边缘碰到包含框或另一个浮动框的边框为止。由于浮动框不在文档的普通流中，因此文档的普通流中的块框表现得就像浮动框不存在一样。在 CSS 中通过给标签添加 float 属性来设置浮动。浮动分为左浮动与右浮动，分别使用 float：left 与 float：right 来进行设置。

使用完浮动需要清除浮动，否则会对其后元素产生影响，可使用 clear 属性清除浮动，其值有 left、right、both，分别清除左边、右边、左右边的浮动。

3）相对定位

设置为相对定位的元素框会偏移某个距离。元素仍然保持其未定位前的形状，它原本所占的空间仍保留。相对定位是一个非常容易掌握的概念，如果对一个元素进行相对定位，它将出现在它所在的位置上。然后，可以通过设置垂直或水平位置，让该元素"相对于"它的起点进行移动。例如：

```
.relative {
position: relative;
left: 30px;
top: 20px;
}
```

给框 2 设置相对定位属性，运行结果如图 5.15 示。

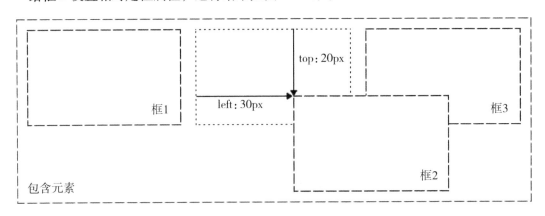

图 5.15　相对定位

4）绝对定位

设置为绝对定位的元素框从文档流完全删除，并相对于其包含块定位，包含块可能是文档中的另一个元素或者是初始包含块。元素原先在正常文档流中所占的空间会关闭，就好像该元素原来不存在一样。元素定位后生成一个块级框，而不论原来它在正常流中生成何种类型的框。

绝对定位使元素的位置与文档流无关，因此不占据空间。例如：

```
.absolute {
position: absolute;
left: 30px;
top: 20px;
}
```

给框2设置绝对定位属性，框2脱离了文档流，普通流中其他元素的布局就像绝对定位的元素不存在一样，运行结果如图5.16所示。

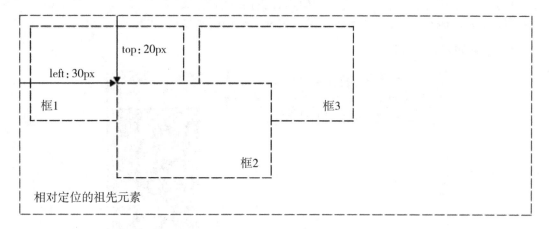

图 5.16　绝对定位

需要注意的是，绝对定位的元素的位置相对于最近的已定位祖先元素，如果元素没有已定位的祖先元素，那么它的位置相对于最初的包含块。

5.3.2　网页布局

1. 一列固定宽度

在 Dreamweaver 中新建一个 HTML 文件，在 body 中插入一个标签 one，然后在样式表中设置 one 样式。为方便观察，分别给 body 和标签 one 设置背景色，one 的宽度设置为400px，高度设置为300px。

HTML 文件：

```
<!DOCTYPE html PUBLIC "-//W3C//DTD XHTML 1.0 Transitional//EN"
"http://www.w3.org/TR/xhtml1/DTD/xhtml1-transitional.dtd">
<html xmlns="http://www.w3.org/1999/xhtml">
<head>
<meta http-equiv="Content-Type" content="text/html; charset=utf-8" />
<title>电子商务网站</title>
<link href="style.css" rel="stylesheet" type="text/css" />
</head>
<body>
    <div id="one">这里是id"one"的内容</div>
</body>
</html>
```

CSS 文件：

```
@charset "utf-8";
```

```
/* CSS Document */
* {margin:0; padding:0;}
body {background-color:#FFFFFF; font-size:16px;}
#one {width:400px; height:300px; background-color:#000;}
```

运行结果如图 5.17 所示。

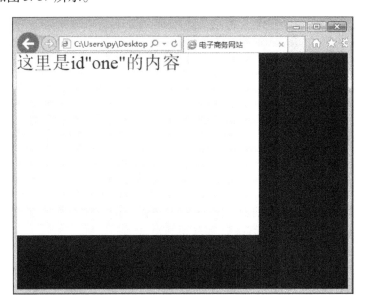

图 5.17 一列固定宽度

2. 一列固定宽度居中

一列固定宽度居中和一列固定宽度相比,我们要解决的问题就是居中。这里需用到 CSS 的外边距属性 margin。如果提供全部四个参数值,将按上、右、下、左的顺序作用于四边;如果只提供一个,将用于全部的四边;如果提供两个,第一个用于上、下,第二个用于左、右;如果提供三个,第一个用于上,第二个用于左、右,第三个用于下。

当设置一个盒模型的 margin:0 auto; 时,可以让该盒模型居中。

CSS 样式:

```
#one {width:400px; height:300px; background-color:#000; margin:0 auto;}
```

运行结果如图 5.18 所示。

3. 一列自适应宽度居中

一列自适应宽度居中与一列固定宽度居中唯一的区别在于:其 width 属性值为百分比,宽度由父元素宽度决定。

4. 多块布局

一般的网站整体可以分为上中下结构,即头部、中间主体和底部。那么我们可以用三个 div 块来划分,分别将它们命名为头部(header)、主体(maincontent)和底部(footer)。

第 5 章 电子商务网站静态页面的设计与建立

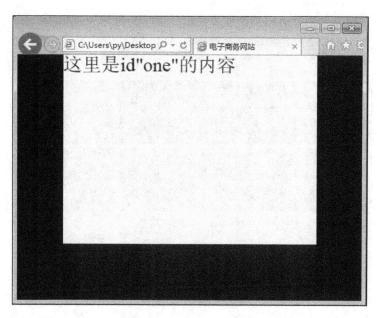

图 5.18　一列固定宽度居中

HTML 文件：

```
<!DOCTYPE html PUBLIC "-//W3C//DTD XHTML 1.0 Transitional//EN"
"http://www.w3.org/TR/xhtml1/DTD/xhtml1-transitional.dtd">
<html xmlns="http://www.w3.org/1999/xhtml">
<head>
<meta http-equiv="Content-Type" content="text/html; charset=utf-8" />
<title>电子商务网站</title>
<link href="style.css" rel="stylesheet" type="text/css" />
</head>
<body>
    <div id="header">这里是id"header"的内容</div>
<div id="maincontent">这里是id"maincontent"的内容</div>
<div id="footer">这里是id"footer"的内容</div>
</body>
</html>
```

CSS 文件：

```
@charset "utf-8";
/* CSS Document */
* {margin:0; padding:0;}
body {background-color:#FFFFFF; font-size:30px;}
#header {width:400px; height:100px; background-color:#F00; margin:5px auto;}
#maincontent {width:400px; height:100px; background-color:#09F; margin:5px auto;}
#footer {width:400px; height:100px; background-color:#FF0; margin:5px auto;}
```

运行结果如图 5.19 所示。

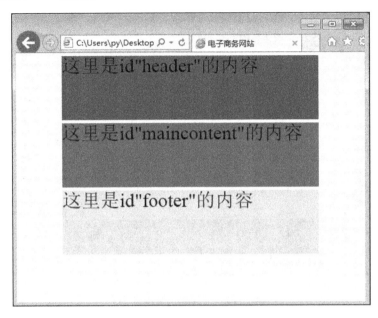

图 5.19　多块布局

每个 div 上下之间的间隔为 5px，而不是 10px。因为块级元素的垂直相邻外边距会合并，行内元素的左右外边距不会合并。

5. 两列固定宽度布局

下面以常见的两列固定宽度布局为例，因为 div 为块状元素，默认情况下占据一行空间，要想让 div 移到右侧，就需要使用 CSS 的浮动属性 float 来实现。float 属性有四个可用的值：left 和 right 分别浮动元素到各自的方向，none（默认的）使元素不浮动，Inherit 将会从父级元素获取 float 值。最常用的是 float:left 和 float:right。

HTML 文件：

```
<!DOCTYPE html PUBLIC "-//W3C//DTD XHTML 1.0 Transitional//EN"
"http://www.w3.org/TR/xhtml1/DTD/xhtml1-transitional.dtd">
<html xmlns="http://www.w3.org/1999/xhtml">
<head>
<meta http-equiv="Content-Type" content="text/html; charset=utf-8" />
<title>电子商务网站</title>
<link href="style.css" rel="stylesheet" type="text/css" />
</head>
<body>
    <div id="side">这里是id"side"的内容</div>
<div id="main">这里是id"main"的内容</div>
<div class="clear"></div>
</body>
</html>
```

CSS 文件：

```
#side {width:200px; height:400px; background-color:#F00; float:left;}
#main {width:400px; height:400px; background-color:#09F; float:left;}
.clear{clear:both;}
```

运行结果如图 5.20 所示。

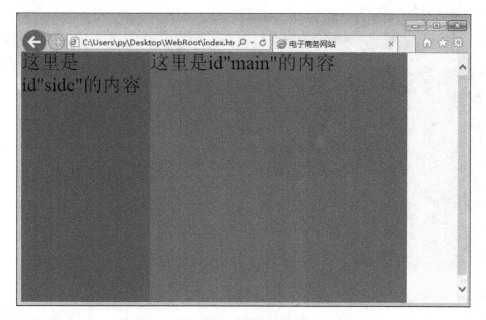

图 5.20　左右布局

注意：使用完浮动后需要清除浮动，否则会造成严重后果。此处使用了 class 选择器，因为在每个页面中每个 id 只能使用一次，所以一般使用 id 进行布局，而 class 可以重复使用。

将标签 main 高度设置为 200px，然后增加一个标签 footer，不清除浮动则会出现以下情况。

HTML 文件：

```
<!DOCTYPE html PUBLIC "-//W3C//DTD XHTML 1.0 Transitional//EN"
"http://www.w3.org/TR/xhtml1/DTD/xhtml1-transitional.dtd">
<html xmlns="http://www.w3.org/1999/xhtml">
<head>
<meta http-equiv="Content-Type" content="text/html; charset=utf-8" />
<title>电子商务网站</title>
<link href="style.css" rel="stylesheet" type="text/css" />
</head>
<body>
    <div id="side">这里是id"side"的内容</div>
<div id="main">这里是id"main"的内容</div>
<div id="footer">这里是id"footer"的内容</div>
</body>
</html>
```

CSS 文件：

```
#side {width:200px; height:400px; background-color:#F00; float:left;}
#main {width:400px; height:200px; background-color:#09F; float:left;}
#footer {width:500px; height:300px; background-color:#FF0;}
.clear{clear:both;}
```

运行结果如图 5.21 所示。

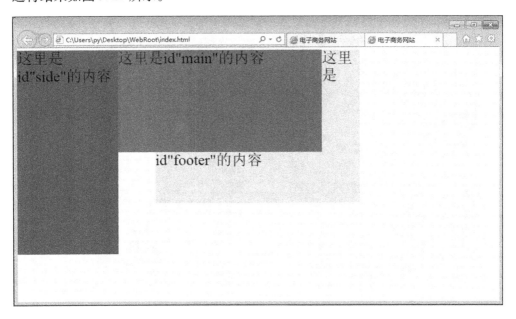

图 5.21　不清除浮动

如果清除浮动，则如图 5.22 所示。

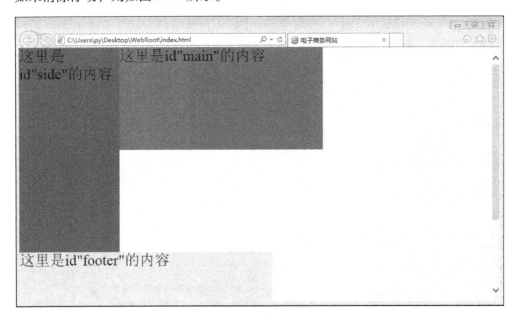

图 5.22　清除浮动

6. 两列自适应宽度布局

自适应宽度布局和固定宽度布局类似，只需将 width 设置为百分比形式，需要注意的是同一行多个标签的 width 百分比之和不能超过百分之百，否则超出的那个标签将另起一行。

7. 两列布局居中

两列固定宽度居中，需要在两列固定宽度的基础上改进，在前面一列固定宽度居中时，我们知道让它居中的方法，所以这里需要在这两个 div 之外再加一个父 div，然后将父 div 居中。

HTML 文件：

```
<!DOCTYPE html PUBLIC "-//W3C//DTD XHTML 1.0 Transitional//EN"
"http://www.w3.org/TR/xhtml1/DTD/xhtml1-transitional.dtd">
<html xmlns="http://www.w3.org/1999/xhtml">
<head>
<meta http-equiv="Content-Type" content="text/html; charset=utf-8" />
<title>电子商务网站</title>
<link href="style.css" rel="stylesheet" type="text/css" />
</head>
<body>
    <div id="maincontent">
    <div id="side">这里是id"side"的内容</div>
    <div id="main">这里是id"main"的内容</div>
</div>
</body>
</html>
```

CSS 文件：

```
#maincontent {width:400px; height:200px; background-color:#09F; margin:0 auto;}
#side {width:30%; height:auto; background-color:#F00; float:left;}
#main {width:70%; height:auto; background-color:#09F; float:left;}
.clear{clear:both;}
```

运行结果如图 5.23 所示。

注意：养成用完浮动及时清除的习惯，否则可能会出现无法预料的错误。

8. XHTML 的块级元素和内联元素

块级元素：是一个方块，与段落类似，默认占据一行出现。一般的块级元素有段落 <p>，标题 <hn>，列表 <ul>、<ol>、<li>，表格 <table>、<tr>，表单 <form>，<div> 和 <body> 等元素。

内联元素又称行内元素，其只能放在行内，就像一个单词，不会造成前后换行，起辅助作用。内联元素有表单元素 <input>、超级链接 <a>、图像 <img>、<span> 等。

【拓展文本】

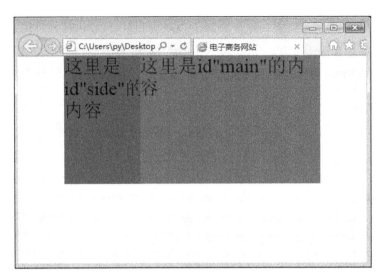

图 5.23　两列居中

块级元素的显著特点是：每个块级元素都从一个新行开始显示，而且其后的元素也需另起一行进行显示。

HTML 文件：

```
<!DOCTYPE html PUBLIC "-//W3C//DTD XHTML 1.0 Transitional//EN"
"http://www.w3.org/TR/xhtml1/DTD/xhtml1-transitional.dtd">
<html xmlns="http://www.w3.org/1999/xhtml">
<head>
<meta http-equiv="Content-Type" content="text/html; charset=utf-8" />
<title>电子商务网站</title>
<link href="style.css" rel="stylesheet" type="text/css" />
</head>
<body>
    <h3>第一块块级元素</h3>
<div>第二块块级元素</div>
<span>第一块行内元素</span><span>第二块行内元素</span><span>第三块行内元素</span>
</body>
</html>
```

运行结果如图 5.24 所示。

如果没有 CSS 的作用，块元素会顺序以每次另起一行的方式一直往下排。而有了 CSS 以后，我们可以改变这种 HTML 的默认布局模式，把块元素摆放到需要的位置上，而不是每次都另起一行。同时，可以用 CSS 的 display:inline 将块级元素改变为内联元素，也可以用 display:block 将内联元素改变为块元素。

9. float 浮动

float:left 使元素向左浮动，在 CSS 中，任何元素都可以浮动。浮动元素会生成一个块

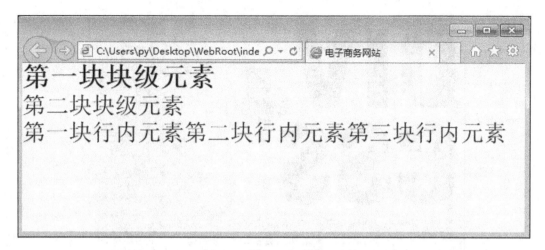

图 5.24　块级元素和行内元素

级框，而不论它本身是何种元素；且要指明一个宽度，否则它会尽可能地窄；另外当可供浮动的空间小于浮动元素时，它会跑到下一行，直到拥有足够放下它的空间。

下面将用一个示例来介绍 float 的用法。在 body 中插入两个标签，ID 分别为 side 和 main，side 和 main 未设置样式，其中分别存放图片和文字，如图 5.25 所示。

图 5.25　未设置 float 浮动

若设置 side 向左浮动，后面的 main 将自动上浮补充到图片右边，如果右边空间不够将另起一行排列，如图 5.26 所示。

图 5.26 中文字和图片贴得太紧，需要间隔。因为当元素浮动过之后，需要指定一个宽度，否则它会尽可能窄。把 side 的宽度设置为大于图片的宽度，如图 5.27 所示。

图 5.26 设置 float 浮动

图 5.27 设置 float 浮动后增加宽度

5.3.3 纵向导航栏和横向导航栏

【拓展视频】

1. 纵向列表

纵向列表,也称为纵向导航,在网站的产品列表中应用比较广泛,下面介绍纵向导航的制作。

新建一个页面,然后插入一个 ID 为 menu 的标签,在其内部插入一个无序列表 ul。

HTML 文件：

```
<!DOCTYPE html PUBLIC "-//W3C//DTD XHTML 1.0 Transitional//EN"
"http://www.w3.org/TR/xhtml1/DTD/xhtml1-transitional.dtd">
<html xmlns="http://www.w3.org/1999/xhtml">
<head>
<meta http-equiv="Content-Type" content="text/html; charset=utf-8" />
<title>电子商务网站</title>
<link href="style.css" rel="stylesheet" type="text/css" />
</head>
<body>
    <div id="menu">
    <ul>
<li>导航一</li>
<li>导航二</li>
<li>导航三</li>
<li>导航四</li>
<li>导航五</li>
<li>导航六</li>
</ul>
</div>
</body>
</html>
```

CSS 文件：

```
#menu { width:200px; height:600px;background-color:#FF0;margin:0 auto;}
```

运行结果如图 5.28 所示。

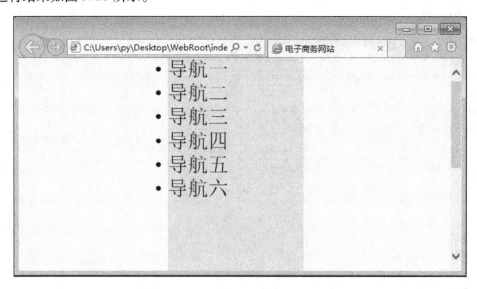

图 5.28　纵向导航栏

图 5.28 中每个导航前面都有一个黑色的点,不太美观,这是 ul 默认的样式,可以通过 CSS 样式表修改。将 ul 标签的 list – style 属性设置为 none 即可。

CSS 文件:

```
#menu { width:200px; height:600px;background-color:#FF0;margin:0 auto;}
ul{list-style:none;}
```

运行结果如图 5.29 所示。

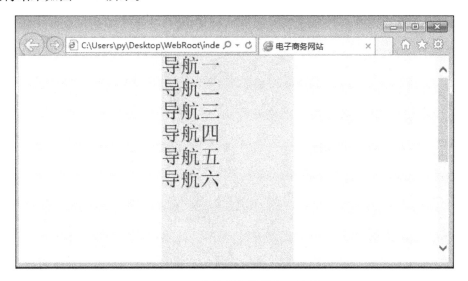

图 5.29　去掉圆点的纵向导航栏

2. 横向列表

可以利用 float 使 li 标签向左浮动。

HTML 文件:

```
<! DOCTYPE html PUBLIC " - //W3C//DTD XHTML 1.0 Transitional//EN"
"http://www.w3.org/TR/xhtml1/DTD/xhtml1 - transitional.dtd" >
<html xmlns = "http://www.w3.org/1999/xhtml" >
<head >
<meta http - equiv = "Content - Type" content = "text/html; charset = utf - 8" />
<title >电子商务网站 </title >
<link href = "style.css" rel = "stylesheet" type = "text/css" />
</head >
<body >
    <div id = "menu" >
    <ul >
<li >导航一 </li >
<li >导航二 </li >
<li >导航三 </li >
<li >导航四 </li >
```

```
< li >导航五</li >
< li >导航六</li >
< div class = "clear" ></div >
</ul >
</div >
</body >
</html >
```

CSS 文件：

```
#menu { width:600px; height:50px; background - color:#FF0; margin:0 auto;}
#menu ul {list - style:none;}
#menu ul li {width:100px; height:50px; text - align:center; line - height:50px;
float:left}
```

运行结果如图 5.30 所示。

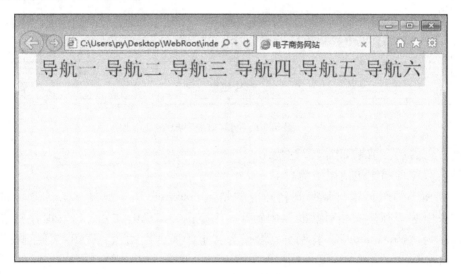

图 5.30　横向导航栏

5.4　电子商务网站前台首页的设计与建立

　　站点布置完成后，开始网站前台主页的编写。开发一个网站，好的页面风格和页面框架是非常重要的，特别是对于电子商务网站来说，更需要有好的页面风格和布局。在网站首页设计中，首先必须把网站推出的特价商品、最新商品等特色和动态信息展现给顾客，然后提供查看订单、购物车、商品分类查询等业务。网站决定的首页布局主要内容包括 logo、导航栏、搜索框、广告栏 banner、用户模块、商品展示、商品类别以及版权信息。

网站首页布局如图 5.31 所示。

图 5.31 网站首页布局

网站首页的运行结果如图 5.32 所示。

网站前台首页制作包括以下流程。

（1）将所需的网页素材复制到新建好的站点 bookstore 下。选择"文件"→"新建"命令，在弹出的"新建文档对话框"中新建一个空白的 HTML 文件，将其保存在站点根目录下，命名为"index.html"，将网页标题设为"电子商务网站"，HTML 文件选择 XHTML 1.0 Transitional。

（2）选择"文件"→"新建"命令，在弹出的"新建文档对话框"中新建一个空白的 CSS 文件，并将其保存在站点根目录下的 CSS 文件夹中。打开 index.html 文件，在其 <head> 标签内部附加该样式表。HTML 文件如下：

```
<!DOCTYPE html PUBLIC "-//W3C//DTD XHTML 1.0 Transitional//EN"
"http://www.w3.org/TR/xhtml1/DTD/xhtml1-transitional.dtd">
<html xmlns="http://www.w3.org/1999/xhtml">
<head>
<meta http-equiv="Content-Type" content="text/html; charset=utf-8" />
<title>电子商务网站</title>
<link href="css/style.css" rel="stylesheet" type="text/css" />
</head>
<body>
</body>
</html>
```

电子商务网站静态页面的设计与建立 第 5 章

图 5.32 网站首页

(3) 定义全局样式，在 style.css 中输入 *{ margin:0; padding:0; border:0;}，一开始就定义是为了兼容性考虑，因为各种版本的浏览器对标签的解释都不一样，所以可以先统一一些标签的常用属性设置。CSS 文件如下：

```
@charset "UTF-8";
/* CSS Document */
*{margin:0; padding:0;}
body{font-size:16px; font-family:"宋体";}
img{border:0;}
ul,ol{list-style:none;}
```

109

```
h1,h2,h3,h4,h5,h6{font-size:100%}
/*清除浮动*/
.clear{clear:both;}
/*清除超链接下划线*/
a {text-decoration:none;}
```

(4) 书写前台首页的框架代码,在 body 中插入五个 div 标签,ID 分别命名为 header、nav、banner、main、footer。HTML 文件如下:

```
<!DOCTYPE html PUBLIC "-//W3C//DTD XHTML 1.0 Transitional//EN"
"http://www.w3.org/TR/xhtml1/DTD/xhtml1-transitional.dtd">
<html xmlns="http://www.w3.org/1999/xhtml">
<head>
<meta http-equiv="Content-Type" content="text/html; charset=utf-8" />
<title>电子商务网站</title>
<link href="css/style.css" rel="stylesheet" type="text/css" />
</head>
<body>
    <div id="header">header</div>
<div id="nav">nav</div>
<div id="banner">banner</div>
<div id="main">main</div>
    <div id="footer">footer</div>
</body>
</html>
```

(5) 分别设置五个 div 标签的 CSS 样式。考虑到一般显示器分辨率,选择网页内容宽度为 960px,同时考虑到后面可能需要修改,暂时将标签的高度设置为 auto,最后使用 margin: 0 auto 使 div 标签居中。CSS 文件如下:

```
/*页头样式*/
#header{ width:960px; height:auto; margin:0 auto; background:#FFFFFF;}
/*导航栏样式*/
#nav{ width:960px; height:auto; margin:0 auto; background:#FFFFFF;}
/*广告栏样式*/
#banner{ width:960px; height:auto; margin:0 auto; background:#FFFFFF;}
/*商品展示区块样式*/
#main{ width:960px; height:auto; margin:0 auto; background:#FFFFFF;}
/*页尾样式*/
#footer{ width:960px; height:auto; margin:0 auto; background:#FFFFFF;}
```

运行结果如图 5.33 所示。

(6) 设置 header 内容。首先在 header 中插入三个 div,分别插入相应的内容,在 logo 中插入事先切割好的 logo 图片;在 search 中插入一个文本控件和一个按钮控件,并分别对其设置样式;最后设置 login 中的文字居中,行高为 55px,这样文字将在 login 中水平垂直居中,在 login 中插入一个超链接。

第 5 章 电子商务网站静态页面的设计与建立

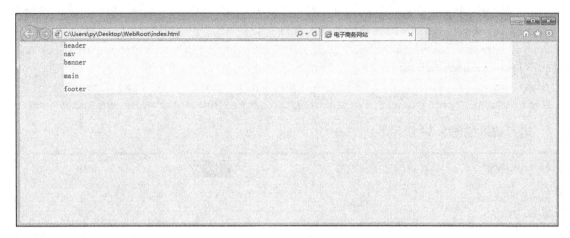

图 5.33　前台首页布局

HTML 文档：

```html
<!DOCTYPE html PUBLIC "-//W3C//DTD XHTML 1.0 Transitional//EN"
"http://www.w3.org/TR/xhtml1/DTD/xhtml1-transitional.dtd">
<html xmlns="http://www.w3.org/1999/xhtml">
<head>
<meta http-equiv="Content-Type" content="text/html; charset=utf-8" />
<title>电子商务网站</title>
<link href="css/style.css" rel="stylesheet" type="text/css" />
</head>
<body>
    <div id="header">
    <div class="logo"><img src="images/logo.gif" width="135" height="55" />
</div>
<div class="search">
              <input type="text" class="input1" name="keywords"/><input type="image"
                     src="images/icon_search.gif" class="input2" />
</div>
<div class="login"><a>登录</a></div>
</div>
<div id="nav">nav</div>
<div id="banner">banner</div>
<div id="main">main</div>
    <div id="footer">footer</div>
</body>
</html>
```

CSS 文件：

/*页头样式*/

```
.logo{ width:135px; height:55px; float:left;}
.search{ width:600px; height:55px; float:left;}
.input1{ display:block; width:300px; height:30px; margin-top:10px; margin-left:
150px;float:left; border:1px solid #0099CC;}
.input2{ display:block; width:69px; height:32px; margin-top:10px; float:left;}
.login{ width:225px; height:55px; float:left; text-align:center; line-height:55px;}
```

运行结果如图 5.34 所示。

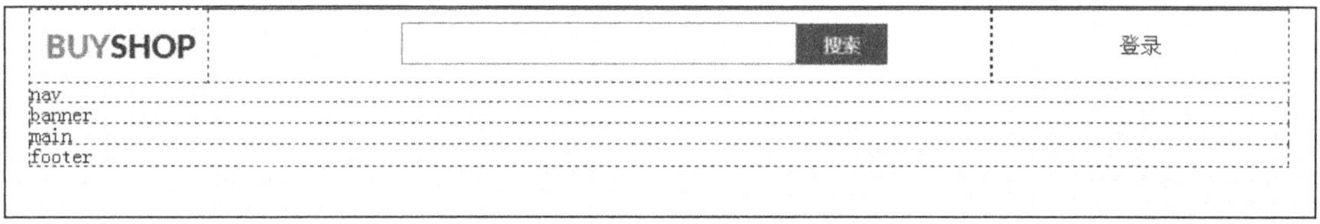

图 5.34　header 部分运行结果

（7）设置 nav 的内容。前面已经介绍了如何设置横向导航栏，现在需要给导航栏加上背景图片。分别给 navLeft 和 navRight 设置背景图片，背景图片不重复，然后都向左浮动。接着设置无序列表横向排列，同时分别给 ul 和 li 加上背景图片，并控制 li 背景图片居左，给最后一个 li 添加 CSS 样式，去掉其背景图片。

HTML 文件：

```
<div id="nav">
<div class="navLeft"></div>
<div class="navCenter">
<ul>
<li><a href="#">首页</a></li>
<li><a href="#">新品上架</a></li>
<li><a href="#">特价商品</a></li>
<li><a href="#">查看订单</a></li>
<li><a href="#">购物车</a></li>
<li><a href="#">会员修改</a></li>
<li class="nobg"><a href="#" class="a2">联系我们</a></li>
</ul>
</div>
<div class="navRight"></div>
<div class="clear"></div>
</div>
```

CSS 文件：

```
/*导航栏 nav*/
.navLeft { width:11px; height:50px; float:left; background:url(../images/icon_
navLeft.gif) no-repeat;}
```

```
.navRight { width:11px; height:50px; float:left; background:url(../images/icon_
navRight.gif) no-repeat;}
.navCenter { width:938px; height:50px; float:left; background:url(../images/icon_
navCenter.gif) repeat-x;}
.navCenter ul { width:938px; height:42px; padding-top:8px; margin:0 auto;}
.navCenter ul li { width:133px; height:35px; background:url(../images/icon_navLi.
gif) no-repeat right; line-height:35px; text-align:center; float:left;}
.navCenter ul li.nobg { background:none;}
```

运行结果如图5.35所示。

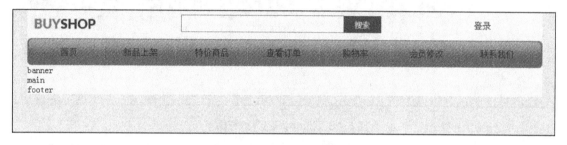

图 5.35 nav 部分运行结果

（8）设置 banner 内容。banner 是一组不断向左无缝滚动的图片，要实现图片向左无缝滚动，需要使用 JavaScript（JavaScript 将在 5.5 节中进行讲解）。这里使用 overflow 设置 scrollDiv 超出部分隐藏，使用 display：inline 将部分 div 转化为内联元素，即行内元素。在 scrollDive 插入 4 张图片是为了后面使用 JavaScript 让图片向左无缝滚动。

HTML 文件：

```
<div id="banner">
<div id="scrollDiv" class="scrollDiv">
<div id="scrollBegin" class="scrollBegin">
<img src="images/banner1.jpg" width="1400" height="300" />
<img src="images/banner2.jpg" width="1400" height="300" />
<img src="images/banner3.jpg" width="1400" height="300" />
<img src="images/banner4.jpg" width="1400" height="300" />
</div>
<div id="scrollEnd" class="scrollEnd"></div>
</div>
</div>
```

CSS 文件：

```
/*广告栏 banner 样式*/
.scrollDiv { width:960px; height:300px; margin:0 auto; overflow: hidden; white-
space: nowrap;}
.scrollBegin, .scrollEnd{display:inline;}
```

运行结果如图 5.36 所示。

图 5.36　banner 部分运行结果

(9) 设置 main 内容。网站在前台能够显示特价商品和新上市商品，同时需要再显示商品的类别，单击商品类别超链接就能跳转到对应的商品详情页面。首先分别插入两个 div，ID 分别为 sort 和 content，其中 sort 用来展示商品类别情况，而 content 用来显示特价商品和新上市商品。

HTML 文件：

```
<div id="main">
<div id="sort">sort</div>
<div id="content">maincontent</div>
</div>
```

运行结果如图 5.37 所示。

图 5.37　main 部分运行结果

(10) 设置 sort 内容。sort 需要不断从数据库接收商品分类信息，然后显示在网页上。由于商品种类是变化的，因此不设定列表的宽度，同时使用 display：inline 将列表元素转化为内联元素，最后使用 text-align：center 使其居中显示。

HTML 文件：

```
<div id = "main">
<div id = "sort">
<ul>
<li><a href = "#">类别一</a></li>
<li><a href = "#">类别二</a></li>
<li><a href = "#">类别三</a></li>
</ul>
</div>
<div id = "content">maincontent</div>
</div>
```

CSS 文件：

```
/*商品类别 sort 样式*/
#sort{ width:960px; height:25px; margin:0 auto; padding - top:5px; text - align:center;}
#sort ul { display:inline; height:25px; text - align:center;}
#sort ul li { display:inline; width:65px; height:25px; line - height:25px; text - align:center;}
```

运行结果如图 5.38 所示。

图 5.38　sort 部分运行结果

（11）设置 content 内容。首先插入 ID 分别为 goodsFree 和 goodsNew 的 div 标签。两个 div 标签样式类似，这里只介绍一个。在 goodsFree 中分别插入 class 为 iconFree 和 goodsFree 的 div 标签，iconFree 主要用来显示特价商品的图标，goodsFree 专门用来显示每个特价商品的图片、价格等信息。由于网页宽度有限，每一排仅能显示六种商品，在 JSP 中使用 for 循环，每次仅显示最新的六种特价商品。

HTML 文件:

```
<div id="content">
<div id="goodsFree">
<div class="iconFree"><a href="#"><img src="images/icon_more.gif" width="44" height="16"/></a></div>
<hr/>
<div class="goodsFree">
<div class="goodsOne">
<div class="goodsOneImg"><a href="#"><img src="goodspicture/1.jpg" width="140" height="200"/></a></div>
<div class="goodsOneText">
<div><%=freeGoods.getBookName()%></div>
<div><font style="text-decoration:line-through;" class="red">￥25.5元</font></div>
<div>￥15.5元</div>
<div><a><img src="images/icon_introduce.gif" width="94" height="25"/></a></div>
</div>
</div>
<div class="clear"></div>
</div>
</div>
<div id="goodsNew">goodsNew</div>
</div>
```

CSS 文件:

```
/*首页商品展示区块样式*/
#content {width:960px; height:auto; margin:0 auto; background:#FFFFFF;}
#goodsFree { wdith:960px; height:auto; margin:0 auto;}
#goodsNew { wdith:960px; height:auto; margin:0 auto;}
.goodsFree { width:960px; height:auto; margin-top:5px; margin-left:auto; margin-right:auto; }
.goodsNew { width:960px; height:auto; margin-top:5px; margin-left:auto; margin-right:auto; }
.goodsOne { width:160px; height:auto; float:left}
.goodsOneImg { display:block; width:140px; height:200px; margin:0 auto;}
.goodsOneText { width:160px; height:auto; maigin:0 auto; line-height:30px; text-align:center;}
.iconFree { width:960px; height:21px; margin-top:0;margin-left:auto; margin-right:auto; margin-bottom:10px; text-align:right; background:url(../images/fg_freegoods.gif) no-repeat left;}
.iconNew{ width:960px; height:21px; margin-top:0;margin-left:auto; margin-right:auto; margin-bottom:10px; text-align:right; background:url(../images/fg_newgoods.gif) no-repeat left;}
```

运行结果如图 5.39 所示。

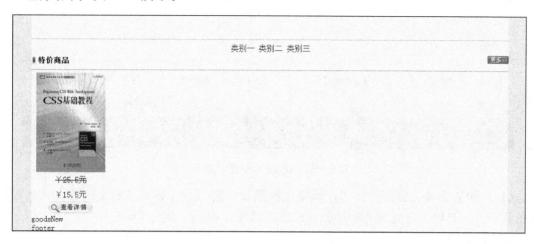

图 5.39 content 部分运行结果

（12）设置 footer 内容。网站页尾主要显示友情链接与版权信息，为了开发方便，将进入后台超链接也放在 footer 部分。

HTML 文件：

```
<div id="footer">
<hr class="hrRed" />
<div class="iconAd"><img src="images/fg_ad.gif" width="960" height="76" />
</div>
<div class="link">
<div class="linkName"><a href="" class="a4"></a></div>
<div class="clear"></div>
</div>
<div class="bgLoginA"><a href="#" class="a5">进入后台</a></div>
<div class="caution lightgrey font12">版权所有：电子商务与快递物流综合信息技术实训平台<br/>
    Copyright&copy;All Rights Reserved<br/>
邮编：100876 </div>
<div class="clear"></div>
</div>
```

CSS 文件：

```
/*页尾超链接样式*/
.link {width:960px; height:auto; margin:0 auto; background:#CCC;}
.linkName { width:120px; height:30px; float:left; text-align:center; line-height:30px;}
.bgLoginA { width:100px; height:60px; text-align:center; line-height:60px; float:left;background:#666666;}
.caution { width:860px; height:60px; text-align:center; line-height:20px; float:left;background:#666666;}
```

运行结果如图 5.40 所示。

图 5.40 footer 部分运行结果

(13) 设置商城公告部分样式,商城公告部分一直固定在首页的右上位置,这里需要运用到定位的知识,将商城公告部分样式添加属性 position,值为 fixed。

HTML 文件:

```
<div class = "affiche">
    <div class = "afficheTitle white bold"> 商城公告</div>
    <div class = "afficheMore">
        <a href = "#">更多</a>
    </div>
    <div class = "clear"></div>
    <ul>
    <li><img src = "images/icon_1.gif" width = "20" height = "20"/>［公告］<a href = "#"></a></li>
    </ul>
</div>
```

CSS 文件:

```
/*商城公告样式*/
.affiche{width:200px; height:200px; position:fixed; right:0; top:200px; background:#FFFFFF; border:#CCC solid 1px;}
.afficheTitle { width:100px; height:50px; text-align:left; line-height:50px; border-bottom:#CCC solid 1px; float: left; background: url (../images/icon_navCenter.gif) repeat-x;}
.afficheMore { width:100px; height:50px; text-align:right; line-height:50px; border-bottom:#CCC solid 1px; float: left; background: url (../images/icon_navCenter.gif) repeat-x;}
.affiche ul { width:200px; height:150px; margin:0 auto;overflow:hidden;}
.affiche ul li { width:180px; height:30px; line-height:30px; overflow:hidden;}
.affiche ul li img {vertical-align: -3px}
```

运行结果如图 5.41 所示。

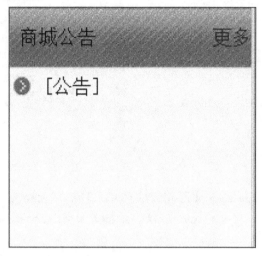

图 5.41　affiche 部分运行结果

（14）至此，前台首页静态页面的编写已经完成。

5.5　JavaScript 基础知识

【拓展文本】

　　JavaScript 是一种解释性的、基于对象的脚本语言（An Interpreted, Object-based Scripting Language）。HTML 网页在互动性方面能力较弱，如验证 HTML 表单（Form）提交信息的有效性，用户名不能为空，密码不能少于 6 位，邮政编码只能是数字，用纯 HTML 网页也无法实现。要实现这些功能，就需要用到 JavaScript。

　　JavaScript 并非 Java 语言的脚本版。事实上，除了名字中都带有 Java 外，二者并没有任何相同点，而且 JavaScript 比 Java 更容易学习和使用。用 JavaScript 编写的程序都是以源代码的形式出现的，所以可以借鉴、参考优秀网页的代码，因此 JavaScript 非常受欢迎，从而被广泛应用。

　　JavaScript 最主要的用途是用户交互。JavaScript 主要是基于客户端运行的，用户单击带有 JavaScript 的网页，网页里的 JavaScript 就传到浏览器，由浏览器对此进行处理。下拉菜单、验证表单有效性等大量互动性功能都是在客户端完成的，不需要和 Web Server 发生任何数据交换。因此，不会增加 Web Server 的负担。

5.5.1　基本语法

　　先介绍简单的 JavaScript 入门示例，代码如【例 5-11】所示。

【例 5-11】简单的 JavaScript 入门示例

```
<html>
<head>
    <title>一个最简单的 JavaScript 示例(document.write)</title>
</head>
<body>
<script type="text/JavaScript">
document.write("Hello, World!");
</script>
</body>
</html>
```

在 HTML 网页里插入 JavaScript 语句，应使用 HTML 的 <script> 标签。<script> 标签有一个属性为 type，type = "text/JavaScript" 表示插入 <script></script> 中的为 JavaScript 语句。

【例 5-11】中使用了 document.wirte，这是 JavaScript 中非常常用的语句，表示在网页中输出文本。还可以将【例 5-11】写得更加复杂些，不但输出文本，而且输出带 HTML 格式的文本，代码如下：

【例 5-12】输出文本

```
<html>
<head>
    <title>一个最简单的 JavaScript 示例(document.write)</title>
</head>
<body>
<script type="text/JavaScript">
    document.write("<h1>Hello, World!  </h1>");
</script>
</body>
</html>
```

在参考别人的 JavaScript 代码时，你也许会看到 <script> 里写的不是 language = "JavaScript" 与 type = "text/JavaScript" 作用相同，目前这两种方法都可以表示 <script></script> 里的代码是 JavaScript，其中 language 属性在 W3C 的 HTML 标准中已不再推荐使用。

1. JavaScript 书写位置

JavaScript 程序可以放在 HTML 网页的 <body></body>、<head></head> 和外部 .js 文件里。

（1）JavaScript 在 <body></body> 之间。当浏览器载入网页 Body 部分时，就执行其中的 JavaScript 语句，执行之后输出的内容就显示在网页中。

```
<html>
<head></head>
<body>
```

```
<script type = "text/JavaScript">
....
</script>
</body>
</html>
```

（2）JavaScript 在 \<head\> \</head\> 之间。有时并不需要一载入 HTML 就运行 JavaScript，而是当用户单击了 HTML 中的某个对象，触发了一个事件时才需要调用 JavaScript。此时，通常将 JavaScript 放在 HTML 的 \<head\> \</head\> 里。

```
<html>
<head>
<script type = "text/JavaScript">
....
</script>
</head>
<body>
</body>
</html>
```

（3）JavaScript 放在外部文件里。假使某个 JavaScript 的程序被多个 HTML 网页使用，最好的方法是将该 JavaScript 程序放到一个扩展名为 .js 的文本文件里。这样做可以提高 JavaScript 的复用性，减少代码维护的负担，不必将相同的 JavaScript 代码复制到多个 HTML 网页里。若以后程序有所修改，则只修改 .js 文件即可，不用再修改每个用到该 JavaScript 程序的 HTML 文件。在 HTML 里引用外部文件里的 JavaScript，应在 head 里添加语句 \<script src = "文件名"\> \</script\>，其中 src 的值就是 JavaScript 所在文件的文件路径。示例代码如下：

```
<html>
<head>
<script src = "/common.js">
</script>
</head>
<body>
</body>
</html>
```

演示示例里的 common.js 其实就是一个文本文件，内容如下：

```
function clickme()
{
    alert("You clicked me!")
}
```

2. JavaScript 定义变量

在 JavaScript 中定义变量很容易，直接使用 var 声明变量即可。变量的类型由其具体内容来决定,如果将变量赋值为整数,则变量为整型;如果将一个字符串赋值给变量,此变量就变为字符串变量。

【例 5-13】定义变量

```
<html>
<head>
    <title>电子商务网站</title>
    <script type="text/JavaScript">
        var num = 30;
        var info = "电子商务网站";
        alert("数字:" + num + ",字符串:" + info);
</script>
</head>
<body>
</body>
</html>
```

本程序使用 var 定义了两个变量,并根据所赋予变量的内容决定了变量 num 的类型是整型,变量 info 的类型为字符串,然后使用 JavaScript 的 alert() 函数进行输出,如图 5.42 所示。

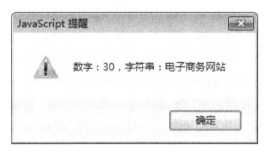

图 5.42 运行结果

3. JavaScript 程序结构

在 JavaScript 中程序分为三种结构:顺序结构、分支结构、循环结构。

(1) 顺序结构:程序代码将从头到尾执行。

【例 5-14】顺序结构

```
<html>
<head>
    <title>电子商务网站</title>
    <script type="text/JavaScript">
        alert("Hello World!!!");
        alert("电子商务网站");
    </script>
</head>
<body>
</body>
</html>
```

在本程序中，代码将从头到尾执行，其中 alert( )将在网页中依次弹出两个警告窗口。运行结果如图 5.43 和图 5.44 所示。

图 5.43　运行结果(1)

图 5.44　运行结果(2)

（2）分支结构：中间加入了若干判断条件，通过判断条件来决定代码的执行。

【例 5－15】分支结构

```
<html>
<head>
    <title>电子商务网站</title>
    <script type = "text/JavaScript">
        var str = "hello"
        if(str == "hello"){
        alert("内容符合判断");
        }else{
        alert("内容符合不判断");
        }
    </script>
</head>
<body>
</body>
</html>
```

在本程序中，首先定义了一个字符串变量 str，然后通过 if…else 语句判断执行哪个语句块内容。在网页中弹出一个警告框，然后输出括号内的内容。运行结果如图 5.45 所示。

图 5.45　运行结果

(3) 循环结构：将一段代码重复执行。

【例 5-16】循环结构

```html
<html>
<head>
    <title>电子商务网站</title>
    <script type="text/JavaScript">
        document.write("<table border=\"1\">");
        for(i=1; i<=9; i++){
            document.write("<tr>");
            for(j=1; j<=9; j++){
                if(j<=i) {
                    document.write("<td>" + i + "*" + j + " = " + i*j + "</td>");
                } else {
                    document.write("<td> </td>");
                }
            }
            document.write("</tr>");
        }
        document.write("</table>");
    </script>
</head>
<body>
</body>
</html>
```

本程序使用了两层循环的方式，使用 document.write() 函数在网页上输出 9 行 9 列的表格。运行结果如图 5.46 所示。

1*1 = 1								
2*1 = 2	2*2 = 4							
3*1 = 3	3*2 = 6	3*3 = 9						
4*1 = 4	4*2 = 8	4*3 = 12	4*4 = 16					
5*1 = 5	5*2 = 10	5*3 = 15	5*4 = 20	5*5 = 25				
6*1 = 6	6*2 = 12	6*3 = 18	6*4 = 24	6*5 = 30	6*6 = 36			
7*1 = 7	7*2 = 14	7*3 = 21	7*4 = 28	7*5 = 35	7*6 = 42	7*7 = 49		
8*1 = 8	8*2 = 16	8*3 = 24	8*4 = 32	8*5 = 40	8*6 = 48	8*7 = 56	8*8 = 64	
9*1 = 9	9*2 = 18	9*3 = 27	9*4 = 36	9*5 = 45	9*6 = 54	9*7 = 63	9*8 = 72	9*9 = 81

图 5.46 运行结果

4. JavaScript 函数

在 JavaScript 开发中最重要的部分就是函数，函数也是 JavaScript 代码中最常使用的一种形式。函数定义语法如下：

```
function 函数名称(参数1，参数2，…){
    [return 返回值;]         //可以没有返回值
}
```

在 JavaScript 函数中，如果函数需要返回值，则通过 return 返回即可，返回值不需要声明类型。

【例 5-17】 返回值

```
<html>
<head>
    <title>电子商务网站</title>
    <script type="text/JavaScript">
        function fun(){
            alert("hello world!!!");
            return "电子商务网站";
        }
        alert(fun());
    </script>
</head>
<body>
</body>
</html>
```

本程序通过 function 定义了一个 fun() 方法，在该方法中使用 alert() 函数弹出了一个警告框，然后通过 return 返回了一个字符串。在调用此方法时，可以直接使用 alert() 操作输出函数的返回值。运行结果如图 5.47 和图 5.48 所示。

图 5.47　运行结果(1)

图 5.48　运行结果(2)

5.5.2 事件处理

事件可以使 JavaScript 程序更加灵活,使页面具备更好的交互效果。JavaScript 的事件处理主要是围绕函数展开的,一旦事件发生后,则会根据事件的类型来调用相应的函数,以完成事件的处理操作。

1. onLoad 和 onUnload 事件

(1) onLoad:表示网页加载时要触发的事件,一旦触发事件,调用的是 hello( ) 函数。

(2) onUnload:表示关闭网页时要触发的事件,一旦触发事件,调用的是 byebye( ) 函数。

【例 5 – 18】 onLoad( ) 和 onUnLoad

```
<html>
<head>
    <title>电子商务网站</title>
    <script type="text/JavaScript">
        function hello(){
            alert("欢迎您的光临!");
        }
        function byebye(){
            alert("欢迎再次光临!");
        }
    </script>
</head>
<body onLoad="hello()" onUnLoad="byebye()">
</body>
</html>
```

运行结果如图 5.49 和图 5.50 所示。

图 5.49　运行结果(1)

图 5.50　运行结果(2)

2. onClick 事件

onClick 事件在单击某一控件时触发。

【例 5 – 19】onClick 事件

```html
<html>
<head>
    <title>电子商务网站</title>
    <script type="text/JavaScript">
        function fun(){
            alert("Hello World!!!");
        }
    </script>
</head>
<body>
    <h1><a href="#" onclick="fun()">按我吧！</a></h1>
</body>
</html>
```

本程序首先在超链接上增加了一个单击事件，页面运行后，通过单击此超链接即可触发 onClick 事件，然后会调用 fun( )函数，弹出一个欢迎信息。运行结果如图 5.51 和图 5.52所示。

按我吧！

图 5.51　运行结果(1)

图 5.52　运行结果(2)

从以上代码可以发现，事件的调用过程与函数是分不开的，一旦产生了某种事件后就一定会通过相应的函数进行事件的处理。如果想让一个事件变得更加有意义，可以结合表单进行事件的处理。

【例 5-20】 onClick 事件结合表单

```html
<html>
<head>
    <title>电子商务网站</title>
    <script type="text/JavaScript">
        function show(){
            var value = document.myform.name.value;
            alert("输入的内容是：" + value);
        }
    </script>
</head>
<body>
    <form action="" method="post" name="myform">
    请输入内容：<input type="text" name="name">
    <input type="button" value="显示" onclick="show()">
</form>
</body>
</html>
```

本程序中，先使用 <form> 定义了一个表单，在表单中定义了一个普通的文本框和一个按钮，并且在此按钮上增加了一个单击事件，一旦触发了此事件，将调用 show() 函数。在 show() 函数中，首先通过 document.myform.name.value 操作取得文本框输入内容，此语法操作表示找到整个 HTML 文档中的 form 标记，然后通过 form 标记找到其中 name 控件，并通过文本控件中的 value 属性取得文本框的输入内容，最后通过 alert() 函数进行信息的显示。运行结果如图 5.53 和图 5.54 所示。

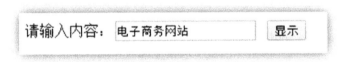

图 5.53 运行结果(1)

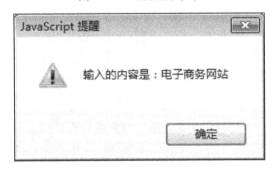

图 5.54 运行结果(2)

使用 JavaScript 不仅可以取得文本框的输入内容，也可以取得单选按钮和复选框的输入内容，但是这里需要使用数组的方式进行操作。

【例 5-21】 取得单选按钮和复选框内容

```html
<html>
<head>
    <title>电子商务网站</title>
    <script type="text/JavaScript">
        function show(){
            var name = document.myform.name.value;
            alert("姓名: " + name);
            var sex; // 表示性别
            if(document.myform.sex[0].checked){
                sex = document.myform.sex[0].value;
            } else {
                sex = document.myform.sex[1].value;
            }
            alert("性别: " + sex);
            var inst = "";
            for(i=0; i<document.myform.inst.length; i++){
                if(document.myform.inst[i].checked){
                    inst += document.myform.inst[i].value + "、";
                }
            }
            alert("兴趣: " + inst);
        }
    </script>
</head>
<body>
    <form action="test.html" method="post" name="myform">
    姓名: <input type="text" name="name"><br>
    性别: <input type="radio" name="sex" value="男" checked>男
        <input type="radio" name="sex" value="女">女<br>
    兴趣: <input type="checkbox" name="inst" value="睡觉" checked>睡觉
        <input type="checkbox" name="inst" value="游泳">游泳
        <input type="checkbox" name="inst" value="篮球">篮球
        <input type="checkbox" name="inst" value="编程">编程
        <input type="checkbox" name="inst" value="上网">上网<br>
    <input type="button" value="显示" onclick="show()">
    </form>
</body>
</html>
```

本程序在表单中定义了文本框、单选按钮、复选框，当选择好相关内容后，通过按钮可以直接进行显示，由于两个单选按钮的名称是一样的，因此此处要采用"数组[下标]"的形式分别判断是哪个控件被选择。复选框的操作与单选按钮类似，也是通过循环的方式取出每一个选中的内容。运行结果如图 5.55 和图 5.56 所示。

图 5.55 运行结果(1)

图 5.56 运行结果(2)

3. onSubmit 事件

【例 5-22】 onSubmit 事件

```
<html>
<head>
    <title>电子商务网站</title>
    <script type="text/JavaScript">
        function validate(f){
            var value = f.email.value;
            if(!/^\w+@\w+\.\w+$/.test(value)){
                alert("EMAIL 输入格式不正确!");
                f.email.focus();    // 让 email 获得焦点
                f.email.select();   // 让已有的内容全选
                return false;
            }
            return true;
        }
    </script>
</head>
<body>
<form action="test.html" method="post" name="form" onsubmit="return validate(this)">
    EMAIL: <input type="text" name="email">
           <input type="submit" value="提交">
</form>
</body>
</html>
```

在以上程序中使用了正则表达式,正则表达式的格式为:

/正则表达式/.test(验证的内容)

正则表达式返回的是一个 boolean 型的数据,如果验证通过则返回 true,反之则返回 false。此外由于表达验证都是在表单提交之前进行的,因此应该使用 onSubmit 事件进行表单的验证,onSubmit 事件在表单提交时触发。本程序的 < form > 元素使用了 onSubmit 事件,在表单提交时进行验证,由于此事件直接决定表单是否提交,因此使用 return 来接收 validate()函数的返回值。如果函数返回 true,则表示一切正常,可以提交;如果返回 false,则表单将不会提交。

在 validate()函数中编写的 this 表示当前的元素,由于此事件是在 < form > 元素中调用的,因此此时的 this 表示当前的 < form > 表单。在 validate()函数中,首先取得了输入的 email 内容,然后进行正则的验证,如果验证没有通过,则会弹出警告框,同时让 email 元素通过 focus()函数获得焦点(默认选中),并通过 select()函数将此文本框中的所有内容全部选择,最终返回 false;如果验证通过,则返回 true。

4. onChange 事件

对于下拉列表框,也可以使用 onChange 事件类处理选项的变化操作。

【例 5 - 23】 onChange 事件

```
<html>
<head>
    <title>电子商务网站</title>
    <script type="text/JavaScript">
        function show(val){
            document.myform.result.value = val;
        }
    </script>
</head>
<body>
<form action="test.htm" method="post" name="myform">
    学历:<select name="edu" onChange="show(this.value)">
            <option value="本科" checked>本科</option>
            <option value="研究生">研究生</option>
            <option value="博士">博士</option>
        </select><br>
    结果:<input type="text" name="result" value="">
</form>
</body>
</html>
```

本程序的表单中定义了一个下拉列表框和一个文本框,当下拉列表框中选中内容改变时将触发 onChange 事件,之后会将当前选中的结果(this.value)传递到 show()函数中,并在 show()函数中将内容设置到文本框中显示。运行结果如图 5.57 所示。

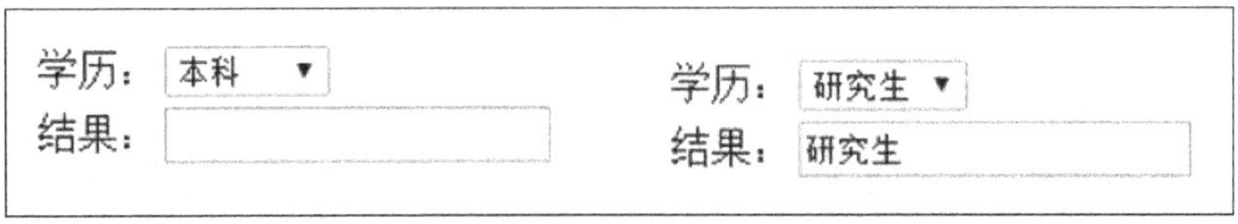

图 5.57 运行结果

5.5.3 window 对象

JavaScript 是基于对象的语言,所以在浏览器中提供了许多可用的对象,而 window 对象是开发中较为常用的一个,如 alert( )函数实际上就是 window 对象所定义的函数。下面介绍几个常用函数。

1. window. confirm( )

在 window 对象中也可以使用 confirm( )函数,弹出一个确认框,此确认框直接返回 boolean 型的数据。

【例 5 – 24】 window. confirm( )

```
<html>
<head>
    <title>电子商务网站</title>
    <script type = "text/JavaScript">
        function fun(thisurl){
            if(window.confirm("确认删除? ")){
                alert("您选择的"是"!");
            } else {
                alert("您选择的"否"!");
            }
        }
    </script>
</head>
<body>
    <a href = "#" onclick = "fun()">删除</a>
</body>
</html>
```

本程序在超链接上增加一个 onClick 事件,单击以后会调用 fun( )函数,并通过 window. confirm( )弹出一个确认框。运行结果如图 5.58 所示。

2. window. location

在 window 对象中也可以利用 location 完成页面的重定向操作。重定向与单击超链接时页面跳转的效果是一样的。

图 5.58 运行结果

【例 5 – 25】window.location

```
<html>
<head>
    <title>电子商务网站</title>
    <script type="text/JavaScript">
        function fun(thisurl){
            window.location = thisurl;// 重定向
        }
    </script>
</head>
<body>
    网站:      <select name="url" onChange="fun(this.value)">
                <option value="#">请选择要跳转的站点</option>
                <option value="http://www.baidu.com">百度</option>
                <option value="http://www.sohu.com">搜狐</option>
            </select>
</form>
</body>
</html>
```

本程序每次改变下拉列表框的内容时都会调用 fun() 函数,一旦触发了 onChange 事件,会将当前选中内容传递给 fun() 函数中的 window.location 进行页面的重定向。页面运行后,选中相应选项后会跳转到指定路径的页面。

本章小结

本章主要介绍了网站静态页面的开发方法,包括开发语言、工具以及开发步骤,并在最后讲解了网站前台首页的设计与建立的步骤。其中,开发语言主要包括 HTML、CSS、JavaScript。

HTML(超文本标记语言)是标准通用标记语言下的一个应用,包括"头"(head)部分、和"主体"(body)部分,其中"头"部提供关于网页的信息,"主体"部分提供网页的具体内容。

CSS(层叠样式表)是一种用来表现 HTML 或 XML(标准通用标记语言的一个子集)等文件样式的计算机语言。CSS 用来控制 HTML 中标签的样式。

JavaScript 是一种解释性的、基于对象的脚本语言(An Interpreted,Object – based Scripting Language),常用来给 HTML 网页添加动态功能,如响应用户的各种操作。

关键术语

超文本标记语言(Hyper Text Markup Language,HTML)

脚本语言(Scripting Language)　　　　　　CSS(Cascading Style Sheets)

HTML(Hypertext Markup Language)　　　　XML(Extensible Markup Language)

习 题

实践题

1. 完成网站前台首页的布局。
2. 根据 5.4 节的介绍,完成网站前台首页静态页面的编写。
3. 使用 JavaScript 完成页面的跳转。
4. 使用 JavaScript 完成对提交表单的验证。

第 6 章 电子商务网站动态页面的设计与建立

【学习目标】
(1) 掌握 JSP 的基本语法知识。
(2) 掌握 JSP 中 page 指令的作用。
(3) 掌握 JSP 中静态包含和动态包含指令的特点。
(4) 掌握 JSP 中跳转指令的操作。
(5) 了解 JSP 的九个内置对象及对应的接口。
(6) 掌握 request、response、session、application、pageContext 等常用内置对象的使用。
(7) 使用 JSP + JDBC 完成简单登录程序的开发。

【学习重点】
(1) JSP 中跳转指令的操作。
(2) 九个内置对象及对应的接口。
(3) request、response、session、application、pageContext 等常用内置对象的使用。

【学习难点】
使用 JSP + JDBC 完成简单登录程序的开发。

动态网页一般使用 HTML + ASP(ASP.NET)、HTML + PHP、HTML + JSP(Java)等语言编写。第 5 章讲解的是静态页面的编写，本章将讲解动态页面的编写，使用的是 HTML + JSP 语言。

JSP 页面由 HTML 代码和嵌入其中的 Java 代码组成。服务器在页面被客户端请求以后对这些 Java 代码进行处理，然后将生成的 HTML 页面返回给客户端的浏览器。本章将首先讲解 JSP 基本语法知识，然后讲解 JSP 的内置对象，最后讲解如何通过 JSP + JDBC 实现基本的登录程序。

6.1 使用 MyEclipse 建立 JSP 页面

（1）启动 MyEclipse，选择工作空间，如图 6.1 和图 6.2 所示。

图 6.1 启动 MyEclipse

（2）选择 File→New→Project→Web Project 命令，在打开的 New Web Project 窗口中输入网站项目名称，项目名称关系到浏览器中的访问地址，这里作为学习用，项目名称为 Demo，Java EE 版本选择 6.0，如图 6.3 所示。

（3）在软件左上角可以发现已经建立的名称为 Demo 的网站工程，并且 MyEclipse 已经自动配置完成，其中 WebRoot 目录下已经建立了一个名为 index.jsp 的 JSP 页面，如图 6.4所示。

图6.2 选择工作空间

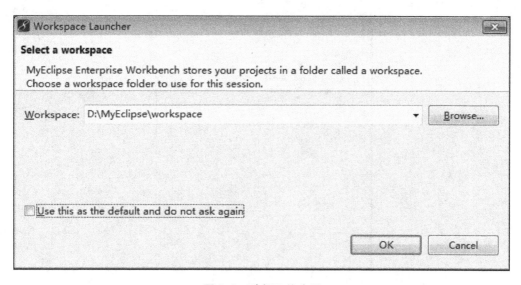

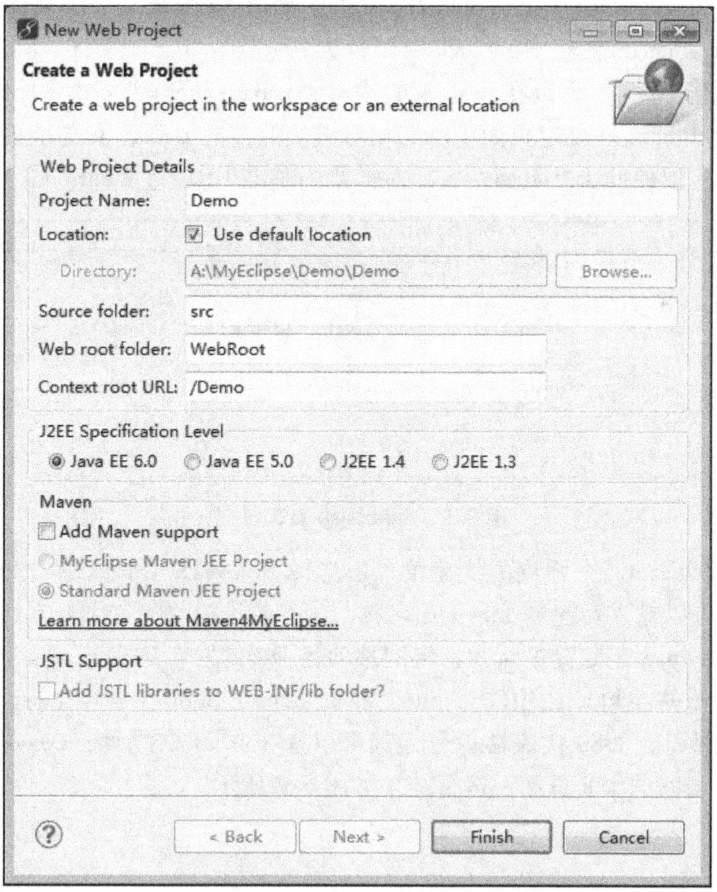

图6.3 建立网站项目

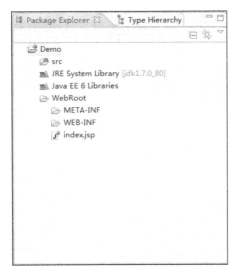

图 6.4 网站项目 Demo

(4) 双击打开 index.jsp 页面,可以看到 JSP 页面源码(图 6.5),其具体含义将在后续内容中介绍,将 pageEncoding = "ISO – 8858 – 1"改为 pageEncoding = "UTF – 8",该参数将影响能否在 JSP 页面输入中文。可以在 head 标签中看到 < base href = " < % = basePath% " > ,它表示 base 标签的 href 属性规定页面中所有相对链接的基准 URL,其与前面的 path 和 basePath 字符串配合可以使此 JSP 页面所有相对链接的基准 URL 为 WebRoot。

图 6.5 index.jsp 页面源码

(5) 右击 WebRoot,在弹出的快捷菜单中选择 New→JSP 命令,在打开的 Creat a new JSP page 窗口中可以输入新建的 JSP 页面名称与 JSP 基准模块,如图 6.6 所示。

(6) 在 MyEclipse 上配置 Tomcat,将网站项目 Demo 发布到 Tomcat 服务器上,启动服务器。打开浏览器并在地址栏中输入 http://localhost:8080/Demo/index.jsp,这里的 localhost 代表本机地址,8080 代表端口号,其可以在 Tomcat 中配置,Demo 代表工程名称,index.jsp 表示要访问的 JSP 页面。运行结果如图 6.7 所示。

图 6.6　新建 JSP 页面

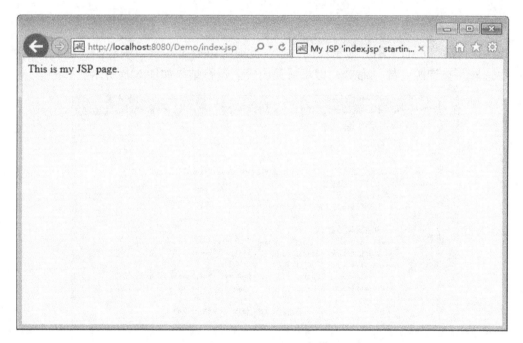

图 6.7　index.jsp 页面

6.2 JSP 基础语法

6.2.1 JSP 注释

JSP 中支持两种注释的语法操作,一种是显式注释,客户端可以看见;另一种是隐式注释,此种注释客户端无法看见,隐式注释有三种形式。

【例 6-1】JSP 注释

```
<!--显式注释,客户端可以看见-->
<%--隐式注释,客户端无法看见--%>
<%
    //单行隐式注释,客户端无法看见
    /*
    多行隐式注释,客户端无法看见
    */
%>
```

程序运行后,页面上不会显示任何内容,此时可以通过在页面中右击,在弹出的快捷菜单中选择"查询源文件"命令,即可看见内容。运行结果如图 6.8 所示。

图 6.8 运行结果

通过图 6.8 可以发现，只有显示注释的内容显示了出来，而其他隐式注释的内容无法显示。也就是说，显示注释的内容会发送到客户端，而隐式注释的内容不会发送到客户端。

6.2.2　Scriptlet

在 JSP 中，最重要的部分就是 Scriptlet，所有嵌入在 HTML 代码中的 Java 程序都必须使用 Scriptlet 标记出来。在 JSP 中一共有三种 Scriptlet 代码，如下所示。

（1）第一种：<％％>。
（2）第二种：<％!％>。
（3）第三种：<％=％>。

【拓展文本】

1. Scriptlet：<％％>

Scriptlet 使用 <％％> 表示，可以定义局部变量、编程语句等。

【例 6-2】Scriptlet：<％％>

```
<body>
<%
    int x = 1;                                  //局部变量
    String y = "电子商务网站";                    //局部变量
    out.println("<h1>x = "+x+"</h1>");          //编写语句
    out.println("<h1>y = "+y+"</h1>");          //编写语句
%>
</body>
```

本程序定义了 x 和 y 两个局部变量，然后编写输出语句，让两个变量直接在浏览器中输出。运行结果如图 6.9 所示。

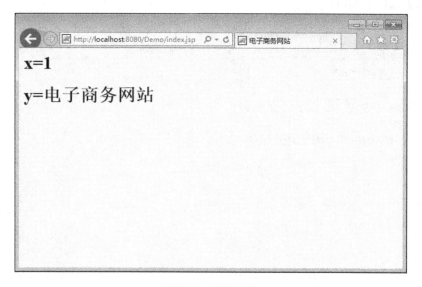

图 6.9　运行结果

2. Scriptlet：<%!%>

Scriptlet 使用 <%!%> 表示，可以定义全局变量、方法、类。

【例6-3】Scriptlet：<%!%>

```jsp
<body>
<%!
    public static final int x1 = 1;                              //定义全局常量
    public static final int x2 = 1;
    public static final String y = "电子商务网站";
%>
<%!
    public int add(int a, int b){                                //定义方法
        return a +b;}
%>
<%!
    class one{                                                   //定义类
        private String name ;
        private int age ;
        public one(String name,int age){                         //构造方法设置属性值
            this.name = name ;
            this.age = age ;}
        public String toString(){
            return "name = " + this.name + ";age = " + this.age ;}
    }
%>
<%
    out.println("<h1>x1 + x2 = " + add(x1,x2) + "</h1>");        //调用方法
    out.println("<h1>y = " + y + "</h1>");                       //输出全局变量
    out.println("<h1>" + new one("tom",1) + "</h1>");            //生成对象
%>
</body>
```

运行结果如图 6.10 所示。

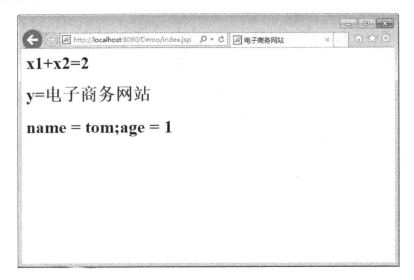

图 6.10　运行结果

3. Scriptlet：<％=％>

Scriptlet 使用<％=％>表示，其主要功能是输出一个变量或一个具体的常量，有时也将其称为表达式输出。

【例 6-4】Scriptlet：<％=％>

```
<body>
<%
    int x = 1;                        //局部变量
    String y = "电子商务网站";        //局部变量
%>
    <h1><%=x%></h1>                  <%-- 使用表达式输出 --%>
    <h1><%=y%></h1>                  <%-- 使用表达式输出 --%>
</body>
```

本程序使用表达式的同时输出了变量和常量，而且使用这种表达式可以更好地输出 HTML 代码和 Java 代码。运行结果如图 6.11 所示。

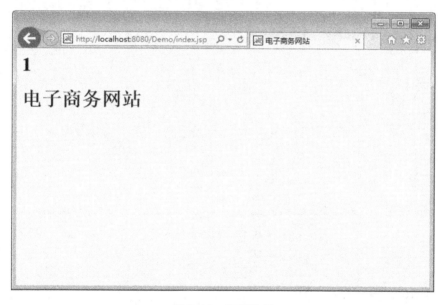

图 6.11 运行结果

6.2.3 Scriptlet 标签

在程序中过多地使用<％％>会导致代码混乱，JSP 中提供了一种 Scriptlet 标签，使用此标签可以完成与<％％>同样的功能。

Scriptlet 标签语法：

```
<jsp:Scriptlet>
    java Scriptlet 代码
</jsp:Scriptlet>
```

使用 Scriptlet 标签：

```
<jsp:Scriptlet>
String s = "电子商务网站";
</jsp:Scriptlet>
<h1><%=s%></h1>
```

运行结果如图 6.12 所示。

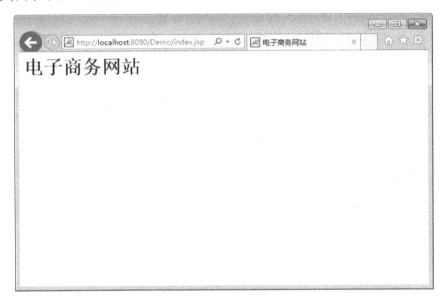

图 6.12 运行结果

6.2.4 page 指令

page 指令可以定义一个 JSP 页面的相关属性，可以指定开发使用的语言、定义需要导入的包、指定错误页等。

下面介绍几个常用指令。

page 指令语法：

```
<%@page 属性="内容"%>
```

（1）language：声明脚本语言的种类。

（2）import：需要导入的 Java 包的列表，这些包作用于程序段、表达式，以及声明。下面的包在 JSP 编译时已经导入了，所以不需要再指明。

```
java.lang.*
javax.servlet.*
javax.servlet.jsp.*
javax.servlet.http.*
```

（3）contentType = "text/html;charset = ISO – 8858 – 1"：设置 contentType，默认 MIME 类型是：text/html，默认字符集 charset 为 ISO – 8858 – 1，charset 指服务器发送给客户端时的内容编码，目前大多数网页将其设置为 UTF – 8。

【拓展文本】

```
<%@page contentType = "MIME - Type; charset = Character - Set" %>
```

（4）pageEncoding：pageEncoding 是 JSP 文件本身的编码，默认值为 pageEncoding = "iso – 8858 – 1"，目前大多数网页将其设置为 pageEncoding = "UTF – 8"。pageEncoding 属性和 charset 属性一般只设置一个即可，另一个编码将默认和已设置的一致。

```
<%@ page pageEncoding = "UTF-8" %>
```

（5）session：session 属性控制页面是否参与 HTTP 会话。使用该属性时，可以采用下面两种形式：如果它为 true，那么可以使用 session；如果它为 false，那么不能使用 session 对象，以及定义 scope 范围为 session 的 <jsp:useBean> 元素。

```
<%@ page session = "true" %> <%-- 默认 --%>
<%@ page session = "false" %>
```

（6）buffer = "none|sizekb"：buffer 的大小被 out 对象用于处理执行后的 JSP 对客户浏览器的输出，其默认值是 8kb，设置为 none 将不会有缓存。

```
<%@ page buffer = "sizekb" %>
<%@ page buffer = "none" %>
```

（7）autoFlush = "true|false"：设置如果 buffer 溢出，是否需要强制输出。如果其值被定义为 true（默认值），则输出正常；如果其被设置为 false，buffer 溢出，就会导致一个意外错误的发生。如果把 buffer 设置为 none，那么不能把 autoFlush 设置为 false。

（8）errorPage：设置处理异常事件的 JSP 文件。

```
<%@ page errorPage = "Relative URL" %>
```

（9）isErrorPage：设置此页是否为出错页，如果被设置为 true，则能使用 exception 对象。

【拓展文本】

```
<%@ page isErrorPage = "true" %>
<%@ page isErrorPage = "false" %> <%-- 默认 -%>
```

（10）info：info 属性定义一个可以在 Servlet 中通过 getServletInfo 方法获取的字符串。

```
<%@ page info = "Some Message" %>
```

（11）extends：主要定义此 JSP 产生的 Servlet 是从哪个父类扩展而来的，如 extends = "父类名称"。

（12）isThreadSafe = "true|false"：设置 JSP 文件是否能多线程使用，其默认值是 true，即 JSP 能够同时处理多个用户的请求。如果其设置为 false，则一个 JSP 只能一次处理一个请求。

6.2.5 包含指令

在页面开发过程中一般有很多内容会重复显示，此时可以把重复的部分单独做成一个文件，然后在需要的地方进行导入。

包含指令有两种，一种是静态包含，另一种是动态包含。

1. 静态包含指令

静态包含一般是指在 JSP 编译之前插入一个包含文本或代码的文件，被包含的过程是静态的，包含的文件可以是 JSP 文件、HTML 文件、文档文件，或者是一段 Java 程序。静态包含首先将被包含文件导入，然后编译，但是由于每一个完整的页面程序中 <html>、</html>、<head>、</head>、<title>、</title>、<body>、</body> 仅能出现一次，如果重复，则会出现显示错误，因此被包含程序中不能出现以上标签。

静态包含语法：

```
<%@ include file = "要包含的文件路径" %>
```

静态包含实例：

首先定义四个要包含的文件：1.html、2.jsp、3.asp、4.inc。

```
<h2><font color = "red">1.html</font></h2>
<h2><font color = "red">2.jsp</font></h2>
<h2><font color = "red">3.asp</font></h2>
<h2><font color = "red">4.inc</font></h2>
```

包含页面如下。

【例 6-5】静态包含页面：static-include.jsp

```
<%@ page language = "java" contentType = "text/html" pageEncoding = "UTF-8"%>
<html>
<head>
<title>电子商务网站</title>
</head>
<body>
    <h1>静态包含操作</h1>
    <%@ include file = "1.html"%>
    <%@ include file = "2.jsp"%>
    <%@ include file = "3.asp"%>
    <%@ include file = "4.inc"%>
</body>
</html>
```

效果如图 6.13 所示。

图 6.13 运行结果

以上静态包含首先将所包含的四个文件导入包含页面中,然后一起进行编译,最后将一份完整的内容展现给用户。

2. 动态包含指令

动态包含指令的操作与静态包含指令不同,动态包含语句可以自动区分被包含语句是静态还是动态。如果是静态页面,将像静态包含一样,将内容包含进来,然后进行处理;而如果被包含页面是动态页面,则可以先进行动态处理,然后将处理后的结果包含进来。动态标签必须完结,否则会提示错误。

动态包含语法如下。

(1)不传递参数:

```
<jsp:include page="要包含的文件路径" flush="true|false"/>
```

(2)传递参数:

```
<jsp:include page="要包含的文件路径" flush="true|false">
    <jsp:param name="参数名称1" value="参数内容1"/>
    <jsp:param name="参数名称2" value="参数内容2"/>
    <jsp:param name="参数名称3" value="参数内容3"/>
    ……
</jsp:include>
```

以上语法中,flush 属性可选值有两个,当其为 false 时,表示这个网页完全被读进来以后才输出。在每一个 JSP 内部都有一个 buffer,所以如果是 true,当 buffer 满了就输出,默认值为 true,一般使用默认值。

动态包含实例代码如【例6-6】所示。

【例6-6】动态包含页面：dynamic-include.jsp

```
<jsp:include page="要包含的文件路径" flush="true|false">
    <jsp:param name="参数名称1" value="参数内容1"/>
    <jsp:param name="参数名称2" value="参数内容2"/>
    <jsp:param name="参数名称3" value="参数内容3"/>
    ……
</jsp:include>
```

运行结果如图6.14所示。

图6.14 运行结果

使用动态包含的第二种语法形式可以向被包含页面中传递参数，被包含页面可以使用request.getParameter()方法进行参数的接收。

包含页代码如【例6-7】所示。

【例6-7】包含页：include.jsp

```
<%@ page language="java" contentType="text/html" pageEncoding="UTF-8"%>
<html>
<head>
<title>电子商务网站</title>
</head>
<body>
    <h1>动态包含传递参数</h1>
    <%
        String x1 = "1";
```

```
    %>
    <jsp:include page = "recieve.jsp">
        <jsp:param name = "x1" value = "<%=x1%>"/>
        <jsp:param name = "x2" value = "2"/>
    </jsp:include>
</body>
</html>
```

被包含页代码如【例6-8】所示。

【例6-8】被包含页:receive.jsp

```
<%@ page language = "java" contentType = "text/html" pageEncoding = "UTF-8"%>
<html>
<head>
<title>电子商务网站</title>
</head>
<body>
    <h1>接收参数</h1>
    <h2>参数一: <%=request.getParameter("x1") %></h2>
    <h2>参数二: <%=request.getParameter("x2") %></h2>
</body>
</html>
```

本页向被包含页中传递了两个参数,由于第一个参数x1的内容是变量,因此要使用表达式输出;第二个参数x2的内容直接写在语句中,<jsp:param>属于标签指令形式,所以必须完结。运行结果如图6.15所示。

图6.15 运行结果

6.2.6 跳转指令

在 Web 中使用 <jsp:forward> 指令，将一个用户请求(request)从一个页面传递到另一个页面，即可完成跳转操作。<jsp:forward> 属于服务器端跳转，跳转之后地址栏不改变。

不传递参数：

```
<jsp:forward page="要包含的文件路径"/>
```

传递参数：

```
<jsp:forward page="要包含的文件路径">
    <jsp:param name="参数名称1" value="参数内容1"/>
    <jsp:param name="参数名称2" value="参数内容2"/>
    <jsp:param name="参数名称3" value="参数内容3"/>
</jsp:forward>
```

其语法结构和动态包含指令非常类似。

跳转前页面代码如【例6-9】所示。

【例6-9】跳转前页：forward.jsp

```
<%@ page language="java" contentType="text/html" pageEncoding="UTF-8"%>
<html>
<head>
<title>电子商务网站</title>
</head>
<body>
    <% String x1 = "1";%>
    <jsp:forward page="forward2.jsp">
        <jsp:param name="x1" value="<%=x1%>"/>
        <jsp:param name="x2" value="2"/>
    </jsp:forward>
</body>
</html>
```

跳转后的页面代码如【例6-10】所示。

【例6-10】跳转后页面：receive.jsp

```
<%@ page language="java" contentType="text/html" pageEncoding="UTF-8"%>
<html>
<head>
<title>电子商务网站</title>
</head>
<body>
    <h1>跳转页面接收参数</h1>
```

```
    <h2>参数一：<%=request.getParameter("x1")%></h2>
    <h2>参数二：<%=request.getParameter("x2")%></h2>
</body>
</html>
```

运行结果如图 6.16 所示。

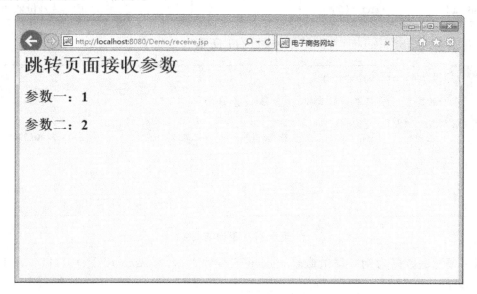

图 6.16　运行结果

6.2.7　实例操作 JSP + JDBC

学习完 JSP 基本语法，即可利用这些知识点完成一个简单的登录程序，本程序使用的是 JSP + JDBC 实现。JDBC 知识在此不另行介绍，需要注意的是 JDBC 的驱动(mysql - connector - java.jar)需要放在 WebRoot/WEB - INF/lib 路径下，或者放入 Tomcat 的 lib 文件夹下。

【拓展文本】

1. 创建数据库表

要想完成会员登录操作，首先需要一张会员信息表，使用前面章节创建的 MySQL 数据库 bookstore 其中的 tb_member 数据库表。

会员信息表(tb_member)结构如表 6 - 1 所示。

表 6 - 1　会员信息表

字段名	数据类型	是否为空	是否主键	描述
account	varchar(50)	No	Yes	会员账号
password	varchar(50)			会员密码
reallyName	varchar(50)			真实姓名

续表

字段名	数据类型	是否为空	是否主键	描述
email	varchar(50)			邮箱
tel	varchar(50)			手机号
idCard	varchar(50)			身份证号

会员信息表(tb_member)查询结果如图 6.17 所示。

图 6.17 查询结果

以一条测试数据为例,登录账号 account 为 root,密码 password 为 111111,在下面进行登录验证。

2. 程序实现思路

要完成登录验证,首先必须有一个表单页,在此页面可以输入会员的登录账号和密码,然后将数据提交到一个验证的 JSP 页面上进行数据库的操作验证。如果对应的登录账号查询到的密码与输入密码匹配,表示此会员是合法用户,则可以跳转到登录成功页,显示欢迎信息;如果不匹配,则表示此会员不是合法用户,应该跳转到错误页进行提示。

登录操作流程图如图 6.18 所示。

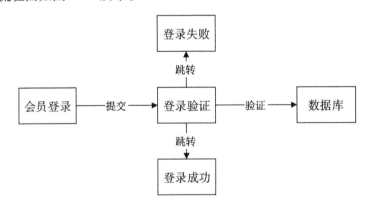

图 6.18 登录操作流程图

要想完成以上工程,需要如表 6-2 所示的 JSP 页面。

表 6-2 JSP 页面

序号	页面名称	页面描述
1	login.html	登录页面，提交表单
2	login – check.jsp	验证页面，验证提交的 account 和 password 是否与数据库匹配，成功则跳转到登录成功页，失败则跳转到失败页
3	login – success.jsp	登录成功页面
4	login – failure.jsp	登录失败页面

3. 程序实现

实现会员登录的各个页面代码如下。

【例 6-11】会员登录页面：login.html

```html
<html>
<head>
<title>电子商务网站</title>
<meta http-equiv="content-type" content="text/html; charset=UTF-8">
</head>
<body>
    <h1>登录操作</h1>
    <h3>会员登录</h3>
    <form action="login-check.jsp" method="post">
    登录账号：<input type="text" name="account"/><br/>
    登录密码：<input type="password" name="password"/><br/>
    <input type="submit" value="登录"/><input type="reset" value="重置"/>
    </form>
</body>
</html>
```

【例 6-12】会员登录验证页面：login – check.jsp

```jsp
<%@ page language="java" contentType="text/html" pageEncoding="UTF-8"%>
<%@ page import="java.sql.*"%>
<html>
<head>
<title>电子商务网站</title>
</head>
<body>
    <%! //定义若干个数据库的连接常量
    public static final String DBDRIVER = "com.mysql.jdbc.Driver";
    public static final String DBURL = "jdbc:mysql://localhost:3306/bookstore";
    public static final String DBUSER = "root";
    public static final String DBPASS = "111";%>
    <%
```

```jsp
        Connection conn = null; // 数据库连接
        PreparedStatement pstmt = null; // 数据库预处理操作
        ResultSet rs = null; // 查询要处理结果集
        String reallyName = null; // 保存真实姓名
        boolean flag = false; // 保存标记
%>
<%
    try {
%>
<%
        Class.forName(DBDRIVER);
            conn = DriverManager.getConnection(DBURL, DBUSER, DBPASS);
            String sql = "SELECT reallyName FROM tb_member WHERE account = ? AND
                password = ?";
            pstmt = conn.prepareStatement(sql);
            pstmt.setString(1, request.getParameter("account"));
            pstmt.setString(2, request.getParameter("password"));
            rs = pstmt.executeQuery(); // 查询
            if (rs.next()) { // 如果有数据，则可以执行
                flag = true; //表示登录成功
                reallyName = rs.getString(1);
            }
%>
<%
    } catch (Exception e) {
        e.printStackTrace();
    } finally {
        try {
            rs.close();
            pstmt.close();
            conn.close();
        } catch (Exception e) {
        }
    }
%>
<%
    if (flag) { // 登录成功
%>
<jsp:forward page = "login-success.jsp">
    <jsp:param name = "reallyName" value = "<%=reallyName%>" />
</jsp:forward>
<%
    } else { // 登录失败
%>
```

```
        <jsp:forward page = "login - failure.jsp" />
        <%
            }
        %>
</body>
</html>
```

【例6-13】 会员登录成功页面：login-success.jsp

```
<%@ page language = "java" contentType = "text/html" pageEncoding = "UTF - 8"%>
<html >
<head >
<title >电子商务网站 </title >
</head >
<body >
    <h1 >登录操作 </h1 >
    <hr/ >
    <h2 >登录成功 </h2 >
<h2 >欢迎 <font color = "red" > <% = request.getParameter("reallyName")%> </font>
光临！ </h2 >
</body >
</html >
```

【例6-14】 会员登录失败页面：login-failure.jsp

```
<%@ page language = "java" contentType = "text/html" pageEncoding = "UTF - 8"%>
<html >
<head >
<title >电子商务网站 </title >
</head >
<body >
    <h1 >登录操作 </h1 >
    <hr/ >
    <h2 >登录失败，请重新 <a href = "login.jsp" >返回登录页面 </a >！ </h2 >
</body >
</html >
```

在编写以上四个程序时，一定要注意文件的名称和表单提交的action以及超链接的路径，否则会出现404错误。

程序运行结果如图6.19～图6.21所示。

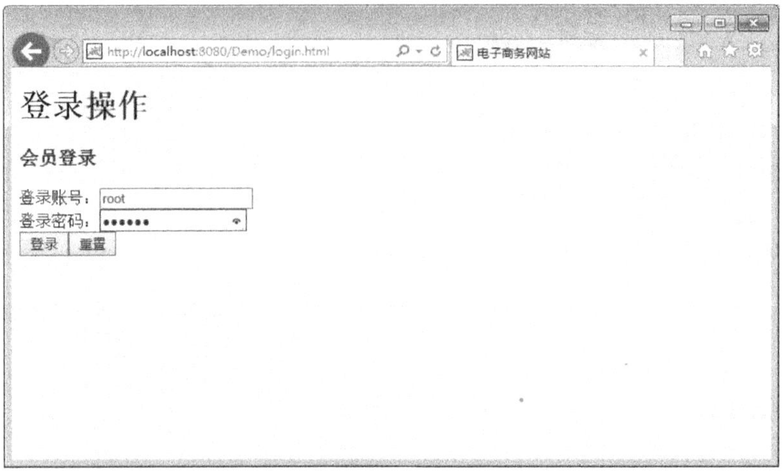

图 6.19 登录页面

图 6.20 登录成功

图 6.21 登录失败

6.3 JSP 内置对象

6.3.1 内置对象

JSP 提供了九个内置对象,这些对象用户可以直接使用,不需要提前通过 new 关键字实例化。

JSP 中九个内置对象如表 6-3 所示。

【拓展文本】

表 6-3 JSP 内置对象

序号	内置对象	类型	JSP 页面容器
1	pageContext	javax.servlet.jsp.pageContext	JSP 页面容器
2	request	javax.servlet.http.HttpServletRequest	用户的请求信息
3	response	javax.servlet.http.HttpServletResponse	服务器向客户端的返回信息
4	session	javax.servlet.http.HttpSession	保存用户的信息
5	application	javax.servlet.http.ServletContext	所有用户的共享信息
6	config	javax.servlet.http.ServletConfig	取得初始化参数
7	out	javax.servlet.jsp.JspWriter	页面输出
8	page	java.lang.Object	该页面中的 Servlet 实例
9	exception	java.lang.Throwable	JSP 页面产生的异常

比较常用的有 pageContext、request、response、session、application,要学习程序开发,必须熟练掌握这五个内置对象。

6.3.2 四种属性范围

JSP 中提供了四种属性保存范围,即一个内置对象可以在多少个页面之间保存并使用。四种属性范围介绍如下。

(1) page:只在一个页面保存,任何跳转后均无效。

(2) request:只在一次请求之间保存,服务器端跳转后依然有效,客户端跳转后无效。

(3) session:只在一次会话过程中保存,任何跳转都有效,但是在新开的浏览器中无效。

(4) application:在整个服务器上保存,任何用户均能使用。

下面介绍四个内置对象主要的属性操作方法,如表6-4所示。

表6-4 四个内置对象主要的属性操作方法

序号	方法	描述
1	public void setAttribute(String name, Object o)	设置属性名称和内容
2	public Object getAttribute(String name)	根据属性名称取得内容
3	public void removeAttribute(String name)	根据属性名称删除属性

分别设置 pageContext、request、session、application 四种属性范围的属性。

【例6-15】设置属性:page1.jsp

```jsp
<%@ page language="java" contentType="text/html" pageEncoding="UTF-8"%>
<html>
<head>
<title>电子商务网站</title>
</head>
<body>
<% // 设置属性
    pageContext.setAttribute("data1","1");
    request.setAttribute("data2","2");
    session.setAttribute("data3","3");
    application.setAttribute("data4","4");
%>
<%
    String data1 = (String) pageContext.getAttribute("data1");
    String data2 = (String) request.getAttribute("data2");
    String data3 = (String) session.getAttribute("data3");
    String data4 = (String) application.getAttribute("data4");
%>
<h1>本页面取得属性</h1>
<h2>data1: <%=data1%></h2>
<h2>data2: <%=data2%></h2>
<h2>data3: <%=data3%></h2>
<h2>data4: <%=data4%></h2>
</body>
</html>
```

在本程序中,在 JSP 页面中设置了四个属性,然后直接从本页面中取得属性,取得后必须进行向下转型操作。程序运行结果如图 6.22 所示。

下面将验证:跳转后 pageContext 范围内属性无法取到,通过 <jsp:forward> 进行跳转,跳转后页面无法取得属性。<jsp:forward> 是服务器端跳转,跳转之后地址栏不变。

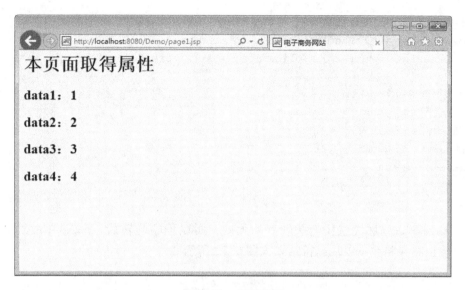

图 6.22　运行结果

【例 6 –16】设置属性并跳转：page2.jsp

```
<%@ page language = "java" contentType = "text/html" pageEncoding = "UTF-8"%>
<html>
<head>
<title>电子商务网站</title>
</head>
<body>
<%
// 设置属性
    pageContext.setAttribute("data1","1");
    request.setAttribute("data2","2");
    session.setAttribute("data3","3");
    application.setAttribute("data4","4");
%>
<jsp:forward page = "page3.jsp"/>
</body>
</html>
```

在以上程序中，设置了四种范围属性，然后执行跳转语句，跳转到 page3.jsp。

【例 6 –17】接收属性：page3.jsp

```
<%@ page language = "java" contentType = "text/html" pageEncoding = "UTF-8"%>
<html>
<head>
<title>电子商务网站</title>
</head>
<body>
<%
    String data1 = (String) pageContext.getAttribute("data1");
```

```
    String data2 = (String) request.getAttribute("data2") ;
    String data3 = (String) session.getAttribute("data3") ;
    String data4 = (String) application.getAttribute("data4") ;
%>
<h1>本页面取得属性</h1>
<h2>data1：<%=data1%></h2>
<h2>data2：<%=data2%></h2>
<h2>data3：<%=data3%></h2>
<h2>data4：<%=data4%></h2>
</body>
</html>
```

因为 pageContext 属性在任何跳转后均无效，所以程序跳转后，page3.jsp 页面无法取得属性，输出结果将是 null，运行结果如图 6.23 所示。

图 6.23 运行结果

下面将验证：客户端跳转后 request 范围内属性失效，进行客户端跳转，通过超链接标签进行跳转，跳转前后地址栏改变，为客户端跳转。

【例 6 -18】page4.jsp

```
<%@ page language = "java" contentType = "text/html" pageEncoding = "UTF -8"%>
<html>
<head>
<title>电子商务网站</title>
</head>
<body>
<% // 设置属性
    pageContext.setAttribute("data1","1") ;
    request.setAttribute("data2","2") ;
```

```
    session.setAttribute("data3","3");
    application.setAttribute("data4","4");
%>
<a href = "page3.jsp">page3.jsp</a>
</body>
</html>
```

运行结果如图 6.24 所示。

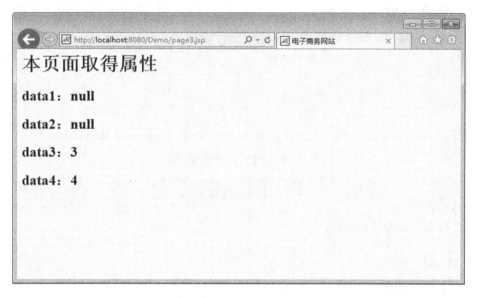

图 6.24　运行结果

可以发现 request 范围内保存的属性也无法取到，所以如果服务器跳转后想让属性保存下来，则可使用 request 属性范围操作。request 属性范围表示在服务器端跳转后，所有设置的内容仍会保存下来。服务器端跳转是指跳转后地址栏不变，相对而言，地址栏改变表示客户端跳转。

下面将验证：session 属性保存在一次会话过程中，会话关闭后失效，关闭浏览器将关闭会话，再次访问 page3.jsp，运行结果如图 6.25 所示。

可以发现重启浏览器后，session 范围内的属性也失效，正是由于 session 的这种特性，因此一般用来保存用户信息，并用来验证登录。

下面来验证：重启服务器后 application 范围内属性失效，重启服务器后运行结果如图 6.26 所示。

将属性保存在 application 范围内，不管是否打开新的浏览器，均可取得设置过的属性。但是，一旦重新启动服务器，之前设置的属性全部消失，同时，设置过多的 application 的属性将会影响服务器性能。

图 6.25　运行结果

图 6.26　运行结果

6.3.3　request 对象

request 内置对象主要作用是接收客户端的请求信息，如请求参数、发送的头信息等客户端发来的信息。request 是 javax.servlet.http.HttpServletRequest 接口的实例化对象，表示此对象主要是应用在 HTTP 协议上。javax.servlet.http.HttpServletRequest 接口定义如下：

```
public interface HttpServletRequest extends ServletRequest
```

request 对象在实际开发中使用较多，常用方法如表 6－5 所示。

表6-5 request对象常用方法

序号	方法	描述
1	public String getParameter(String name)	接收客户端发来的请求参数
2	public String [ ] getParameterValues(String name)	接收客户端发来的一组请求参数
3	public void setCharacterEncoding(String env)	设置统一的请求编码
4	public String getRemoteAddr( )	取得客户端IP地址
5	public Httpsession getSession( )	取得当前的session对象
6	public StringBuffer getRequestURL( )	取得正在请求的路径
7	public String getServletPath( )	取得访问路径
8	public String getContextPath( )	取得上下文资源路径

1. getParameter(String name)和 getParameterValues(String name)

request对象中的getParameter()方法可以接收一个输入参数,如文本框、单选按钮、密码框、隐藏域等,一般都会使用getParameter()方法进行接收。但这种方法每次仅能接收一个参数,如果有一组同名参数传递,如复选框,则必须使用getParameterValues()方法进行接收。

下面用实例进行介绍。

【例6-19】定义表单,传递多种参数:request.html

```
<html>
<head>
<title>电子商务网站</title>
<meta http-equiv="content-type" content="text/html; charset=UTF-8">
</head>
<body>
<form action="request.jsp" method="post">
    姓名:<input type="text" name="name"><br>
    英文名:<input type="text" name="ename"><br>
    兴趣:  <input type="checkbox" name="inst" value="睡觉">睡觉
           <input type="checkbox" name="inst" value="听歌">听歌
           <input type="checkbox" name="inst" value="游泳">游泳<br>
        <input type="submit" value="提交">
</form>
</body>
</html>
```

上面表单中除文本框外,还有一个复选框,使用getParameterValues()方法接收复选框的内容。注意:表单的提交方式为post。

【拓展文本】

【例 6 – 20】 接收参数：request. jsp

```jsp
<%@ page language="java" contentType="text/html" pageEncoding="UTF-8"%>
<html>
<head>
<title>电子商务网站</title>
</head>
<body>
<%
    String name = request.getParameter("name");
    String ename = request.getParameter("ename");
    String inst[] = request.getParameterValues("inst");
%>
<h3>姓名：<%=name%></h3>
<h3>英文名：<%=ename%></h3>
<h3>兴趣：
<%
if(inst != null) {
    for(int x=0;x<inst.length;x++){%>
        <%=inst[x]%>
<%
    }
}
%>
</h3>
</body>
</html>
```

本程序使用了 getParameter( ) 方法接收文本框的内容，然后使用 getParameterValues( ) 方法接收复选框的内容，以字符串数组的形式返回，并利用循环数组输出。

运行结果如图 6.27 和图 6.28 所示。

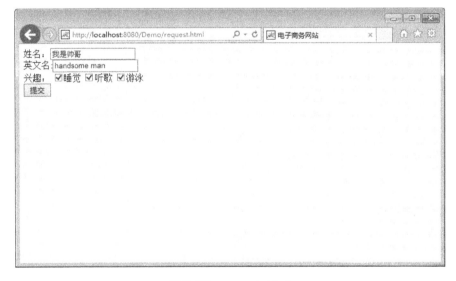

图 6.27　request. html

第6章 电子商务网站动态页面的设计与建立

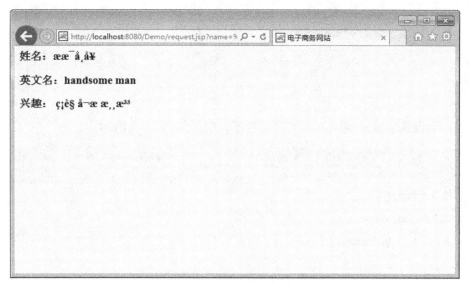

图 6.28 request.jsp

可以发现以上程序可以正常显示英文字母,但是中文字母却无法正常显示,出现这种情况是由于传递过程中的编码不同,可以通过直接使用 setCharacterEncoding( )方法设置一个统一的编码解决。

2. public void setCharacterEncoding(String env):乱码解决

【例6-21】修改 request.jsp 页面,加入编码设置

```
<%@ page language = "java" contentType = "text/html" pageEncoding = "UTF-8"%>
<html>
<head>
<title>电子商务网站</title>
</head>
<body>
<%
    request.setCharacterEncoding("UTF-8");
    String name = request.getParameter("name");
    String ename = request.getParameter("ename");
    String inst [] = request.getParameterValues("inst");
%>
<h3>姓名: <% = name%></h3>
<h3>英文名: <% = ename%></h3>
<h3>兴趣:
<%
if(inst! = null) {
    for(int x = 0;x < inst.length;x + +){%>
        <% = inst [x]%>
<%
```

```
        }
    }
%>
</h3>
</body>
</html>
```

此时由于设置了统一编码,再次运行程序,结果如图 6.29 所示。

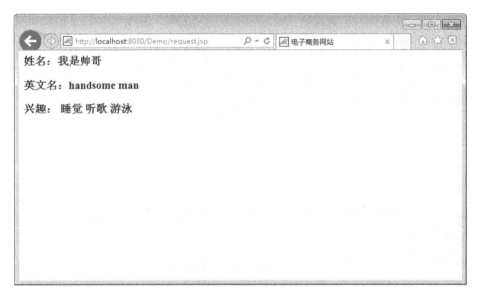

图 6.29 运行结果

6.3.4 response 对象

response 对象的主要作用是对客户端的请求进行回应,将 Web 服务器处理后的结果发回给客户端。response 对象属于 java. servlet. http. HttpServletResponse 接口的实例,HttpServletResponse 接口定义如下:

```
public interface HttpServletResponse extends ServletResponse
```

response 对象常用的方法如表 6-6 所示。

表 6-6 response 对象常用的方法

序号	方法	描述
1	public void sendRedirect(String location) throws IOException	页面跳转
2	public void setHeader(String name, String values)	设置回应的头信息
3	public void addCookie(Cookie cookie)	向客户端增加 Cookie

1. public void sendRedirect(String location) throws IOException：页面跳转

在 JSP 中，可以使用 response 对象的 sendRedirect() 方法直接完成页面的跳转。

【例 6 -22】使用 sendRedirect() 跳转到 helloworld. html：response1. jsp

```
<%@ page language = "java" contentType = "text/html" pageEncoding = "UTF - 8"%>
<html>
<head>
<title>电子商务网站</title>
</head>
<body>
<%
    response.sendRedirect("hello.html");
%>
</body>
</html>
```

在以上代码中直接执行了跳转语句，所以程序会直接跳转到 hello. html 页面。程序运行结果如图 6.30 所示。

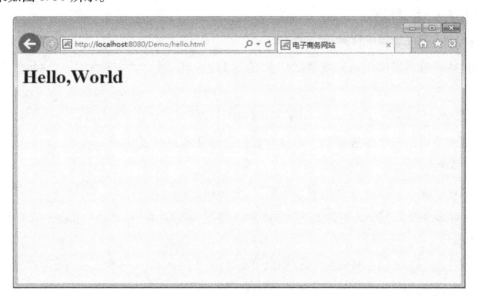

图 6.30　运行结果

2. public void setHeader(String name，String values)：设置头信息

在 JSP 中同样可以通过设置头信息实现跳转。

【例 6 -23】2 秒后跳转到 hello. html 页面：response2. jsp

```
<%@ page language = "java" contentType = "text/html" pageEncoding = "UTF - 8"%>
<html>
<head>
<title>电子商务网站</title>
```

```
</head>
<body>
<%
    response.sendHeader("refresh","2;URL=hello.html");
%>
</body>
</html>
```

以上页面中设置了定时刷新,将在2s后跳转到URL指定的页面。

3. 服务器端跳转和客户端跳转

以上两种跳转均为客户端跳转,前面学习的<jsp:forward>的标签跳转属于服务器端跳转。在使用request属性范围时,只有服务器端跳转才能够将request范围的属性保存到跳转页。如果是客户端跳转,则在执行完之后才执行跳转;如果是服务器端跳转,则执行到跳转的位置就立即跳转,其后代码不再执行。

4. JSP文件里的跳转方式和传值方式

1) 客户端跳转

(1) <a>超链接跳转:

`<a href="目标页面"></a>`

超链接标签可以使用地址重载的方式传递参数:使用"?"开始,每个参数用"&"间隔开。

`<a href="get.jsp?id=1&name=py&age=22"></a>`

这种方式可以传递少量参数,而且参数值可以在地址栏观察到。

(2) JavaScript:

`<script>windows.location="目标页面"</script>`

JavaScript同样可以使用地址重载的方式传递参数:使用"?"开始,每个参数用"&"间隔开。

`<script>windows.location="get.jsp?id=1&name=py&age=22"</script>`

(3) 提交表单:

`<form action="目标页面" method="post/get"></form>`

form表单可以通过添加文本控件的方式传递参数:

```
<form action="get.jsp" method="post/get">
    id:<input name="id" type="text"/>
    name:<input name="name" type="text"/>
    age:<input name="age" type="text"/>
    <input name="submit" type="text"/>
</form>
```

表单同样可以通过地址重载的方式传递参数：

```
<form action="get.jsp? grade=99" method="post/get">
    id:<input name="id" type="text"/>
    name:<input name="name" type="text"/>
    age:<input name="age" type="text"/>
    <input name="submit" type="text"/>
</form>
```

（4）response 对象：

```
response.sendRedirect("目标页面");
response.setHeader("Refresh","1;url=目标页面");
```

response 对象通过地址重载的方式传递参数：

```
response.sendRedirect("get.jsp? id=1&name=py&age=22");
response.setHeader("Refresh","1;url=get.jsp? id=1&name=py&age=22");
```

2）服务器端跳转

（1）<jsp:forward>：

```
<jsp:forward page="目标页面"></jsp:forward>
```

<jsp:forward>可以通过地址重载的方式传递参数：

```
<jsp:forward page="get.jsp? id=1&name=py&age=22"></jsp:forward>
```

（2）requestDispatcher：

```
RequestDispatcher rd = request.getRequestDispatcher("目标页面");
rd.forward(response,request);
```

requestDispatcher 可以通过地址重载的方式传递参数：

```
RequestDispatcher rd = request.getRequestDispatcher("get.jsp? id=1&name=py&age=22");
```

与客户端跳转不同，服务器端跳转前后页面的 request 对象没有改变，可以通过设置 request 属性的方式传递参数值。

跳转前页面：

```
<%
    request.setAttribute("属性名称","属性内容");
%>
```

跳转后页面：

```
<%
    request.getAttribute("属性名称");
%>
```

当然，前面这些跳转方式都可以通过设置属性范围的方式来传递参数值。

6.3.5　session 对象

在实际开发过程中，session 对象主要的作用就是完成用户的登录（login）和注销（logout）等常见功能。

下面介绍如何使用 session 对象实现登录和注销功能。

要完成程序，需要如表 6-7 所示的 JSP 页面。

表 6-7　JSP 页面

序号	页面名称	页面描述
1	login.jsp	登录表单的显示，同时向本页面提交表单以完成数据验证，用户名和密码固定。如登录成功则保存属性，登录失败则显示失败信息
2	check.jsp	判断用户是否已经登录，若登录则显示欢迎信息
3	logout.jsp	完成登录注销操作，注销后跳转到登录页面

【例 6-24】登录并执行验证：login.jsp

```jsp
<%@ page language="java" contentType="text/html" pageEncoding="UTF-8"%>
<html>
<head>
<title>电子商务网站</title>
</head>
<body>
<form action="login.jsp" method="post">
    用户名：<input type="text" name="name"/><br>
    密  码：<input type="password" name="password"/><br>
    <input type="submit" value="登陆"/><input type="reset" value="重置"/>
</form>
<% // 直接通过一个固定的用户名和密码
    String name = request.getParameter("name");
    String password = request.getParameter("password");
    if("root".equals(name) && "111".equals(password)){
    // 如果登录成功，则设置 session 属性范围
        session.setAttribute("name",name);
        response.setHeader("refresh","2;URL=check.jsp");
%>
        <h3>用户登录成功，两秒后跳转到<a href="check.jsp">检查页</a></h3>
<%
    }
%>
</body>
</html>
```

验证用户名和密码是否正确,如果验证成功则将用户名保存在 session 属性范围中,并跳转到 check.jsp 页面。

【例 6-25】判断是否已经成功登录:check.jsp

```jsp
<%@ page language="java" contentType="text/html" pageEncoding="UTF-8"%>
<html>
<head>
<title>电子商务网站</title>
</head>
<%  //判断是否已经设置了 session 属性范围的 name
    if(session.getAttribute("name")! =null){%>
        <h3>登录成功确认<a href="logout.jsp">注销</a></h3>
        <h3>用户名为:<%=session.getAttribute("name")%></h3>
<%} else {  // 没有 session,则应该给出提示,先去登录%>
        <h3>请先进行系统的<a href="login.jsp">登录</a></h3>
<%}%>
</body>
</html>
```

check.jsp 页面首先要对 session 属性范围内是否存在用户名属性进行判断,如果存在表示用户已经登录,给出欢迎信息;如果未登录,则出现提示登录页面。

【例 6-26】登录注销:logout.jsp

```jsp
<%@ page language="java" contentType="text/html" pageEncoding="UTF-8"%>
<html>
<head>
<title>电子商务网站</title>
</head>
<%
    response.setHeader("refresh","2;URL=login.jsp");
    session.invalidate();    // 注销,表示当前的 session 失效
%>
<h3>成功注销,2 秒后回到<a href="login.jsp">登录页</a>! </h3>
</body>
</html>
```

logout.jsp 页面使用 session 对象的 invalidate()方法进行了 session 的注销操作,当使用 invalidate()方法时,将在服务器上销毁这个 session 的全部信息。本程序运行结果如图 6.31~图 6.34 所示。

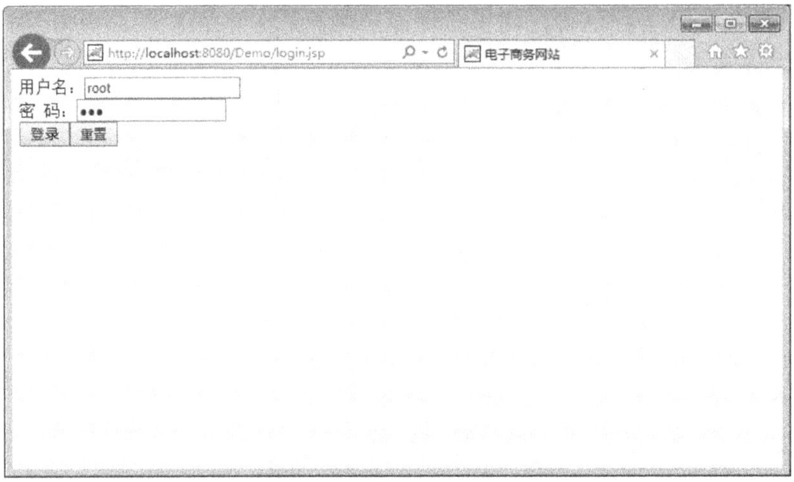

图 6.31　运行结果(1)

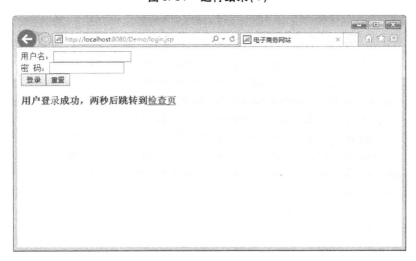

图 6.32　运行结果(2)

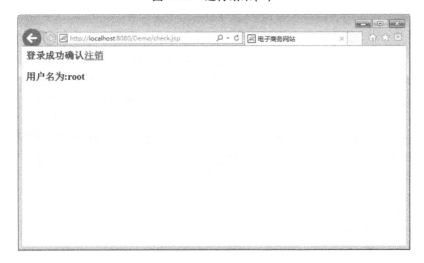

图 6.33　运行结果(3)

电子商务网站动态页面的设计与建立 第 6 章

图 6.34　运行结果(4)

6.3.6　application 对象

application 对象是 javax.servlet.ServletContext 接口的实例化对象,ServletContext 代表了整个容器的操作,常用的方法如表 6 – 8 所示。

表 6 – 8　ServletContext 常用操作

序号	方法	描述
1	String getRealPath(String path)	得到虚拟目录对应的决定路径
2	public Enumeration getAttributeNames( )	得到所有属性的名称
3	public String getContextPath( )	取得当前虚拟路径名称

【例 6 – 27】取得虚拟目录对应的绝对路径:getRealPath( )方法

```
<%@ page language="java" contentType="text/html" pageEncoding="UTF-8"%>
<html>
<head>
<title>电子商务网站</title>
</head>
<%
String path = application.getRealPath("/");//得到当前虚拟目录下的真实路径
%>
<h3>真实路径:<%=path%></h3>
</body>
</html>
```

本程序直接将根目录"/"作为路径设置到 getRealPath( )方法中,然后即可取得真实路径。程序运行结果如图 6.35 所示。

图 6.35 运行结果

6.3.7 config 对象

config 对象是 javax.servlet.ServletConfig 接口的实例化对象,其主要功能是取得一些初始化的配置信息。ServletConfig 接口的常用方法如表 6-9 所示。

表 6-9 ServletConfig 接口常用方法

序号	方法	描述
1	public String getInitParameter(String name)	取得指定初始化参数
2	public Enumeration getInitParameterNames()	取得全部初始化参数名称

所有的初始化参数必须在 web.xml 中配置,即如果一个 JSP 文件要想通过初始化参数取得一些信息,则一定要在 web.xml 文件中完成映射。

【例 6-28】读取初始化参数:init.jsp

```
<%@ page language="java" contentType="text/html" pageEncoding="UTF-8"%>
<html>
<head>
<title>电子商务网站</title>
</head>
<%
    String charset = config.getInitParameter("charset");
    String account = config.getInitParameter("account");
%>
<h3>字符编码: <%=charset%></h3>
<h3>用户账号: <%=account%></h3>
</body>
</html>
```

以上程序要读取 charset 和 account 两个配置的初始化参数,这两个参数直接在 web.xml 中配置(init.jsp 在 WEB-INF 文件夹内)。

【例 6-29】 web.xml 配置

```xml
<servlet>
    <servlet-name>Init</servlet-name>
    <jsp-file>/WEB-INF/init.jsp</jsp-file>
    <init-param>
        <param-name>charset</param-name>
        <param-value>UTF-8</param-value>
    </init-param>
    <init-param>
        <param-name>account</param-name>
        <param-value>PY</param-value>
    </init-param>
</servlet>
<servlet-mapping>
    <servlet-name>Init</servlet-name>
    <url-pattern>/init</url-pattern>
</servlet-mapping>
```

以上程序指定一个 <servlet> 节点通过 <init-param> 节点配置了两个初始化参数，<param-name> 指定了参数的名称，<param-value> 指定了参数的具体内容。init.jsp 位于 WEB-INF 文件夹中，需要配置映射文件才可访问。运行结果如图 6.36 所示。

图 6.36 运行结果

6.3.8 out 对象

out 对象是 javax.servlet.jsp.JspWriter 对象的实例化对象，主要功能是完成页面的输出操作，使用 print() 和 println() 方法输出信息。实际开发中，直接使用 out 对象的概率较小，一般使用表达式完成输出操作。out 对象还定义了表 6-10 所示的方法。

表 6-10 out 对象常用方法

序号	方法	描述
1	public int getBufferSize()	取得 JSP 中缓存区大小
2	public int getRemaining()	取得 JSP 中未使用缓存区大小

【例6-30】取得缓存区大小

```
<%@ page language = "java" contentType = "text/html" pageEncoding = "UTF-8"%>
<html>
<head>
<title>电子商务网站</title>
</head>
<%
    int buffer = out.getBufferSize();
    int avaliable = out.getRemaining();
    int use = buffer - avaliable;
%>
<h3>缓冲区大小：<%=buffer%></h3>
<h3>可用的缓冲区大小：<%=avaliable%></h3>
<h3>使用中的缓冲区大小：<%=use%></h3></body>
</html>
```

以上代码取得了一些与缓冲区有关的信息，程序运行结果如图6.37所示。

图6.37　运行结果

本章小结

本章主要介绍了电子商务网站动态页面的设计与建立。网站采用JSP作为网站动态页面，JSP页面由HTML代码和嵌入其中的Java代码所组成。服务器在页面被客户端请求以后对这些Java代码进行处理，然后将生成的HTML页面返回给客户端的浏览器。本章依次讲解了JSP基本语法知识、JSP的内置对象，以及如何通过JSP + JDBC实现基本的登录程序。

JSP语法主要讲解了JSP的两种注释、三种Scriptlet代码、一种Scriptlet标签、几种常用的page指令、两种包含指令和Web的跳转指令。JSP提供了九个内置对象，这些对象用户可以直接使用，不需要提前通过new关键字实例化。比较常用的有pageContext、request、response、session、application，要开始程序开发，必须熟练掌握这五个内置对象。JSP中提供了四种属性保存范围，即一个内置对象可以在多少个页面之间保存并使用。

关键术语

JDBC(Java Data Base Connectivity)　　　　　　　　JSP(Java Server Pages)

习 题

实践题

1. 使用 JSP + JDBC 完成一个用户登录程序，登录成功后可以使用 session 进行用户的登录验证，用户根据需要也可以直接进行系统的退出操作。本程序使用第 3 章完成的数据库表 tb_member。

2. 使用 JSP + JDBC 完成用户注册的程序。本程序使用第 3 章完成的数据库表 tb_member。

3. 使用 JSP + JDBC 完成用户信息修改的程序。本程序使用第 3 章完成的数据库表 tb_member。

第 7 章
电子商务网站后台程序的设计与建立

【学习目标】
(1) 掌握 JavaBean 的基本格式。
(2) 掌握 JSP 对 JavaBean 支持的三种动作指令。
(3) 掌握 JavaBean 的四种属性保存范围以及 JavaBean 的删除操作。
(4) 掌握 DAO 设计模式,并可熟练地使用其进行程序的开发。
(5) 掌握 Servlet 与 JSP 之间的关系、Servlet 的生命周期、内置对象在 Servlet 中的应用。
(6) 掌握 Servlet 中客户端跳转和服务器端跳转的方法。
(7) 掌握 MVC 程序开发方法。
(8) 掌握过滤器的基本原理与使用方法。

【学习重点】
(1) JavaBean 的四种属性保存范围以及 JavaBean 的删除操作。
(2) DAO 设计模式的学习。
(3) Servlet 中客户端跳转和服务器端跳转的方法。
(4) MVC 程序开发方法。

【学习难点】
(1) Servlet 中客户端跳转和服务器端跳转的方法。
(2) MVC 程序开发方法。

在前面的 JSP 开发中，很多代码并没有很好地体现 Java 面向对象的开发思想，大量的代码重复且混乱，在 Web 开发中如果想编写结构良好的代码，则必须使用前台和后台相结合的方法。本章将依次介绍 JavaBean 的开发方法、JSP 中对 JavaBean 的各种支持、DAO 设计模式、Web 开发最重要的 Servlet 程序开发、MVC 设计模式及过滤器的使用。

7.1 JavaBean

7.1.1 JavaBean 简介

JavaBean 是使用 Java 语言开发的一个可重用的组件，在 JSP 开发中可以使用 JavaBean 减少重复代码，使整个 JSP 代码开发更加简洁。

JavaBean 是一个特殊的 Java 类。

（1） JavaBean 是一个 public 类，即 JavaBean 的类访问权限必须是 public。
（2） JavaBean 中的所有属性必须封装，使用 private 声明。
（3） JavaBean 应该包含一个无参的构造方法。
（4） JavaBean 中属性的获取和设置需要使用标准格式定义的 getter 方法和 setter 方法。对于 boolean 类型成员变量，可以使用 isXxx( ) 方法。

【拓展文本】

【例 7-1】 最基本的 JavaBean：MemberBean.java

```java
package javabean;
public class MemberBean {
    private String account;
    private String password;
    public MemberBean (){}   //构造函数
    public String getAccount() {
        return account;
    }
    public void setAccount(String account) {
        this.account = account;
    }
    public String getPassword() {
        return password;
    }
    public void setPassword(String password) {
        this.password = password;
    }
}
```

以上的 JavaBean 非常简单，只包含了 account 和 password 两个属性，以及对应的 setter( ) 和 getter( ) 方法。

JavaBean 开发完成后，在 JSP 中可以使用%@ page import =" 包．类名"% >指令导入所需要的 JavaBean 类包，如【例 7 -2】所示。

【例 7 -2】 JSP 里面直接调用 JavaBean：javabean.jsp

```
<%@ page language="java" contentType="text/html" pageEncoding="UTF-8"%>
<%@ page import="javabean.MemberBean"%>
<html>
<head>
<title>JavaBean</title>
</head>
<body>
<%
    MemberBean member = new MemberBean();//实例化 MemberBean 对象
    member.setAccount("root");//设置 account 属性
    member.setpassword("111");//设置 password 属性
%>
<h3>账号：<%=member.getAccount()%></h3><!--输出 account 属性内容-->
<h3>密码：<%=member.getPassword()%></h3>//<!--输出 password 属性内容-->
</body>
```

JavaBean 语法实际上最大的特点就是用于与表单的交互上。表单提交内容给 JSP，JSP 通过 request 的 getParameter()方法分别接收，并设置到 JavaBean 对应的属性中，如【例 7 -3】所示。

【例 7 -3】 输入表单：input.jsp

```
<html>
<head>
<title>输入表单</title>
</head>
<body>
<form action="input-bean.jsp" method="post"><!--表单提交到 input-bean.jsp-->
    账号：<input type="text" name="account"><br>
    密码：<input type="password" name="password"><br>
    <input type="submit" value="提交">
    <input type="reset" value="重置">
</form>
</body>
</html>
```

【例 7 -4】 接收内容并设置到对应属性：input – bean.jsp

```
<%@ page language="java" contentType="text/html" pageEncoding="UTF-8"%>
<%@ page import="javabean.MemberBean"%>
<html>
<head>
<title>接收内容</title>
```

```
</head>
<body>
<%
    MemberBean member = new MemberBean();//实例化对象
    member.setAccount(request.getParameter("account"));
    member.setPassword(request.getParameter("password"));
%>
<h3>账号：<%=member.getAccount()%></h3>
<h3>密码：<%=member.getPassword()%></h3>
</body>
</html>
```

上面的程序使用导入的方式导入了所需要的 MemberBean 类，然后实例化对象，分别使用 MemberBean 中的 setter( )方法设置内容，用 getter( )方法获得内容并输出。

同时上面的操作代码需要分别使用 request.getParameter( )接收请求的参数，并设置到 MemberBean 的对象中，但是如果提交参数过多，这样的操作将变得非常麻烦，下面将介绍 JSP 中对 JavaBean 的标签支持。

运行结果如图 7.1 和图 7.2 所示。

图 7.1　运行结果(1)

图 7.2　运行结果(2)

7.1.2 JSP 对 JavaBean 的支持

【拓展文本】

在 JSP 中可以调用 JavaBean，JSP 中提供了三个标准的动作指令：<jsp:useBean>、<jsp:setProperty>和<jsp:getProperty>。

（1）<jsp:useBean>能够实例化 JavaBean，然后在 JSP 页面中调用它。

```
<jsp:useBean id="实例化对象名称" scope="保存范围" class="包.类名称">
```

在 JSP 中，除了可以使用前面介绍的<%@ page import=""%>指令导入所需要的 JavaBean 类包外，也可以使用<jsp:useBean>指令完成导入，同时可以设置保存范围：page、request、session、application，如【例 7-5】所示。

【例 7-5】使用 JSP 标签直接实例化 JavaBean：javabean.jsp

```
<%@ page language="java" contentType="text/html" pageEncoding="UTF-8"%>
<jsp:useBean id="member" scope="page" class="javabean.MemberBean"/>
<html>
<head>
<title>JSP 标签实例化 JavaBean</title>
</head>
<body>
<%
    member.setAccount("root");
    member.setpassword("111");
%>
<h3>账号：<%=member.getAccount()%></h3>
<h3>密码：<%=member.getPassword()%></h3>
</body>
</html>
```

（2）<jsp:setProperty>用来设置和修改 Bean 中的属性值，共有四种形式。

形式一：自动匹配。

```
<jsp:setProperty name="实例化对象的名称" property="*"/>
```

① name：表示指定的 JavaBean。

② property：表示要操作的属性，"*"表示自动匹配。

在进行自动匹配时，实际是检查参数名称(表单控件指定的参数名称)是否与属性名称相符合，如果符合则会自动调用对应的 setter() 方法进行内容的设置。

表单页将内容提交给 JSP，JSP 通过<jsp:setProperty>标签接收并设置到对应的JavaBean 属性中如【例 7-6】所示。

【例7-6】接收表单页传递的参数，并根据参数名称自动设置：input-bean.jsp

```
<%@ page language = "java" contentType = "text/html" pageEncoding = "UTF -8"%>
<jsp:useBean id = "member" scope = "page" class = "javabean.MemberBean"/>
<html >
<head >
<title >接收表单传递过来的JavaBean </title >
</head >
<body >
<jsp:setProperty name = "member" property = "* "/>
<h3 >账号：<% =member.getAccount()%> </h3 >
<h3 >密码：<% =member.getPassword()%> </h3 >
</body >
</html >
```

运行结果如图7.3和图7.4所示。

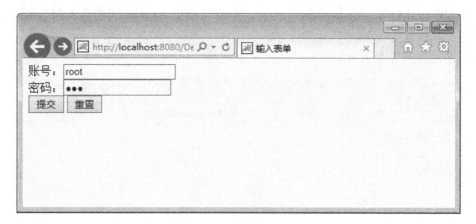

图7.3 运行结果(1)

图7.4 运行结果(2)

形式二：指定属性。

```
<jsp:setProperty name = "实例化对象的名称" property = "属性名称"/>
```

指定了具体的属性,则只需为该具体的属性设置请求的内容即可。

【例7-7】指定属性名称来设置:input – bean.jsp

```
<%@ page language="java" contentType="text/html" pageEncoding="UTF-8"%>
<jsp:useBean id="member" scope="page" class="javaBean.MemberBean"/>
<html>
<head>
<title>接收表单传递过来的JavaBean</title>
</head>
<body>
<jsp:setProperty name="member" property="account"/>
<h3>账号: <%=member.getAccount()%></h3>
<h3>密码: <%=member.getPassword()%></h3>
</body>
</html>
```

上面程序仅指定了属性account的内容,所以仅输出account的内容,而password为字符串类型,默认值为null。

运行结果如图7.5所示。

图7.5 运行结果

形式三:指定参数。

```
<jsp:setProperty name="实例化对象的名称" property="属性名称" param="参数名称"/>
```

可以通过param属性指定属性设置时的具体参数。param的值是从表单传递过来的参数名称。

【例7-8】指定表单传递的参数名称来设置:input – bean.jsp

```
<%@ page language="java" contentType="text/html" pageEncoding="UTF-8"%>
<jsp:useBean id="member" scope="page" class="javaBean.MemberBean"/>
<html>
<head>
<title>接收表单传递过来的JavaBean</title>
```

```
</head>
<body>
<jsp:setProperty name = "member" property = "account" param = "password"/>
<jsp:setProperty name = "member" property = "password" param = "account"/>
<h3>账号：<%=member.getAccount()%></h3>
<h3>密码：<%=member.getPassword()%></h3>
</body>
</html>
```

以上程序运行结果如图7.6所示。

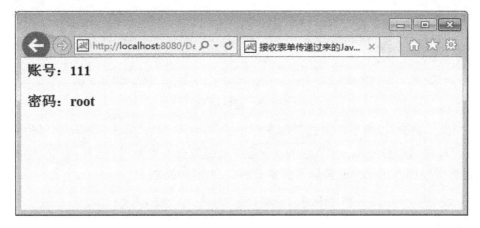

图7.6 运行结果

形式四：指定内容。

```
<jsp:setProperty name = "实例化对象的名称" property = "属性名称" value = "内容"/>
```

如果需要将一个具体的内容设置给JavaBean中的指定属性，则在<jsp:setProperty>标签中直接使用value即可。

【例7-9】直接设置属性值来设置：input-bean.jsp

```
<%@ page language = "java" contentType = "text/html" pageEncoding = "UTF-8"%>
<jsp:useBean id = "member" scope = "page" class = "javaBean.MemberBean"/>
<html>
<head>
<title>接收表单传递过来的JavaBean</title>
</head>
<body>
<% String password = "123";%>
<jsp:setProperty name = "member" property = "account" value = "root"/>
<jsp:setProperty name = "member" property = "password" value = "<%=password%>"/>
<h3>账号：<%=member.getAccount()%></h3>
<h3>密码：<%=member.getPassword()%></h3>
</body>
</html>
```

以上程序中直接使用了 value 属性设置了两个内容，account 属性设置的内容为固定的常量，而 password 属性设置的是一个变量的内容。程序运行结果如图 7.7 所示。

图 7.7　运行结果

（3） <jsp:getProperty> 用来设置和修改 Bean 中的属性值。在 JavaBean 的操作标签中也提供了专门取得属性的 <jsp:getProperty> 标签，此标签会自动调用 JavaBean 中的 getter( ) 方法。与设置属性标签相比，取得属性标签只有一种语法格式：

<jsp:getProperty name = "实例化对象的名称" property = "属性名称"/>

具体代码如【例 7 – 10】所示。

【例 7 – 10】通过 <jsp:getProperty> 来接收属性值：input – bean.jsp

```
<%@ page language = "java" contentType = "text/html" pageEncoding = "UTF - 8"%>
<jsp:useBean id = "member" scope = "page" class = "javaBean.MemberBean"/>
<html>
<head><title>JavaBean</title></head>
<body>
<jsp:setProperty name = "member" property = "* "/>
<h3>账号：<jsp:getProperty name = "member" property = "account"/>
</h3>
<h3>密码：<jsp:getProperty name = "member" property = "password"/></h3>
</body>
</html>
```

7.1.3　JavaBean 保存范围

<jsp:useBean> 指令中存在一个 Scope 属性，表示一个 JavaBean 的保存范围。JavaBean 的保存范围有以下四种。

（1） page：保存在一页的范围中，跳转后此 JavaBean 无效。

（2） request：一个 JavaBean 对象可以保存在一次服务器跳转的范围中。

(3) session：在一个用户的操作范围中保存，重新打开浏览器时才会声明新的 JavaBean。

(4) application：在整个服务器上保存，服务器关闭时才会消失。

7.1.4　JavaBean 删除

JavaBean 虽然使用 <jsp:useBean> 标签进行创建，但其操作核心依靠的仍然是四种属性范围的概念，如果一个 JavaBean 不再使用，则可以直接使用四种属性范围的 removeAttribute() 方法进行删除。

(1) 删除 page 范围的 JavaBean 使用 pageContext.removeAttribute(JavaBean 名称)。

(2) 删除 request 范围的 JavaBean 使用 request.removeAttribute(JavaBean 名称)。

(3) 删除 session 范围的 JavaBean 使用 session.removeAttribute(JavaBean 名称)。

(4) 删除 application 范围的 JavaBean 使用 application.removeAttribute(JavaBean 名称)。

下面举例删除 session 范围的 JavaBean。

【例 7-11】删除 session 范围的 JavaBean：removeBean.jsp

```
<%@ page language = "java" contentType = "text/html" pageEncoding = "UTF -8"%>
<jsp:useBean id = "member" scope = "session" class = "javaBean.MemberBean"/>
<html>
<head>
<title>范围的 JavaBean</title>
</head>
<body>
<%
session.removeAttribute("member")
%>
</body>
</html>
```

上面代码每次执行时都会重新声明一个新的 JavaBean，并且删除一个 JavaBean，所以删除 JavaBean 与四种属性范围的操作一样。

7.1.5　实例操作：注册验证

使用 JSP + JavaBean 完成一个简单的注册程序，用户在表单中填入账号、密码、Email 地址。如果用户输入内容正确，则进行输入内容显示；如果输入内容不正确，则在错误的地方进行提示，而正确的地方继续保留下来，数据不插入数据库。7.1.6 节 DAO 设计模式中将会讲解如何使用 JDBC 向数据库插入数据与获取数据。

完成本程序需要使用表7-1所示程序页面。

表7-1 程序页面

序号	页面名称	页面描述
1	register.jsp	用户注册页面，提交表单
2	check.jsp	将输入的表单数据自动赋值给JavaBean，同时进行验证，如果失败则返回register.jsp
3	success.jsp	注册成功页面，可以显示用户注册成功的信息
4	Member.java	注册使用的JavaBean，可以接收参数，同时进行判断，并返回错误的结果

在整个程序中JavaBean是最重要的一个部分，既要完成数据的验证，又要进行错误信息的显示，本程序把错误信息放入Map中保存。

【例7-12】注册验证的JavaBean：Member.java

```java
package com.py.bean;
import java.util.HashMap;
import java.util.Map;
public class Member {
    private String account;
    private String password;
    private String reallyName;
    private String email;
    private String tel;
    private String idCard;
    private Map<String,String> errors;//Map用来储存错误信息
    public Member(){//构造函数初始化
        this.account = "";
        this.password = "";
        this.reallyName = "";
        this.email = "";
        this.tel = "";
        this.idCard = "";
        this.errors = new HashMap<String,String>();
    }
    public boolean isValidate(){//验证函数对表单传递的内容进行验证
        boolean flag = true ;//标识符
        if(! this.account.matches("\\w{6,20}")){
            flag = false ;
            this.account = "";   //清空原本的name内容
            this.errors.put("erraccount","会员账号是6~20位的字母或数字。");
        }
        if(! this.password.matches("\\w{6,20}")){
            flag = false ;
```

```java
            this.password = "";//清空原本的password内容
            this.errors.put("errpassword","会员密码是6~20位的字母或数字。");
        }
        if(! this.email.matches("\\w+@\\w+\\.\\w+\\.?\\w*")){
            flag = false;
            this.email = "";  //清空原本的email内容
            this.errors.put("erremail","输入的email地址不合法。");
        }
        if(! this.tel.matches("^(0|86|17951)?(13[0-9]|15[012356789]|17[678]|18[0-9]|14[57])[0-9]{8}$")){
            flag = false;
            this.tel = "";//清空原本的tel内容
            this.errors.put("errtel","输入的手机号码不合法。");
        }
        if(! this.idCard.matches("^[1-9]\\d{5}[1-9]\\d{3}((0\\d)|(1[0-2]))(([0|1|2]\\d)|3[0-1])\\d{3}([0-9]|X)$")){
            flag = false;
            this.idCard = "";//清空原本的idCard内容
            this.errors.put("erridCard","输入的正确身份证号码。");
        }
        return flag;
    }
    public String getErrorMsg(String key){
        String value = this.errors.get(key);
        return value==null?"":value;
    }
    public String getAccount() {
        return account;
    }
    public void setAccount(String account) {
        this.account = account;
    }
    public String getPassword() {
        return password;
    }
    public void setPassword(String password) {
        this.password = password;
    }
    public String getReallyName() {
        return reallyName;
    }
    public void setReallyName(String reallyName) {
        this.reallyName = reallyName;
    }
```

```java
    public String getEmail() {
        return email;
    }
    public void setEmail(String email) {
        this.email = email;
    }
    public String getTel() {
        return tel;
    }
    public void setTel(String tel) {
        this.tel = tel;
    }
    public String getIdCard() {
        return idCard;
    }
    public void setIdCard(String idCard) {
        this.idCard = idCard;
    }
}
```

上面的 JavaBean 在 isValidate( )方法中使用正则表达式对所输入的内容分别进行了验证，如果验证失败，则会将相应的错误信息保存在 Map 集合中，而 getErrorMsg( )会根据错误信息的 key 取出对应的 value，此方法在 JSP 被调用。如果输入不符合规则，将清空错误的输入。

【例 7 - 13】注册表单页：register. jsp

```
<%@ page language = "java" contentType = "text/html" pageEncoding = "UTF - 8"%>
<jsp:useBean id = "member" scope = "request" class = "com.py.bean.Member"/>
<html>
<head>
    <title>注册表单提交</title>
</head>
<body>
<form action = "check.jsp" method = "post">
    会员账号：<input type = "text" name = "account" value = "<jsp:getProperty name
        = "member" property = "account"/>"/> <% = member.getErrorMsg("erraccount")%> <br>
    会员密码：<input type = "password" name = "password" value = "<jsp:getProperty
        name = "member" property = "password"/>"/> <% = member.getErrorMsg("errpassword")%> <br>
    真实姓名：<input type = "text" name = "reallyName" value = "<jsp:getProperty
        name = "member" property = "reallyName"/>"/> <br>
    Email: <input type = "text" name = "email" value = "<jsp:getProperty name = "
        member" property = "email"/>"/> <% = member.getErrorMsg("erremail")%> <
        br>
```

```
    tel:<input type = "text" name = "tel" value = " < jsp:getProperty name = "mem-
        ber" property = "tel"/>"/> <% = member.getErrorMsg("errtel")%> <br>
    IdCard: <input type = "text" name = "idCard" value = " < jsp:getProperty name = "
        member" property = "idCard"/>"/> <% = member.getErrorMsg("erridCard")%>
        <br>
    <input type = "submit" value = 注册> <input type = "reset" value = "重置">
</form>
</body>
</html>
```

以上程序完成的功能主要是显示表单和错误信息，将 Member 类中的错误信息保存到 request 范围内。

【例 7 – 14】 信息验证页：check.jsp

```
<%@ page language = "java" contentType = "text/html" pageEncoding = "UTF - 8"%>
<jsp:useBean id = "member" scope = "request" class = "com.py.bean.Member"/>
<jsp:setProperty name = "member" property = "* "/>
<html>
<head>
<title>表单验证</title>
</head>
<body>
<%
    if(member.isValidate()){
%>
        <jsp:forward page = "success.jsp"/>
<%
    } else {
%>
        <jsp:forward page = "register.jsp"/>
<%
    }
%>
</body>
</html>
```

在 check.jsp 页面中，首先声明了一个 request 范围的 JavaBean 对象，然后使用 isValidate()方法验证，如果验证通过则跳转到 success.jsp 页面进行显示，如果验证失败则跳转到 register 页面提示用户输入错误。

【例 7 – 15】 注册成功页：success.jsp

```
<%@ page language = "java" contentType = "text/html" pageEncoding = "UTF - 8"%>
<jsp:useBean id = "member" scope = "request" class = "com.py.bean.Member"/>
<html>
<head>
<title>注册成功</title>
</head>
<% request.setCharacterEncoding("UTF - 8") ;%>
```

```
<body >
    用户账号：<jsp:getProperty name = "member" property = "account"/> <br/ >
    用户密码：<jsp:getProperty name = "member" property = "password"/> <br/ >
    真实姓名：<jsp:getProperty name = "member" property = "reallyName"/> <br/ >
    Email：<jsp:getProperty name = "member" property = "email"/> <br/ >
    Tel：<jsp:getProperty name = "member" property = "tel"/> <br/ >
    IdCard：<jsp:getProperty name = "member" property = "idCard"/> <br/ > </body >
</html >
```

在 success.jsp 页面中直接将保存在 request 范围内的 JavaBean 的属性进行输出。

本程序的运行结果如图 7.8～图 7.11 所示。

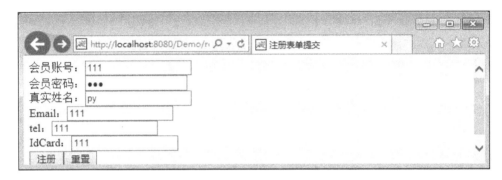

图 7.8　运行结果(1)

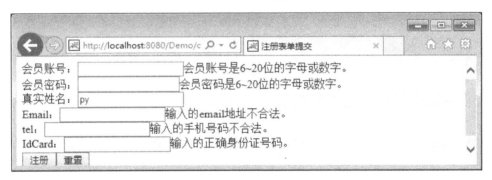

图 7.9　运行结果(2)

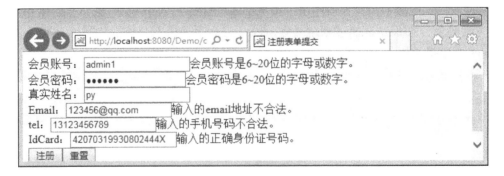

图 7.10　运行结果(3)

图 7.11　运行结果(4)

7.1.6　DAO 设计模式

1. DAO 简介

DAO 设计模式属于 J2EE 数据层的操作，使用 DAO 设计模式可以简化大量代码，增强程序的可移植性。

DAO 设计模式包括以下五个主要部分。

1) 数据库连接类

数据库连接类的主要功能是连接数据库并获得连接对象，以及关闭数据库。通过数据库连接类可以大大简化开发，在需要进行数据库连接时，只需创建该类的实例，并调用其中的方法就可以获得数据库连接对象和关闭数据库，不必再进行重复操作。

2) VO 类

VO 类是一个包含属性和表中字段完全对应的类，并在该类中提供 setter( ) 和 getter( ) 方法来设置并获取该类中的属性。

3) DAO 接口

DAO 接口中定义了所有的用户操作，如添加记录、删除记录及查询记录等。因为其是接口，所以只是定义，需要子类实现。

4) DAO 实现类

DAO 实现类实现了 DAO 接口，并实现了接口中定义的所有方法，完成数据库操作，但是不负责数据库的打开和关闭。

5) DAO 代理实现类

DAO 实现类中没有处理数据库的打开和连接操作，需要代理实现类来完成数据库的打开和关闭操作。

6) DAO 工厂类

在没有 DAO 工厂类的情况下，必须通过创建 DAO 实现类的实例才能完成数据库操作。此时就必须知道具体的子类，对于后期的修改非常不方便。使用 DAO 工厂类，可以比较方便地对代码进行管理，而且可以很好地解决后期修改的问题。通过该 DAO 工厂类的一个静态方法来获取 DAO 实现类实例。这时如果要替换 DAO 实现类，只需要修改该 Dao 工厂类中的方法代码即可，而不必要修改所有的操作数据库代码。

2. DAO 开发

下面将以用户查询、增加为例介绍如何按照 DAO 的方式完成后端代码的开发。

DAO 的开发完全是围绕着数据操作进行的，首先需要确定数据库，使用前面章节建立的 MySQL 数据表 bookstore，其中的数据表 tb_member 结构如表 7-2 所示。

表 7-2 数据表 tb_member

字段名	数据类型	是否为空	是否主键	描述
account	varchar(50)	No	Yes	用户账号
password	varchar(50)	No	No	用户密码
reallyName	varchar(50)	Yes	No	真实姓名
email	varchar(50)	Yes	No	邮箱
tel	varchar(50)	Yes	No	手机号
idCard	varchar(50)	Yes	No	身份证号

tb_member 数据表查询结果如图 7.12 所示。

account	password	reallyName	email	tel	idCard
root	111111	py	123456@qq.com	13412345678	123456789012345678

图 7.12 查询结果

下面按照 DAO 的方式完成后端代码的开发，首先定义 VO 类，VO 类的名称与表的名称一致。

【例 7-16】定义对应的 VO 类：Member.java

```
package com.py.vo;
public class Member {
    private String account;
    private String password;
    private String reallyName;
    private String email;
    private String tel;
    private String idCard;
```

```
    public String getAccount() {
        return account;
    }
    public void setAccount(String account) {
        this.account = account;
    }
/********************省略部分属性的getter()和setter()方法********************/
    public String getIdCard() {
        return idCard;
    }
    public void setIdCard(String idCard) {
        this.idCard = idCard;
    }
}
```

本程序只是一个简单的 VO 类,包含属性、getter( )、setter( )方法。完成 VO 类的定义之后,下面来定义数据库连接类,此类主要完成数据库的打开和关闭操作。

【例 7-17】 数据库连接类:DatabaseConnection.java

```
package com.py.dbc;
import java.sql.* ;
public class DatabaseConnection {
    private static final String DBDRIVER = "com.mysql.jdbc.Driver" ;//数据库驱动
    private static final String DBURL = "jdbc:mysql://localhost:3306/bookstore" ;
//数据库名称
    private static final String DBUSER = "root" ;//用户名
    private static final String DBPASSWORD = "111" ;//密码
    private Connection conn = null ;
    public DatabaseConnection() throws Exception{
        try{
            Class.forName(DBDRIVER) ;//加载数据库驱动
            this.conn = DriverManager.getConnection(DBURL,DBUSER,DBPASSWORD)
                ;//连接数据库
        }catch(Exception e){
            throw e ;
        }
    }
    public Connection getConnection(){//取得数据库连接
        return this.conn ;
    }
    public void close() throws Exception{//数据库关闭操作
        if(this.conn ! = null){//避免出现空指针
            try{
                this.conn.close() ;//数据库关闭
            }catch(Exception e){//抛出异常
```

```
                throw e ;
            }
        }
    }
}
```

在执行数据库连接和关闭操作中,由于可能出现意外情况而导致无法操作成功时,所有的异常统一交给被调用处处理。

【例7-18】 定义 DAO 接口:MemberDao.java

```
package com.py.dao;
import java.util.List;
import com.py.vo.Member;
public interface MemberDao {
    /*
     * 数据库查询操作,查询所有会员的操作
     */
    public List<Member> findAll()throws Exception;
    /*
     * 数据库查询操作,根据会员账号查询会员信息,可用于用户登录
     */
    public Member findByAccount(String account)throws Exception;
    /*
     * 数据增加操作,增加会员信息
     */
    public boolean doInsert(Member member)throws Exception;
}
```

在 DAO 的接口中定义了 findAll()、findByAccount() 和 doInsert() 三个功能。其中 findAll() 主要完成数据的查询操作,由于返回的是多条查询结果,因此使用 List 返回;findById() 方法根据雇员的账号返回一个 Member 对象,如果表中不存在该用户账号,则返回值为空;doInsert() 方法主要执行数据库的插入操作,在执行插入操作时要传入一个 Member 对象,Member 对象中保存所要增加的用户信息。

【例7-19】 定义 DAO 实现类:MemberDaoImpl.java

```
package com.py.dao.impl;
import java.sql.Connection;
import java.sql.PreparedStatement;
import java.sql.ResultSet;
import java.util.ArrayList;
import java.util.List;
import com.py.dao.MemberDao;
import com.py.vo.Member;
public class MemberDaoImpl implements MemberDao {
    private Connection conn = null;//数据库连接对象
```

```
    private PreparedStatement ps = null;//数据库操作对象
    public MemberDaoImpl(Connection conn) {//通过构造方法取得数据库连接
        this.conn = conn;//取得数据库连接
    }
```

在 DAO 的实现类中定义了 Connection 和 PreparedStatement 两个接口对象,并在构造方法中接收外部传递来的 Conncetion 的实例化对象。

在执行查询全部数据时,首先实例化 List 接口的对象,由于查询出来的是多条记录,因此每一条记录都重新实例化一个 Member 对象,同时会将内容设置到每个 Member 对象的对应属性中,并将这些对象全部加到 List 集合中。

```
public List<Member> findAll() throws Exception {
    ArrayList<Member> list = new ArrayList<Member>();//定义集合,接收全部数据
    Member member = null;//定义 member 对象
    String sql = "select * from tb_member";//定义 SQL 语句
    this.ps = this.conn.prepareStatement(sql);//实例化 PreparedStatement 对象
    ResultSet rs = this.ps.executeQuery();//执行查询操作
    while (rs.next()) {//依次取出每一条数据
        member = new Member();//实例化 member 对象
        member.setAccount(rs.getString(1));//取得会员账号并设置
        member.setPassword(rs.getString(2));//取得会员密码并设置
        member.setReallyName(rs.getString(3));//取得会员真实姓名并设置
        member.setEmail(rs.getString(4));//取得会员邮箱并设置
        member.setQuestion(rs.getString(5));//取得密码找回问题并设置
        member.setAnswer(rs.getString(6));//取得问题答案并设置
        list.add(member);//向集合中增加对象
    }
    return list;//返回全部结果
}
```

按用户账号查询时,如果此用户账号存在,则实例化 Member 对象,并将内容取出赋值给 Member 对象中的属性;如果没有查询到相应的用户账号,则返回 null。

```
public Member findByAccount(String account) throws Exception {
    Member member = null;//定义 member 对象
    String sql = "select * from tb_member where account=?";//定义 SQL 语句
    this.ps = this.conn.prepareStatement(sql);//实例化 PreparedStatement 对象
    this.ps.setString(1, account);//设置 account
    ResultSet rs = this.ps.executeQuery();//执行查询操作
    while (rs.next()) {//依次取出每一条数据
        member = new Member();//实例化 member 对象
        member.setAccount(rs.getString(1));//取得会员账号并设置
        member.setPassword(rs.getString(2));//取得会员密码并设置
        member.setReallyName(rs.getString(3));//取得会员真实姓名并设置
        member.setEmail(rs.getString(4));//取得会员邮箱并设置
```

```
            member.setQuestion(rs.getString(5));//取得密码找回问题并设置
            member.setAnswer(rs.getString(6));//取得问题答案并设置
        }
        return member;//如果查询不到结果，则返回null
}
```

在进行数据增加操作时，首先要实例化 PreparedStatement 接口，然后将 member 对象中的内容依次设置到 PreparedStatement 操作中，如果最后更新的记录数大于 0，则表示插入成功，将标志位修改为 true。

```
public boolean doInsert(Member member) throws Exception {
    boolean flag = false;
    String sql = "insert into tb_member values(?,?,?,?,?,?)";//定义 SQL 语句
    this.ps = this.conn.prepareStatement(sql);//实例化 PreparedStatement 对象
    this.ps.setString(1, member.getAccount());//设置 account
    this.ps.setString(2, member.getPassword());//设置 password
    this.ps.setString(3, member.getReallyName());//设置 ReallyName
    this.ps.setString(4, member.getEmail());//设置 Email
    this.ps.setString(5, member.getQuestion());//设置 question
    this.ps.setString(6, member.getAnswer());//设置 answer
    if (this.ps.executeUpdate() > 0)//更新记录的行数大于 0
    {
        flag = true;//修改标志位
    }
        return flag;
    }
}
```

以上程序分别实现了 findAll( )、findByAccount( )、doInsert( ) 方法，由于在方法声明中使用了 throws 关键字抛出异常，因此所有的异常都交给被调用处处理。

可以发现，在 DAO 实现类中根本没有处理数据库的打开和连接操作，只是通过构造方法取得数据库的连接，而真正负责打开和关闭数据库的操作将由【例 7-20】所示的 DAO 代理实现类完成。

【例 7-20】定义 DAO 代理实现类：MemberDaoProxy.java

```
package com.py.dao.proxy;
import java.util.List;
import com.py.dao.MemberDao;
import com.py.dao.impl.MemberDaoImpl;
import com.py.dbc.DatabaseConnection;
import com.py.vo.Member;
public class MemberDaoProxy implements MemberDao
    private DatabaseConnection dbc = null;//定义数据库连接类
    private MemberDao dao = null;//声明 DAO 对象{
    public MemberDaoProxy()throws Exception{//在构造方法中实例化连接，同时实例化 DAO 对象
```

```java
        this.dbc = new DatabaseConnection();//连接数据库
        this.dao = new MemberDaoImpl(this.dbc.getConnection());//实例化实现类
    }
    public List<Member> findAll() throws Exception {
        List<Member> list = null;//定义返回的集合
        try{
            list = this.dao.findAll();//调用实现类
        }catch(Exception e){
            throw e;//把异常交给调用处处理
        }finally{
            this.dbc.close();//关闭数据库
        }
        return list;
    }
    public Member findByAccount(String account) throws Exception {
        Member member = null;//定义一个 member 对象
        try{
            member = this.dao.findByAccount(account);//调用实现类
        }catch(Exception e){
            throw e;//把异常交给调用处处理
        }finally{
            this.dbc.close();//关闭数据库
        }
        return member;
    }
    public boolean doInsert(Member member) throws Exception {
        boolean flag = false;//定义标志位
        try{
            if(this.dao.findByAccount(member.getAccount()) == null){
//如果数据库中不存在要插入的会员账号
                flag = this.dao.doInsert(member);//调用实现类
            }
        }catch(Exception e){
            throw e;//有异常交给调用处处理
        }finally{
            this.dbc.close();//关闭数据库连接
        }
        return flag;
    }
}
```

在代理类的构造方法中实例化了数据库连接类的对象以及实现类,在代理中的各个方法中调用了实现类的方法。

【例 7-21】定义 DAO 工厂类：DaoFactory.java

```java
package com.py.factory;
import com.py.dao.MemberDao;
import com.py.dao.proxy.MemberDaoProxy;
public class DaoFactory {
    public static MemberDao getMemberDaoInstance()throws Exception{//取得 DAO 接口实例
        return new MemberDaoProxy();//取得代理类的实例
    }
}
```

工厂类的功能就是直接返回 DAO 接口的实例化对象，以后可直接通过工厂类取得 DAO 接口的实例化对象。

至此 DAO 方式的后台程序编写完成。

3. JSP 程序调用 DAO

编写完成一个 DAO 程序后，即可使用 JSP 进行前台功能的显示。下面将具体实现用户查询、增加、登录操作。

【例 7-22】用户查询：member-get.jsp

```jsp
<%@ page language="java" import="java.util.*" pageEncoding="UTF-8"%>
<%@ page import="com.py.factory.DaoFactory"%>
<%@ page import="com.py.vo.Member"%>
<html>
<head>
<title>会员查询</title>
</head>
<% request.setCharacterEncoding("UTF-8") ;%>
<%
    List<Member> list = DaoFactory.getMemberDaoInstance().findAll();
    Iterator<Member> iter = list.iterator();
    int i = 1;
%>
<body>
<table width="40%">
    <tr>
        <td>编号</td>
        <td>会员账号</td>
        <td>会员密码</td>
        <td>真实姓名</td>
        <td>Email</td>
        <td>手机号</td>
        <td>身份证号</td>
    </tr>
```

```
<%
    while(iter.hasNext()){
        Member member = iter.next();
%>
    <tr><td><%=i++%></td>
        <td><%=member.getAccount()%></td>
        <td><%=member.getPassword()%></td>
        <td><%=member.getReallyName()%></td>
        <td><%=member.getEmail()%></td>
        <td><%=member.getTel()%></td>
        <td><%=member.getIdCard()%></td></tr>
<%
    }
%>
</table>
</body>
</html>
```

在以上页面中,首先根据 DAO 定义的 findAll( )方法取得全部的查询结果,然后采用迭代的方式输出全部数据。页面运行结果如图 7.13 所示。

图 7.13 运行结果

下面介绍用户注册程序。

【例 7 – 23】用户注册表单提交:member – insert.html

```
<html>
<head>
<title>会员注册表单提交</title>
</head>
<body>
<form action = "member - insert.jsp" method = "post">
    会员账号:<input type = "text" name = "account"><br>
    会员密码:<input type = "text" name = "password"><br>
    真实姓名:<input type = "text" name = "reallyName"><br>
    Email:<input type = "text" name = "email"><br>
    tel:<input type = "text" name = "tel"><br>
```

```
    IdCard: <input type = "text" name = "idCard"> <br>
    <input type = "submit" value = "注册">
    <input type = "reset" value = "重置">
</form>
</body>
</html>
```

表单提供了用户注册的基本信息,信息传递到 member – insert.jsp 页面。

【例 7 – 24】 用户增加操作: member – insert.jsp

```jsp
<%@ page language = "java" import = "java.util.*" pageEncoding = "UTF -8"%>
<%@ page import = "com.py.factory.DaoFactory"%>
<%@ page import = "com.py.vo.Member"%>
<jsp:useBean id = "member" scope = "page" class = "com.py.vo.Member"/>
<jsp:setProperty name = "member" property = "* "/>
<html>
<head>
<title>会员增加操作</title>
</head>
<% request.setCharacterEncoding("UTF -8") ;%>
<body>
<%
try{
    if(DaoFactory.getMemberDaoInstance().doInsert(member)){//插入数据库
%>
        <h3>会员信息添加成功! </h3>
<%
    } else {
%>
        <h3>会员信息添加失败! </h3>
<%
    }
%>
<%
}catch(Exception e){
    e.printStackTrace();
}
%>
</body>
</html>
```

本程序首先使用 <jsp:useBean> 标签定义了一个 JavaBean,然后使用 <jsp:setProperty> 标签将全部的属性设置到对应的 member 对象中,并通过 DAO 完成数据的插入操作。如果插入成功,则提示"用户信息添加成功!";若失败,则提示"用户信息添加失败!"。

程序运行结果如图 7.14 和图 7.15 所示。

图7.14 运行结果(1)

图7.15 运行结果(2)

数据库查询结果如图 7.16 所示。

图7.16 数据库查询结果

将同样的表单数据再次提交,运行结果如图 7.17 所示。

图7.17 运行结果

下面介绍会员登录操作。

【例7-25】 用户登录表单提交：member-login.html

```
<html>
<head>
<title>会员登录表单提交</title>
</head>
<body>
<form name="form" action="member-login.jsp" method="post">
会员账号：<input type="text" name="account"/><br/>
会员密码：<input type="text" name="password"/><br/>
    <input type="submit" value="登录"/>
    <input type="reset" value="重置"/>
</form>
</body>
</html>
```

【例7-26】 用户登录操作：member-check.jsp

```
<%@ page language="java" import="java.util.*" pageEncoding="UTF-8"%>
<%@ page import="com.py.factory.DaoFactory"%>
<%@ page import="com.py.vo.Member"%>
<html>
<head>
<title>会员登录</title>
</head>
<%
    String account = request.getParameter("account");
    String password = request.getParameter("password");
%>
<% request.setCharacterEncoding("UTF-8");%>
<body>
<form name="form" action="member-login.jsp" method="post">
    会员账号：<input type="text" name="account"/><br/>
    会员密码：<input type="text" name="password"/><br/>
        <input type="submit" value="登录"/>
        <input type="reset" value="重置"/>
</form>
<%
try{
    Member member = DaoFactory.getMemberDaoInstance().findByAccount(account);
    if(password.equals(member.getPassword())){
%>
        <h3>会员登录成功！欢迎<%=member.getReallyName() %></h3>
<%
    }else {
%>
        <h3>会员登录失败！密码错误</h3>
<%
```

```
        }
%>
<%
}catch(Exception e){
    e.printStackTrace();
}
%>
</body>
</html>
```

本程序将登录表单传递过来的密码与数据库返回的密码进行比较，如果相同则登录成功，如果失败则提示密码错误。程序运行结果如图 7.18~图 7.20 所示。

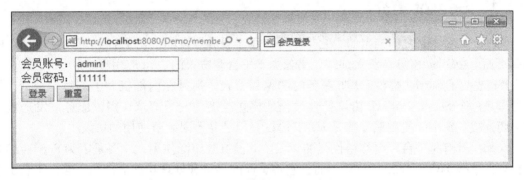

图 7.18　运行结果(1)

图 7.19　运行结果(2)

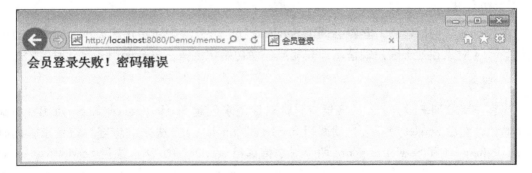

图 7.20　运行结果(3)

7.2 Servlet 程序开发

完全使用 JSP 可以完成动态 Web 的开发，但是从开发出来的代码可以发现，一个页面上会存在大量的 Java 代码，造成编写及维护困难。若要使开发出来的页面更加干净、整洁，则可以使用 Servlet 完成。

7.2.1 Servlet 简介

Servlet 是在 JSP 之前推出的，它是一种应用于服务器端的 Java 程序，可以生成动态的 Web 页面。由 Web 服务器负责加载，是独立于平台和协议的 Java 应用程序。

JSP 改变了 Servlet 提供 HTTP 服务时的编程方式。但是在内部机制上，每一个 JSP 都被处理成一个 Servlet。HTTP 协议处理过程是建立连接、发送请求、提供服务、发送响应和关闭连接。Servlet 使用最多的是 HTTP 协议，但是并不限制所使用的协议。

Servlet 具有跨平台、可移植性强的特点。其没有被广泛使用，主要是因为 Servlet 编写需要全面掌握 Java 程序设计技巧，而且它将页面的显示和处理功能混杂在一起，不利于系统开发过程的分工和后期维护。

7.2.2 Servlet 生命周期

Servlet 程序是运行在服务器端的一段 Java 程序，由 Web 容器管理其生命周期，Servlet 生命周期主要包含五个过程：加载、初始化、服务、销毁、卸载。

1. 加载

加载和实例化 Servlet 由 Servlet 容器来完成，加载 Servlet 之后，容器会通过 Java 的反射机制来创建 Servlet 实例。

2. 初始化

在 Servlet 实例创建后，容器会调用 Servlet 的 init( )方法来初始化该 Servlet 对象。目的是让 Servlet 对象在处理客户端请求前先完成一些初始化工作，只会调用一次 init( )方法。

3. 服务

当客户请求到来时，Servlet 容器首先针对该请求创建 ServletRequest 和 ServletResponse 两个对象，然后 Servlet 容器会自动调用 Servlet 的 Servlet( )方法来响应客户端请求，同时把 ServletRequest 和 ServletResponse 两个对象传递给 service( )方法。通过 ServletRequest 对象，Servlet 可以获得客户端的请求信息，处理完成后，则将响应信息放置在 ServletResponse 对象中，最后销毁这两个对象。

4. 销毁

当 Servlet 实例需要从服务中移除时，容器会调用 destroy() 方法，让该实例释放掉所使用的资源，并将实例中的数据存放在持久的存储设备中。

5. 卸载

当一个 Servlet 调用完 destroy() 方法后，此实例将等待被垃圾收集器回收，如果需要再次使用此 Servlet，会重新调用 init() 方法初始化。

在整个生命周期中，其初始化和销毁都只发生一次，service() 方法执行的次数取决于 Servlet 被客户端访问的次数。

下面介绍 Servlet 各个生命周期对应的操作方法，如表 7-3 所示。

表 7-3 Servlet 生命周期操作方法

序号	方法	描述
1	public void init() throws ServletException	Servlet 初始化时调用
2	public abstract void service(ServletRequest req, ServletResponse res) throws ServletException, IOException	Servlet 服务，一般不会直接覆写此方法，而是使用 doGet() 或 doPost() 方法
3	public void destroy()	Servlet 销毁时调用

7.2.3 Servlet 和表单

Servlet 本身也存在 HttpServlet 和 HttpServletResponse 对象的声明，所以可以使用 Servlet 接收用户提交的内容。

【例 7-27】定义表单：login.html

```
<html>
<head>
<title>会员登录表单提交</title>
</head>
<body>
<form action="LoginServlet" method="post">
    会员账号：<input type="text" name="account"><br>
    会员密码：<input type="text" name="password"><br>
    <input type="submit" value="注册">
    <input type="reset" value="重置">
</form>
</body>
</html>
```

【拓展文本】

本程序中表单在提交时会提交到 LoginServlet 路径上,而且由于此时的表单使用的提交方法是 post 提交,因此编写 Servlet 程序时要使用 doPost()方法。

在进行 Servlet 开发时,如果直接通过浏览器输入一个地址,对于服务器来讲就相当于客户端发出了一个 get 请求,会自动调用 doGet()处理。

【例7-28】接收用户请求:LoginServlet.java

```java
package com.py.servlet;
import java.io.IOException;
import java.io.PrintWriter;
import javax.servlet.ServletException;
import javax.servlet.http.HttpServlet;
import javax.servlet.http.HttpServletRequest;
import javax.servlet.http.HttpServletResponse;
public class LoginServlet extends HttpServlet{
    public void doGet(HttpServletRequest req,HttpServletResponse resp)
            throws ServletException,IOException{
        String account = req.getParameter("account");// 假设参数名称为account
        String password = req.getParameter("password");// 假设参数名称为account
        PrintWriter out = resp.getWriter();
        out.println("<html>");
        out.println("<head><title>登录</title></head>");
        out.println("<body>");
        out.println("<h3>" + account + "</h3>");
        out.println("<h3>" + password + "</h3>");
        out.println("</body>");
        out.println("</html>");
        out.close();
    }
    public void doPost(HttpServletRequest req,HttpServletResponse resp)
            throws ServletException,IOException{
        this.doGet(req,resp);
    }
}
```

本程序中由于要处理表单,增加了 doPost()方法,但是由于现在要处理的操作代码主体和 doGet()方法一样,因此直接利用 this.doGet(req, resp)继续调用了本类的 doGet()方法完成操作。可以发现,本程序使用了 HttpServletRequest 接收参数,并通过 PrintWriter 输出内容。

【例 7-29】 配置 web.xml

```
<servlet>                                    <!--定义 servlet-->
    <servlet-name>Login</servlet-name>       <!--与 servlet-mapping 对应-->
    <servlet-class>
        com.py.servlet.LoginServlet          <!--定义包.类名称-->
    </servlet-class>
</servlet>
<servlet-mapping>                            <!--映射路径-->
    <servlet-name>Login</servlet-name>       <!--与上面的 servlet 相对应-->
    <url-pattern>/LoginServlet</url-pattern> <!--servlet 的映射路径-->
</servlet-mapping>
```

一个 Servlet 程序编译完成后,实际上是无法立即访问的,因为所有的 Servlet 程序都是以 *.class 的形式存在的,所以还必须在 WEB-INF\ web.xml 中进行 Servlet 程序的映射配置。【例 7-29】的配置表示:通过/LoginServlet 路径即可找到对应的 <servlet> 节点,并找到 <servlet-class> 所指定的 Servlet 程序"包.类"。【例 7-27】中表单的 action 为 LoginServlet,表示表单将提交到 LoginServlet.java 中。程序运行结果如图 7.21 和图 7.22 所示。

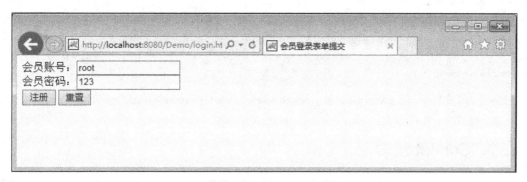

图 7.21 运行结果(1)

图 7.22 运行结果(2)

另外,需要注意的是,对于每一个 Servlet 实际上可以配置多个名称,只需增加对应的 <servlet-mapping> 元素即可,如【例 7-30】所示。

【例 7 - 30】 配置 web.xml

```xml
<servlet>                                         <!--定义 servlet -->
    <servlet-name>Login</servlet-name>            <!--定义 servlet-mapping 对应-->
    <servlet-class>
        com.py.servlet.LoginServlet               <!--定义包.类名称-->
    </servlet-class>
</servlet>
<servlet-mapping>                                 <!--映射路径-->
    <servlet-name>Login</servlet-name>            <!--与上面的 servlet 相对应-->
    <url-pattern>/LoginServlet</url-pattern>      <!--servlet 的映射路径->
</servlet-mapping>
<servlet-mapping>                                 <!--映射路径-->
    <servlet-name>Login</servlet-name>            <!--与上面的 servlet 相对应-->
    <url-pattern>/LoginServlet.do</url-pattern>   <!--servlet 的映射路径->
</servlet-mapping>
<servlet-mapping>                                 <!--映射路径-->
    <servlet-name>Login</servlet-name>            <!--与上面的 servlet 相对应-->
    <url-pattern>/LoginServlet.html</url-pattern> <!--servlet 的映射路径->
</servlet-mapping>
<servlet-mapping>                                 <!--映射路径-->
    <servlet-name>Login</servlet-name>            <!--与上面的 servlet 相对应-->
    <url-pattern>/LoginServlet.inc</url-pattern>  <!--servlet 的映射路径->
</servlet-mapping>
```

此时，用户输入 LoginServlet.do、LoginServlet.html、LoginServlet.inc 都能访问。

7.2.4 Servlet 跳转

一个 JSP 或者 HTML 页面可以通过表单或者超链接跳转到 Servlet，那么从 Servlet 也可以跳转到其他的 Servlet、JSP 或者其他页面。

Servlet 跳转分为客户端跳转和服务器端跳转。

1. 客户端跳转

在 Servlet 中如果想要进行客户端跳转，直接使用 HttpServletResponse 接口的 sendRediret()方法即可，但是需要注意的是，此方法只能传递 session 及 application 范围的属性，而无法传递 request 范围的属性。

【例 7 - 31】 客户端跳转：ClientRedirect.java

```java
package com.py.servlet;
import java.io.IOException;
import javax.servlet.ServletException;
import javax.servlet.http.HttpServlet;
import javax.servlet.http.HttpServletRequest;
```

```
import javax.servlet.http.HttpServletResponse;
public class ClientRedirect extends HttpServlet {
    public void doGet (HttpServletRequest req,HttpServletResponse resp) throws ServletException,IOException{
        req.getSession().setAttribute("account","root");
        req.setAttribute("password","111");
        resp.sendRedirect("get-info.jsp");//客户端跳转
    }
    public void doPost (HttpServletRequest req,HttpServletResponse resp) throws ServletException,IOException{
        this.doGet(req,resp);
    }
}
```

【例 7-32】 配置 web.xml

```
<servlet>
    <servlet-name>client</servlet-name>
    <servlet-class>
        com.py.servlet.ClientRedirect
    </servlet-class>
</servlet>
<servlet-mapping>
    <servlet-name>client</servlet-name>
    <url-pattern>/ClientRedirect</url-pattern>
</servlet-mapping>
```

【例 7-33】 接收属性：get-info.jsp

```
<%@ page language="java" pageEncoding="UTF-8"%>
<html>
<head>
<title>接收属性</title>
</head>
<body>
<% request.setCharacterEncoding("UTF-8");%>
<h2>session 属性： <%=session.getAttribute("account")%> </h2>
<h2>request 属性： <%=request.getAttribute("password")%> </h2>
</body>
</html>
```

在地址栏输入路径 "http://localhost:8080/bookstore/ClientRedirect" 后即可访问此 Servlet，并且从此 Servlet 跳转到 get-info.jsp 文件上。程序运行结果如图 7.23 所示。

从程序的运行结果可以发现，由于是客户端跳转，因此跳转后的地址栏会改变，但是现在只能接收 session 属性范围的内容，而 request 属性范围的内容无法接收到，这是因为 request 范围属性只有在服务器端跳转中才能使用。

图 7.23 运行结果

2. 服务器端跳转

在 Servlet 中没有 <jsp:forward> 指令,所以,如果想要执行服务器端跳转,就必须依靠 RequestDispatcher 接口完成,此接口中提供了如表 7-4 所示的方法。

表 7-4　RequestDispatcher 接口所提供方法

方法	描述
public void forward(ServletRequest request, ServletResponse response) throws ServletException, IOException	页面跳转

使用 RequestDispatcher 接口的 forward() 方法即可完成跳转功能,但是在这之前还需要使用 ServletRequest 接口提供的如表 7-5 所示方法进行实例化。

表 7-5　ServletRequest 接口所提供方法

方法	描述
public RequestDispatcher getRequestDispatcher(String path)	取得 RequestDispatcher 接口实例

【例 7-34】服务器端跳转:ServerRedirect.java

```
package com.py.servlet;
import java.io.IOException;
import javax.servlet.RequestDispatcher;
import javax.servlet.ServletException;
import javax.servlet.http.HttpServlet;
import javax.servlet.http.HttpServletRequest;
import javax.servlet.http.HttpServletResponse;
public class ServerRedirect extends HttpServlet {
    public void doGet (HttpServletRequest req, HttpServletResponse resp) throws ServletException,IOException{
        req.getSession().setAttribute("account","root") ;
        req.setAttribute("password","111") ;
        RequestDispatcher rd = req.getRequestDispatcher("get-info.jsp");
```

```
            rd.forward(req,resp);
    }
    public void doPost (HttpServletRequest req,HttpServletResponse resp) throws
ServletException,IOException{
        this.doGet(req,resp);
    }
}
```

【例 7 – 35】 配置 web.xml

```
<servlet>
    <servlet-name>server</servlet-name>
    <servlet-class>
        com.py.servlet.ServerRedirect
    </servlet-class>
</servlet>
<servlet-mapping>
    <servlet-name>server</servlet-name>
    <url-pattern>/ServerRedirect</url-pattern>
</servlet-mapping>
```

【例 7 – 36】 接收属性：get – info.jsp

```
<%@ page language="java" pageEncoding="UTF-8"%>
<html>
<head>
<title>接收属性</title>
</head>
<body>
<% request.setCharacterEncoding("UTF-8");%>
<h2>session 属性：<%=session.getAttribute("account")%></h2>
<h2>request 属性：<%=request.getAttribute("password")%></h2>
</body>
</html>
```

在地址栏直接输入 Servlet 路径，程序运行结果如图 7.24 所示。

图 7.24　运行结果

服务器端跳转后，页面的路径不会发生改变，而且此时可以在跳转后的 JSP 文件中接收 session 和 request 范围的属性。

7.2.5 MVC 设计模式

MVC 是 Model – View – Control 的简称，即模型 – 视图 – 控制器。它是一个存在于服务器表达层的模型，它将应用分开，改变应用之间的高度耦合。MVC 是在 20 世纪 80 年代发明的一种软件设计模式，至今已被广泛使用，被推荐为 Sun 公司 J2EE 平台的设计模式。

MVC 模式将应用分为显示层（View）、控制层（Controller）、模型层（Model）三个部分。

（1）显示层（View）：主要负责接收 Servlet 传递的内容，并且调用 JavaBean，将内容显示给用户。

（2）控制层（Controller）：主要负责接收所有的用户请求参数，判断请求参数是否合法，根据请求的类型调用 JavaBean 执行操作并将最终的处理结果交给显示层进行显示。

（3）模型层（Model）：完成一个独立的业务操作组件，一般都是以 JavaBean 或者 RJB 的形式进行定义的。

下面将用一个实例来更好地介绍 MVC 设计模式在实际开发中的应用，以用户注册和登录为例，程序的操作流程如下。

在本程序中，用户首先进入注册页面，将注册信息提交给 Servlet 进行接收，Servlet 接收到请求内容后，首先对其合法性进行检验（如输入内容是否为空或者长度是否满足要求等）。如果验证失败，则将错误信息传递给注册页面显示，并将错误信息清空；如果验证成功，则调用 DAO 层完成数据库的验证。若 DAO 层验证失败则再次跳转到注册页面并提示用户名已存在，若验证成功则跳转到登录页面提示注册成功。同样，用户在登录页面提交登录信息给 Servlet，在 Servlet 中进行数据合法性验证，验证成功则再次通过 DAO 层进行数据库的验证。

为方便起见，登录成功的显示页都设置为登录页。本程序需要的 JSP 页面如表 7 – 6 所示。

表 7 – 6 登录功能实现所需 JSP 页面

序号	页面名称	页面描述
1	register.jsp	用户注册页面，提交表单，显示注册失败信息
2	login.jsp	用户登录页面，提交表单，显示登录成功或失败信息
3	Member.java	用户的 VO 类
4	DatabaseConnection.java	负责数据库的连接和关闭操作
5	MemberDAO.java	定义登录操作的 DAO 类接口
6	MemberDAOImpl.java	DAO 接口的实现类，完成具体的操作
7	MemberDAOProxy.java	代理实现类，负责数据库打开和关闭

续表

序号	页面名称	页面描述
8	DAOFactory. java	工厂类，取得 DAO 接口的实例
9	MemberServlet. java	接收请求参数，进行参数验证，调用 DAO 完成具体的注册和登录验证，并根据 DAO 的验证结果返回信息

本程序使用前面章节建立的 MySQL 数据库 bookstore，其中的 tb_member 表结构如表 7 -7所示。

表 7 -7　tb_member 表结构

字段名	数据类型	是否为空	是否主键	描述
account	varchar(50)	No	Yes	用户账号
password	varchar(50)	Yes	No	用户密码
reallyName	varchar(50)	Yes	No	真实姓名
email	varchar(50)	Yes	No	邮箱
tel	varchar(50)	Yes	No	手机号
idCard	varchar(50)	Yes	No	身份证号

tb_member 数据表查询结果如图 7. 25 所示。

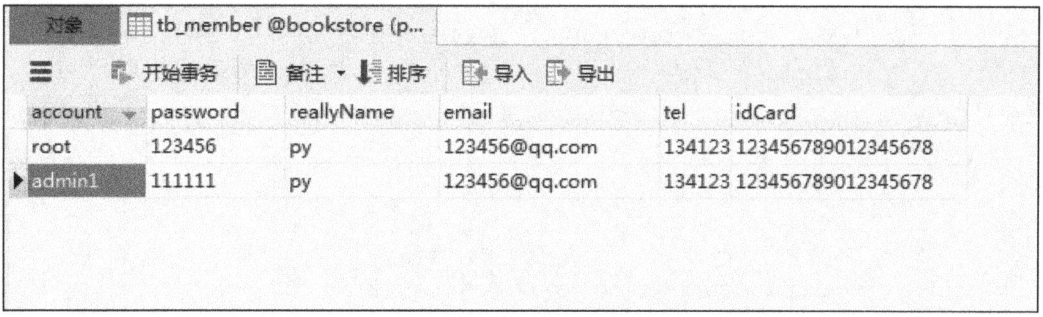
对象
tb_member @bookstore (p...
开始事务
备注
排序
导入
导出
account
password
reallyName
email
tel
idCard
root
123456
py
123456@qq.com
134123
123456789012345678
admin1
111111
py
123456@qq.com
134123
123456789012345678

图 7. 25　tb_member 数据表查询结果

按照 DAO 的设计标准，首先应该定义出 VO 类，VO 类中的属性与表中的列一一对应。

【例 7 -37】 定义 VO 类：Member. java

```
package com.py.vo;
public class Member {
    private String account;
    private String password;
    private String reallyName;
    private String email;
    private String tel;
```

```
    private String idCard;
    public String getAccount() {
        return account;
    }
    public void setAccount(String account) {
        this.account = account;
    }
/***************此次省略其他的属性的getter和setter方法********************/
```

在 DAO 中需要进行数据库的连接操作，需要定义一个 DatabaseConnection 的类专门负责数据库的打开和关闭。

【例 7-38】定义数据库操作类：DatabaseConnection.java

```
package com.py.dbc;
import java.sql.* ;
public class DatabaseConnection {
    private static final String DBDRIVER = "com.mysql.jdbc.Driver" ;//数据库驱动
    private static final String DBURL = "jdbc:mysql://localhost:3306/bookstore" ;//数据库名称
    private static final String DBUSER = "root" ;//数据库用户名
    private static final String DBPASSWORD = "111" ;//数据库密码
    private Connection conn = null ;
    public DatabaseConnection() throws Exception{
        try{
            Class.forName(DBDRIVER) ;//加载数据库驱动
            this.conn = DriverManager.getConnection(DBURL,DBUSER,DBPASSWORD) ;//连接数据库
        }catch(Exception e){
            throw e ;
        }
    }
    public Connection getConnection(){//取得数据库连接
        return this.conn ;
    }
    public void close() throws Exception{//数据库关闭操作
        if(this.conn ! = null){//避免出现空指针
            try{
                this.conn.close() ;//数据库关闭
            }catch(Exception e){//抛出异常
                throw e ;
            }
        }
    }
}
```

本程序需要完成用户注册和登录两个功能，在定义 DAO 接口时，需要定义一个登录验证的方法和用户插入的方法。

【例 7 - 39】定义 DAO 接口：MemberDAO. java

```java
package com.py.dao;
import java.util.List;
import com.py.vo.Member;
public interface MemberDAO {
    /*数据库查询操作，根据会员账号查询会员信息*/
    public Member findByAccount(String account)throws Exception;
    /**数据增加操作，增加会员信息*/
    public boolean doInsert(Member member)throws Exception;
}
```

其中 findByAccount( )主要用来执行查询操作，根据用户名来查询数据；doInsert 用来执行插入操作。下面定义 DAO 实现类。

【例 7 - 40】定义 DAO 实现类：MemberDAOImpl. java

```java
package com.py.dao.impl;
import java.sql.* ;
import com.py.dao.MemberDAO;
import com.py.vo.Member;
public class MemberDAOImpl implements MemberDAO {
    private Connection conn = null;//数据库连接对象
    private PreparedStatement ps = null;//数据库操作对象
    public MemberDAOImpl(Connection conn) {//通过构造方法取得数据库连接
        this.conn = conn;//取得数据库连接
    }
    public Member findByAccount(String account) throws Exception {
        Member member = null;//定义 member 对象
        String sql = "select * from tb_member where account = ?";//定义 SQL 语句
        this.ps = this.conn.prepareStatement(sql);//实例化 PreparedStatement 对象
        this.ps.setString(1, account);// 设置 account
        ResultSet rs = this.ps.executeQuery();//执行查询操作
        while (rs.next()) {//依次取出每一条数据
            member = new Member();//实例化 member 对象
            member.setAccount(rs.getString(1));//取得会员账号并设置
            member.setPassword(rs.getString(2));//取得会员密码并设置
            member.setReallyName(rs.getString(3));//取得会员真实姓名并设置
            member.setEmail(rs.getString(4));//取得会员邮箱并设置
            member.setTel(rs.getString(5));//取得手机号并设置
            member.setIdCard(rs.getString(6));//取得身份证号并设置
        }
        this.ps.close();
        return member;//如果查询不到结果则返回 null。
```

```
        }
public boolean doInsert(Member member) throws Exception {
        boolean flag = false;
        String sql = "insert into tb_member values(?,?,?,?,?,?)";//定义 SQL 语句
        this.ps = this.conn.prepareStatement(sql);//实例化 PreparedStatement 对象
        this.ps.setString(1, member.getAccount());//设置 account
        this.ps.setString(2, member.getPassword());//设置 password
        this.ps.setString(3, member.getReallyName());//设置 reallyName
        this.ps.setString(4, member.getEmail());//设置 Email
        this.ps.setString(5, member.getTel());//设置 tel
        this.ps.setString(6, member.getIdCard());//设置 idCard
        if (this.ps.executeUpdate() > 0)//更新记录的行数大于 0
        {
            flag = true;//修改标志位
        }
        this.ps.close();
        return flag;
    }
}
```

在真实实现类中，findByAccount( )方法将通过用户账号从数据库中获取用户的信息，将用户信息放入 VO 类并返回，而 doInsert( )方法将从 VO 类取出信息并插入数据库中。下面将定义代理类，代理类的作用就是打开和关闭数据库。

【例 7-41】定义 DAO 代理操作类：MemberDAOProxy.java

```
package com.py.dao.proxy;
import com.py.dao.MemberDAO;
import com.py.dao.impl.MemberDAOImpl;
import com.py.dbc.DatabaseConnection;
import com.py.vo.Member;
public class MemberDAOProxy implements MemberDAO{
    private DatabaseConnection dbc = null;//定义数据库连接类
    private MemberDAO dao = null;//声明 DAO 对象
    public MemberDAOProxy()throws Exception{//在构造方法中实例化连接，同时实例化 dao 对象
        this.dbc = new DatabaseConnection();//连接数据库
        this.dao = new MemberDAOImpl(this.dbc.getConnection());//实例化真实主题类
    }
    public Member findByAccount(String account) throws Exception {
        Member member = null;//定义一个 member 对象
        try{
            member = this.dao.findByAccount(account);//调用真实主题
        }catch(Exception e){
            throw e;//把异常交给调用处处理
        }finally{
```

```
            this.dbc.close();//关闭数据库
        }
        return member;
    }
    public boolean doInsert(Member member) throws Exception {
        boolean flag = false;//定义标志位
        try{
            if(this.dao.findByAccount(member.getAccount()) = = null){//如果数据库中不存在要插入的会员账号
                flag = this.dao.doInsert(member);//调用真实主题操作
            }
        }catch(Exception e){
            throw e;//有异常交给调用处处理
        }finally{
            this.dbc.close();//关闭数据库连接
        }
        return flag;
    }
}
```

【例 7 – 42】 定义工厂类：DAOFactory.java

```
package com.py.factory;
import com.py.dao.MemberDAO;
import com.py.dao.proxy.MemberDAOProxy;
public class DAOFactory {
    public static MemberDAO getMemberDAOInstance()throws Exception{
        return new MemberDAOProxy();
    }
}
```

DAO 的操作完成的只是数据层的操作，下面需要编写 Servlet，在 Servlet 中要接收客户端发来的输入数据，同时要调用 DAO，并且要根据 DAO 的结果返回相应的信息。

【例 7 – 43】 定义 Servlet：MemberServlet.java

```
package com.py.servlet;
import java.io.IOException;
import javax.servlet.ServletException;
import javax.servlet.http.HttpServlet;
import javax.servlet.http.HttpServletRequest;
import javax.servlet.http.HttpServletResponse;
import com.py.factory.DAOFactory;
import com.py.vo.Member;
public class MemberServlet extends HttpServlet {
    public void doPost(HttpServletRequest request, HttpServletResponse response)
            throws ServletException, IOException {
```

```java
            String method = request.getParameter("method");
            /*
             * 用户登录
             */
            if ("checkMember".equals(method)) {
                String account = request.getParameter("account");
                String password = request.getParameter("password");
                Member member = new Member();
                try {
                    member = DAOFactory.getMemberDAOInstance().findByAccount(account);
                    if (member == null) {
                        request.setAttribute("info", "该用户名不存在！");
                        request.getRequestDispatcher("login.jsp").forward(request,response);
                    } else if (password.equals(member.getPassword())) {
                        request.setAttribute("info",
                                "登录成功," + member.getReallyName() + "光临!");
                        request.setAttribute("member", member);
                        request.getRequestDispatcher("login.jsp").forward(request,response);
                    } else {
                        request.setAttribute("info", "错误的密码！");
                        request.getRequestDispatcher("login.jsp").forward(request,response);
                    }
                } catch (Exception e) {
                    e.printStackTrace();
                }
            }
            /*用户注册*/
            if ("insertMember".equals(method)) {
                Member member = new Member();
                member.setAccount(request.getParameter("account"));
                member.setPassword(request.getParameter("password"));
                member.setReallyName(request.getParameter("reallyName"));
                member.setEmail(request.getParameter("email"));
                member.setTel(request.getParameter("tel"));
                member.setIdCard(request.getParameter("idCard"));
                try {
                    if (DAOFactory.getMemberDAOInstance().findByAccount(
                            member.getAccount()) == null) {
                        if (DAOFactory.getMemberDAOInstance().doInsert(member)) {
                            request.setAttribute("info", "注册成功！");
                        } else {
                            request.setAttribute("info", "注册失败！");
                        }
                        request.getRequestDispatcher("register.jsp").forward(
                                request, response);
                    } else {
```

```
                        request.setAttribute("info","该用户名已被注册！");
                        request.getRequestDispatcher("register.jsp").forward(
                            request, response);
                    }
                } catch (Exception e) {
                    e.printStackTrace();
                }
            }
        }
        public void doGet(HttpServletRequest request, HttpServletResponse response)
                throws ServletException, IOException {
            this.doPost(request, response);//调用doPost()操作
        }
    }
```

在 Servlet 中，首先通过 request 对象的 getParameter( ) 方法获取 login.jsp 页面和 register.jsp 页面传递过来的 method 参数，这里由于分支较少，因此使用 if 判断支持哪种操作。login.jsp 传递过来的 method 参数值为 checkMember。

在用户登录代码块中，首先接收表单传递过来的 account 和 password，然后调用 DAO 进行数据层的验证，并根据 DAO 返回结果来决定返回给客户端的信息。register.jsp 传递过来的 method 参数值为 insertMember，在用户注册代码块中，插入数据之前需要验证数据库中是否存在该用户名。

【例 7 -44】注册页：register.jsp

```
<%@ page language = "java" contentType = "text/html" pageEncoding = "UTF -8"%>
<html>
<head>
<title>注册表单提交</title>
</head>
<body>
<script type = "text/javascript" >
function checkEmpty(form){
for(i =0;i <form.length;i + +){
if(form.elements[i].value = =""){
alert("表单信息不能为空");
return false;
}
}
}
</script>
<%
    request.setCharacterEncoding("UTF -8");
    String info = (String) request.getAttribute("info");
%>
    <form name = "form" action = "MemberServlet.do? method = insertMember"  method = "post"
        onsubmit = "return checkEmpty(this)" >
```

```
        会员账号：<input type = "text" name = "account" /><br>
        会员密码：<input type = "password" name = "password" /><br>
        真实姓名：<input type = "text" name = "reallyName" /><br>
        Email：<input type = "text" name = "email" /><br>
        Tel：<input type = "text" name = "tel" /><br>
        IdCard：<input type = "text" name = "idCard" /><br>
<input type = "submit" value = "注册"><input type = "reset" value = "重置">
    </form>
    <%
        if(info ! = null){
    %>
    <h2><% = info% ></h2>
    <%
        }
    %>
</body>
</html>
```

在注册页面仅使用了 JavaScript 对表单进行非空验证，省略了对表单数据的验证。

【例 7 – 45】登录页：login. jsp

```
<%@ page language = "java" contentType = "text/html" pageEncoding = "UTF - 8"%>
<html>
<head>
<title>会员登录</title>
</head>
<body>
<%
    request.setCharacterEncoding("UTF - 8");
    String info = (String) request.getAttribute("info");
%>
    <form action = "MemberServlet.do? method = checkMember" method = "post">
        会员账号：<input type = "text" name = "account" /><br>
        会员密码：<input type = "password" name = "password" /><br>
<input type = "submit" value = "注册"><input type = "reset" value = "重置">
    </form>
    <%
        if(info ! = null){
    %>
    <h2><% = info% ></h2>
    <%
        }
    %>
</body>
</html>
```

【例 7 – 46】配置 web. xml

```
<servlet>
<servlet - name>server</servlet - name>
```

```
<servlet-class>
    com.py.servlet.MemberServlet
</servlet-class>
</servlet>
<servlet-mapping>
<servlet-name>server</servlet-name>
<url-pattern>/MemberServlet.do</url-pattern>
</servlet-mapping>
```

配置完成后即可运行本程序，运行结果如图 7.26~图 7.32 所示。

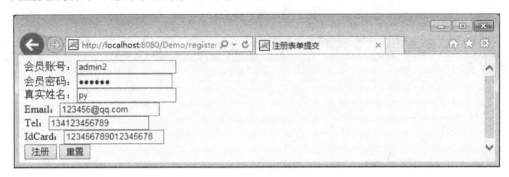

图 7.26　运行结果(1)

图 7.27　运行结果(2)

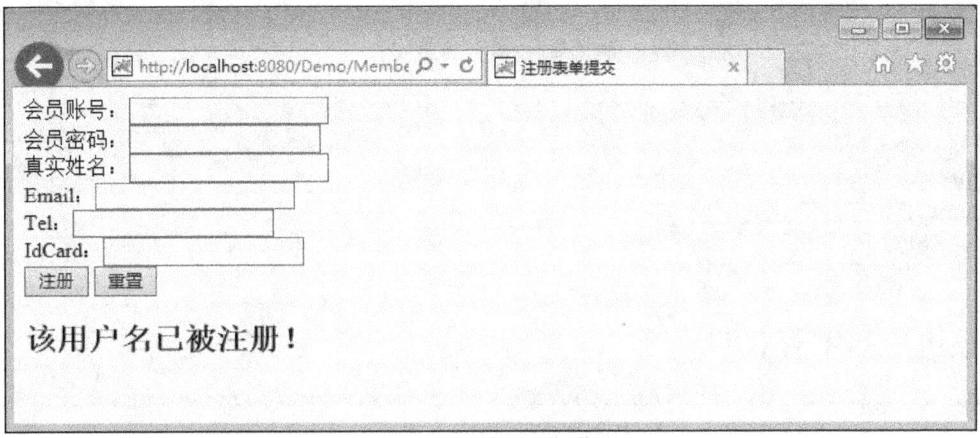

图 7.28　运行结果(3)

图 7.29 运行结果(4)

图 7.30 运行结果(5)

图 7.31 运行结果(6)

图 7.32 运行结果(7)

通过本程序可以发现，使用了 MVC 开发后，在 JSP 中的 Java 代码已经逐步减少了。JSP 的功能就是将 Servlet 传递的内容进行输出，使程序的代码结构更加清晰，分工也更加明确。

7.2.6 过滤器

Servlet 的程序主要分成三类：标准的 Servlet、过滤器、监听器，过滤器的实现方式与标准的 Servlet 类似，首先需要创建相应的类，然后配置 web.xml。

过滤器也是 Web 应用程序的组件，但与其他 Web 应用程序组件不同的是，过滤器处在客户端与所请求的资源（Servlet 或 JSP）之间，过滤器不能独立执行，总要依附在所请求的资源上才能执行。过滤器可以对经过过滤器的请求和响应数据进行处理，实现 Web 应用中的一些非功能性需求。

过滤器采用"链"的方式进行处理，如图 7.33 所示。

图 7.33　过滤器链

在没有使用过滤器之前，客户端都是直接请求 Web 资源的，但是一旦加入了过滤器，所有的请求都是先交给过滤器处理，然后访问相应的 Web 资源，可以达到对某些资源的访问限制。

在 Servlet 中若需要定义一个过滤器，则直接让一个类实现 javax.servlet.Filter 接口即可，此接口定义了三个操作方法，如表 7-8 所示。

表 7-8　Filter 接口操作方法

序号	方法	描述
1	public void init(FilterConfig filterConfig) throws ServletException	过滤器初始化时调用
2	public void doFilter(ServletRequest req, ServletResponse res, FilterChain chain) throws ServletException, IOException	完成具体的过滤操作，然后通过 FilterChain 让请求继续向下传递
3	public void destroy()	过滤器销毁时调用

需要注意的是 doFilter() 方法，在此方法中定义了 ServletRequest、ServletResponse 和 FilterChain 三个参数。前面两个参数表示过滤器可以对任意协议进行过滤操作。FilterChain 接口的主要作用是将用户的请求向下传递给其他过滤器或者 Servlet，此接口的方法如表 7-9 所示。

表 7-9 FilterChain 接口操作方法

方法	描述
public void doFilter(ServletRequest req, ServletResponse res) throws ServletException, IOException	将请求向下继续传递

在调用 Servlet 的 service() 方法之前，容器会先创建一个 FilterChain，并把 servlet 传入该 FilterChain 对象，作为其内部参数。创建该 FilterChain 时，会根据请求把符合条件的 filter 加入该 chain 里。紧接着就调用该 FilterChain 的 doFilter() 方法。FilterChain 的 doFilter() 方法就会按顺序（在 web.xml 定义的顺序）调用各个 filter 的 doFilter() 方法。当所有的 filter 的 doFilter() 方法都调用完以后，才会调用 Servlet 的 service() 方法。

【例 7-47】定义一个简单的过滤器：DoFilter.java

```
package com.py.filter;;
import java.io.* ;
import javax.servlet.* ;
public class DoFilter implements Filter{
    public void init(FilterConfig config) throws ServletException{
        String initParam = config.getInitParameter("ref") ;// 接收初始化的参数
        System.out.println("* * 过滤器初始化，初始化参数 =" + initParam) ;
    }
    public void doFilter(ServletRequest request,ServletResponse response,Filter-
Chain chain)
throws IOException,ServletException{
        chain.doFilter(request,response) ;//将请求向下传递
    }
    public void destroy(){
        System.out.println("* * 过滤器销毁。") ;
    }
}
```

【例 7-48】配置 web.xml

```
<filter>
    <filter-name>DoFilter</filter-name>
    <filter-class>com.py.filter.DoFilter</filter-class>
    <init-param>
        <param-name>ref</param-name>
        <param-value>DoFilter</param-value>
    </init-param>
</filter>
<filter-mapping>
    <filter-name>DoFilter</filter-name>
    <url-pattern>/*</url-pattern>
</filter-mapping>
```

以上程序运行后，控制台将首先显示过滤器初始化信息，接着执行 doFilter( )方法，最后摧毁过滤器。

下面将用两个实例来讲解过滤器的用法。

实例一：编码过滤。

在 Web 开发中，编码过滤是必不可少的操作，如果按照之前的做法，在每一个 JSP 或者 Servlet 中都重复编写语句"request. setCharacterEncoding("UTF-8")"肯定是不可取的，会造成大量的代码重复，可使用过滤器来完成编码过滤。

【例7-49】编码过滤器：EncodingFilter. java

```
package com.py.filter ;
import java.io.* ;
import javax.servlet.* ;
public class EncodingFilter implements Filter {
    private String charSet ;//设置字符编码
    public void init(FilterConfig config) throws ServletException{
        this.charSet = config.getInitParameter("charset") ;// 接收初始化的参数
    }
    public void doFilter(ServletRequest request,ServletResponse response,Filter-
Chain chain)
            throws IOException,ServletException{
        request.setCharacterEncoding(this.charSet) ;//设置字符编码
        chain.doFilter(request,response);
    }
    public void destroy(){
    }
}
```

在本程序初始化时，通过 FilterConfig 中的 getInitParameter( )取得了一个配置的初始化参数，此参数的内容是一个指定的过滤编码，然后在 doFilter( )方法中执行 request. setCharacterEncoding( )操作，即可为所有页面设置统一的请求编码。

【例7-50】配置 web. xml

```xml
<filter>
    <filter-name>encoding</filter-name>
    <filter-class>com.py.filter.EncodingFilter</filter-class>
    <init-param>
        <param-name>charset</param-name>
        <param-value>UTF-8</param-value>
    </init-param>
</filter>
<filter-mapping>
    <filter-name>encoding</filter-name>
    <url-pattern>/*</url-pattern>
</filter-mapping>
```

实例二：验证登录。

登录验证是所有 Web 开发中不可缺少的部分，最早的做法是通过验证 session 的方式完成，但是如果每个页面都这样做，则会造成大量的代码重复，而通过过滤器的方式即可避免这种重复的操作。

在这里需要注意的是，session 本身是 HTTP 协议的范畴，但是 doFilter( ) 方法中定义的是 ServletRequest 类型的对象。要想取得 session，则必须进行向下转型，将 ServletRequest 变为 HttpServletRequest 接口对象，才能通过 getSession( ) 方法取得 session 对象。

【例 7 - 51】登录验证：LoginFilter. java

```java
package com.py.filter ;
import java.io.* ;
import javax.servlet.* ;
import javax.servlet.http.* ;
public class LoginFilter implements Filter {
    public void init(FilterConfig config) throws ServletException{//初始化过滤器
    }
    public void doFilter(ServletRequest request,ServletResponse response,FilterChain chain)
            throws IOException,ServletException{//执行过滤
        HttpServletRequest req = (HttpServletRequest) request ;//向下转型
        HttpSession ses = req.getSession() ;
        if(ses.getAttribute("member") ! = null) {//判断是否有登录
            chain.doFilter(request,response) ;//传递请求
        } else {
            request.getRequestDispatcher ("login.jsp").forward (request, response) ;
        }
    }
    public void destroy(){//销毁过滤
    }
}
```

登录后保存的 session 范围的属性名称为 member，本程序首先通过 HttpServlet 取得当前的 session，然后判断在 session 范围内是否存在 member 属性，如果存在，则表示用户已经登录过；如果不存在，则跳转到 login.jsp 上进行登录。

本章小结

本章主要介绍了电子商务网站后台程序的设计与建立，依次介绍了 JavaBean 的开发方法、JSP 中对 JavaBean 的各种支持、DAO 设计模式、Web 开发最重要的 Servlet 程序开发、MVC 设计模式以及过滤器的使用。

JavaBean 是使用 Java 语言开发的一个可重用的组件，在 JSP 开发中可以使用 JavaBean 减少重复代码，使整个 JSP 代码开发更加简洁。DAO 设计模式属于 J2EE 数据层的操作，使用 DAO 设计模式可以简化大量代码，增强程序的可移植性。Servlet 是一种应用于服务器端的 Java 程序，可以生成动态的 Web 页面。JSP 改变了 Servlet 提供 HTTP 服务时的编程方式。Servlet 具有跨平台、可移植性强的特点。MVC 即模型－视图－控制器，是一个存在于服务器表达层的模型，它将应用分开，改变应用之间的高度耦合，MVC 模式将应用分为显示层、控制层、模型层三个部分。过滤器也是 Web 应用程序的组件，处在客户端与所请求的资源（Servlet 或 JSP）之间，过滤器不能独立执行。过滤器采用"链"的方式进行处理。

关键术语

JavaBean
Servlet
生命周期（The Life Cycle）
DAO（Data Access Objects）
MVC（Model View Controller）

习　题

实践题

1. 编写程序：实现用户的注册功能，将用户信息插入数据库表中。
2. 编写程序：实现用户的登录功能。
3. 编写程序：修改用户信息。
4. 编写程序：实现用户列表的显示功能。

实训篇

第 8 章 电子商务网站案例实训

【学习目标】
(1) 实现电子商务网站用户登录、注册、修改用户信息等功能。
(2) 实现电子商务网站商品展示功能。
(3) 实现电子商务网站购物车的功能。
(4) 实现电子商务网站订单模块的功能。

【学习重点】
(1) 实现电子商务网站用户登录、注册、修改用户信息等功能。
(2) 实现电子商务网站商品展示功能。

【学习难点】
(1) 实现电子商务网站购物车的功能。
(2) 实现电子商务网站订单模块的功能。

前面的章节依次介绍了电子商务网站的概念、电子商务网站的规划设计方法、网站数据库的设计与建立、如何构建网站开发环境、如何设计与建立网站静态页面、如何建立网站的动态页面以及网站的后台程序的开发方法，下面将正式介绍如何建立一个电子商务网站。

8.1　工程项目的建立

（1）启动 MyEclipse，选择自己需要的工作区，如图 8.1 和图 8.2 所示。

图 8.1　启动 MyEclipse

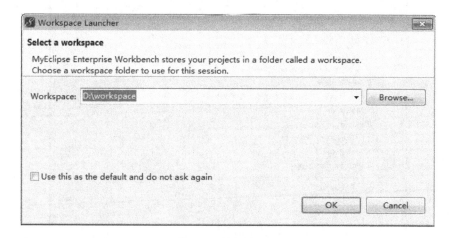

图 8.2　选择工作区

（2）选择好工作区后进入欢迎界面，如图 8.3 所示。

（3）MyEclipse 启动之后，即可在工作区中建立 Web 项目，选择 File→New→Project 命令，即可进入项目建立视图，如图 8.4 所示。

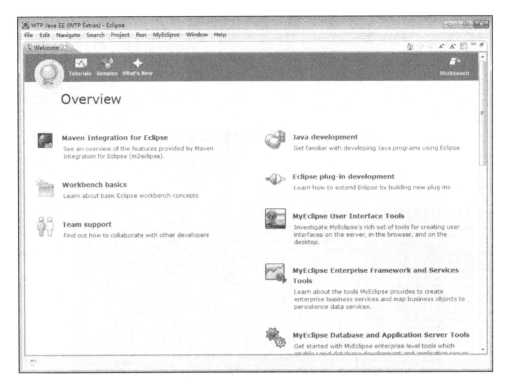

图 8.3 欢迎界面

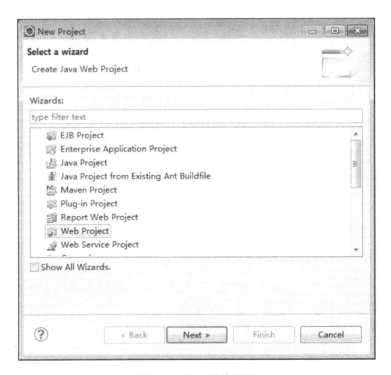

图 8.4 建立网站项目

(4) 要建立一个网站项目,应选择 Web Project,单击 Next 按钮进入下一步。将工程项目命名为 bookstore,选择 Java EE 6.0 版本,其他选项不变,单击 Finish 按钮,如图 8.5 所示。

图 8.5 bookstore 网站

(5) 建立好的 Web 项目如图 8.6 所示,可以发现 MyEclipse 已经自动建立了 WEB-INF/lib 文件夹(用来存放网站运行所需的 jar 文件)、WEB-INF/classes 文件夹(用来存放网站 Java 文件编译后的 classes 文件),而且同时会在 WEB-INF/web.xml 文件中配置好默认的首页,为 index.jsp。

【例 8-1】 自动配置好的 web.xml 文件

```
<?xml version="1.0" encoding="UTF-8"?>
<web-app version="3.0"
    xmlns="http://java.sun.com/xml/ns/javaee"
    xmlns:xsi="http://www.w3.org/2001/XMLSchema-instance"
    xsi:schemaLocation="http://java.sun.com/xml/ns/javaee
    http://java.sun.com/xml/ns/javaee/web-app_3_0.xsd">
<display-name></display-name>
<welcome-file-list>
<welcome-file>index.jsp</welcome-file>
</welcome-file-list>
</web-app>
```

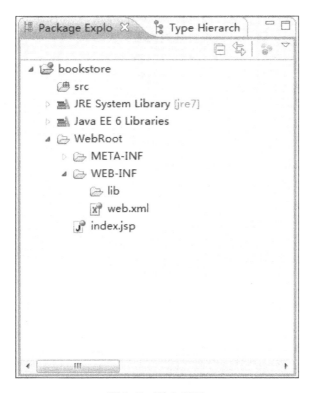

图 8.6 Web 项目

（6）以后在此项目中建立的 Java 文件会自动保存在 src 文件夹中，建立的 JSP 文件将根据位置自动选择，如可以在 WebRoot 根目录下直接建立 JSP 文件。WebRoot 文件夹相当于 Web 站点，可以将前面章节建立的 Web 站点中的文件直接复制到 WebRoot 根目录下面。新建 background 文件夹，用来存放网站后台 JSP 文件；css 文件夹用来存放 css 样式表；images 文件夹用来存放网站编写所需要的图片；js 文件夹用来存放 JavaScript 文件，picture 文件夹用来存放商品图片，如图 8.7 所示。

（7）对 src 文件夹进行划分，如图 8.8 所示。

DAO 接口：com. py. dao. *。

DAO 接口实现类：com. py. dao. impl. *。

DAO 接口代理实现类：com. py. dao. proxy. *。

工厂类：com. py. factory. *。

公共类：com. py. tool. *，主要用来存在数据库连接类、过滤器等。

VO 类：com. py. vo. *，VO 类的命名要与表的命名一致。

Service 接口：com. py. service. *，业务逻辑接口。

Service 接口实现类：com. py. service. impl. *，业务逻辑接口实现类。

Servlet 类：com. py. servlet. *。

（8）配置 Tomcat 服务器，可以将 Tomcat 服务器配置到项目中，以后即可通过 MyEclipse 启动和关闭服务器。

第 8 章 电子商务网站案例实训

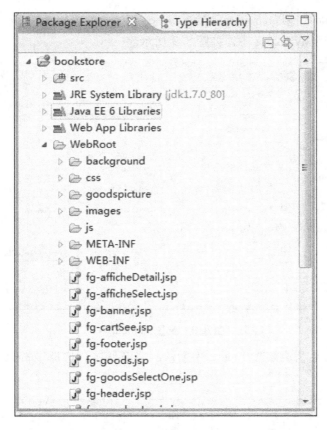

图 8.7　网站目录结构

图 8.8　划分 src 文件夹

（9）选择 Windows→Perferences→MyEclipse→Servers→Tomcat→Tomcat 6.x 命令，将 Tomcat 的目录配置到 MyEclipse 中，如图 8.9 所示。

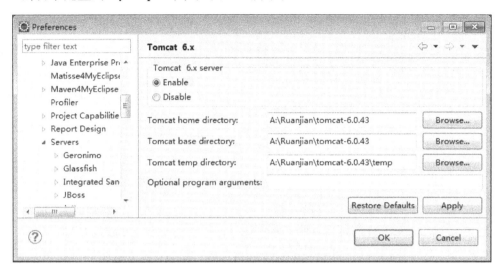

图 8.9　配置 Tomcat

（10）配置完成后需要修改 Tomcat 中默认的 JDK 版本，选择 Tomcat 6.x 中的 JDK，如图 8.10 所示。

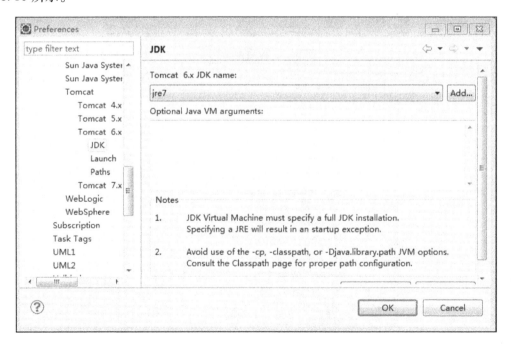

图 8.10　配置 Tomcat 的 JDK 路径

（11）单击 Add 按钮，增加一个新的 JDK 环境，配置 JDK 安装路径。此时虽然显示的是选择 JRE，但是配置时需要选择 JDK 的安装路径，如图 8.11 所示。

（12）配置完成后，即可将项目部署到 Tomcat 服务器中。

图 8.11 JDK 路径

（13）将鼠标指针移动到 Tomcat 6.x 上，右击，在弹出的快捷菜单中选择 Add Deployment 命令，将 bookstore 项目发布到 Tomcat 服务器上，如图 8.12～图 8.14 所示。

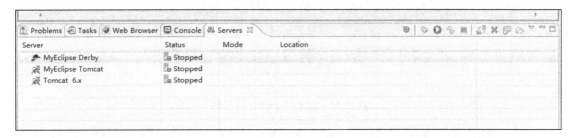

图 8.12 配置 Tomcat

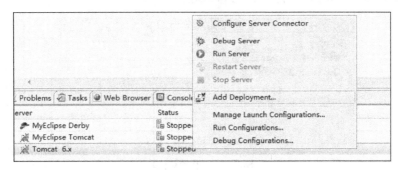

图 8.13 发布网站项目

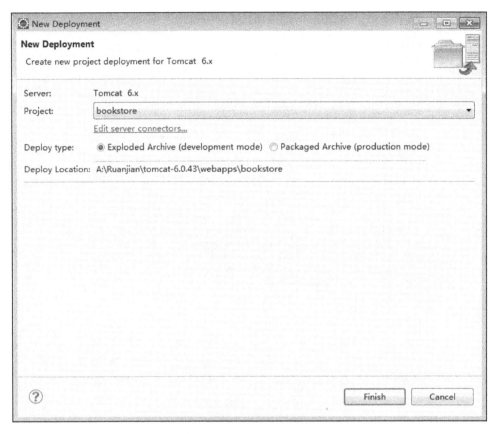

图 8.14　发布网站项目

（14）单击箭头按钮，将会 Tomcat 启动，如图 8.15 所示。

图 8.15　启动 Tomcat 服务器

（15）浏览器地址栏中输入 http://localhost:8080/bookstore/index.jsp，即可访问 bookstore 工程下的 index.jsp 文件，如图 8.16 所示。

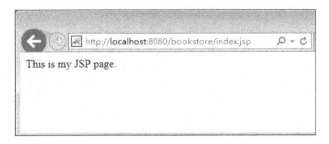

图 8.16　index.jsp

(16) 在 Tomcat 目录中存在一个 webapps 文件夹，实际上此文件夹中保存的就是部署的项目，打开 Tomcat 6.0/webapps 可以发现所部署的项目。

8.2 公共类设计

在开发过程中，经常会用到一些公共类，如数据库连接类和字符串处理类。因此，在开发系统前，首先需要设计这些公共类。下面将介绍电子商务网站中所需要的公共类的设计过程。

8.2.1 获取系统时间

获取系统时间的类的名称为 CountTime，在该类时间的操作中存在获取当前系统时间的方法，具体代码如【例 8-2】所示。

【例 8-2】获取系统时间的类：CountTime.java

```java
package com.py.tool;
import java.util.Date;
import java.text.SimpleDateFormat;
public class CountTime {
    public String formatTime(Date date) {//格式化时间
        SimpleDateFormat sdf = new SimpleDateFormat("yyyy-MM-dd HH:mm:ss");
        return date == null ? "" : sdf.format(date);
    }
    public String currentlyTime() {//获取当前时间
        Date date = new Date();   //实例化 Date 类，获取系统时间
        SimpleDateFormat sdf = new SimpleDateFormat("yyyy年MM月dd日");
        return sdf.format(date);
    }
}
```

SimpleDateFormat 是一个格式化和分析数据的具体类，它提供多种格式的时间，可以通过配置参数来决定返回时间格式。

SimpleDateFormat 参数如下。

(1) G：年代标志符。

(2) y：年。

(3) M：月。

(4) d：日。

(5) h：时在上午或下午(1~12)。

(6) H：时在一天中(0～23)。

(7) m：分。

(8) s：秒。

(9) S：毫秒。

(10) E：星期。

(11) D：一年中的第几天。

(12) F：一月中第几个星期几。

(13) w：一年中第几个星期。

(14) W：一月中第几个星期。

(15) a：上午／下午标记符。

(16) k：时在一天中(1～24)。

(17) K：时在上午或下午(0～11)。

(18) z：时区。

8.2.2 数据库连接类

在本例中，数据库连接类的名称为DatabaseConnection，在该类属性中设置连接MySQL驱动、URL地址、数据库账号和密码及声明Connection实例，并通过构造方法取得数据库的连接。其具体代码如【例8－3】所示。

【例8－3】数据库连接类Patabase Connection.java

```
package com.py.tool;
import java.sql.Connection;
import java.sql.DriverManager;
public class DatabaseConnection {
    private static final String DBDRIVER = "com.mysql.jdbc.Driver";
    private static final String DBURL = "jdbc:mysql://localhost:3306/bookstore";
    private static final String DBUSER = "root";
    private static final String DBPASSWORD = "111";
    private Connection conn;
    public DatabaseConnection() throws Exception {//在构造方法中进行数据库连接
        try {
            Class.forName(DBDRIVER); //加载数据库驱动
            this.conn = DriverManager.getConnection (DBURL, DBUSER, DBPASS-
WORD);
//连接数据库
        } catch (Exception e) {
            throw e;
        }
    }
```

```java
    public Connection getConnection() {//取得数据库连接
        return this.conn;
    }
    public void close() throws Exception {//数据库关闭操作
        if (this.conn ! = null) {         //避免空指针
            try {
                this.conn.close();          //数据库关闭
            } catch (Exception e) {
                throw e;
            }
        }
    }
}
```

该类运行还需要驱动的支持,在网上下载 mysql – connector – java – 5.1.6 – bin. jar 驱动文件,将其直接复制到 WebRoot/WEB – INF/lib 文件夹下即可。

8.2.3 字符串自动处理类

在本例中,字符串自动处理类的名称为 EncodingFilter,该类就是前面章节介绍的过滤器。其具体代码如【例 8 – 4】所示。

【例 8 – 4】字符串自动处理类:EncodingFilter. java

```java
package com.py.tool;
import java.io.* ;
import javax.servlet.* ;
public class EncodingFilter implements Filter {
    private String charSet;
    public void init(FilterConfig config) throws ServletException {
        this.charSet = config.getInitParameter("charset");//接收初始化的参数
    }
    public void doFilter(ServletRequest request, ServletResponse response,
            FilterChain chain) throws IOException, ServletException {
        request.setCharacterEncoding(this.charSet);//设置统一字符
        chain.doFilter(request, response);
    }
    public void destroy() {
    }
}
```

还需要配置 web. xml,具体代码如【例 8 – 5】所示。

【例 8-5】 配置过滤器

```xml
<filter>
    <filter-name>encoding</filter-name>
    <filter-class>com.py.tool.EncodingFilter</filter-class>
    <init-param>
        <param-name>charset</param-name>
        <param-value>UTF-8</param-value>
    </init-param>
</filter>
<filter-mapping>
    <filter-name>encoding</filter-name>
    <url-pattern>/*</url-pattern>
</filter-mapping>
```

8.3 首页的设计与建立

8.3.1 首页概述

首页是网站的形象页面,一个网站能否吸引浏览者留在该站中浏览,全凭首页设计效果的好坏。所以,首页设计对于任何网站都是至关重要的。

首页,从根本上说就是全站内容的目录,也是一个索引。但首页只罗列目录显然是不够的,设计好一个首页,首先需要确定的是首页的功能模块。一般的站点都需要页头、页中和页尾这三个模块。

(1) 页头包括网站名称(Logo)、广告条(Banner)、导航等版块。页头用来标示网站和体现网站主题。它可以用企业的名称、标语、徽号或图像集中、概括地反映企业的经营理念和服务定位。导航提供了对关键页面的简捷链接,其超链接或图标应明确地表明网站其他页面上载有的信息;用户能够通过这样一个简单的功能化的界面,迅速地到达他们所需信息的其他页面上。

(2) 页中包括公告与新闻、产品推荐、广告条、搜索、友情链接等版块。在首页上预告即将有新资料推出,可吸引用户再次浏览网站。为保持网站的新鲜感,应时刻确保主页提供的是最新信息,可以在页头以大字标题宣布新消息,也可以定期改变主页上的图像,或更改主页的样式。

(3) 页尾包括版权与联络信息等版块。在首页上标示一句简短的版权声明,然后用链接方法带出另一个载有详细使用条款的页面,这样可以避免首页的杂乱。在页面的底部设计简单的电子邮件链接,可使用户与负责 Internet 站点或负责网上反馈信息的有关人员迅速取得联系,使企业获得 Internet 站点外的信息反馈。

在这三个模块中需要哪些版块以及选择实现哪些功能,都是首页设计首先需要确定的。

本网站具体实现的板块如图 8.17 所示。

图 8.17 网站首页

8.3.2 首页技术分析

网站的页头(包括网站 logo、搜索框、广告条、导航等模块)和页尾(友情链接、版权信息等模块)不仅存在于主界面中,其他功能模块的子页面中也需要这些部分,因此可将其分别保存在单独的 JSP 文件中,当编写其他功能模块 JSP 页面时只需将其包含即可。

在 JSP 页面中有两种方法能够实现文件包含:一种是应用静态包含指令实现,即 <%@ include = "url"% >;另一种是应用动态包含指令实现,即 <jsp:include page = "url"/ >。下面来对两者进行比较。

1. 静态包含指令

(1) 两个 JSP 页面的字符编码应该保持一致。

(2) 不能通过 url 向被包含的 JSP 页面传递参数,因为此静态包含是发生在 JSP 页面转换为 servlet 的转换期间,此时的参数是服务器端设置的"死的"参数,完全没有经过客户端,如 <%@ include file = "url? user = admin"% >,这种参数是没有意义的,而且此时会报错。

(3) 包含的 JSP 页面与被包含的 JSP 页面共用一个 request 内置对象。例如,在客户端访问包含页面时地址栏后面直接加上参数后传递,这种形式的传参是客户端送来的,两个页面都能够访问此参数。我们在这两个页面合成的 servlet 中可以看到有传递的参数成为 servlet 的成员变量。

(4) 包含的 JSP 页面与被包含的 JSP 页面最好没有重复的 html 标签,否则会发生覆盖现象。

2. 动态包含指令

(1) 动态包含元素用的是 page,而静态包含用的是 file。

(2) 生成的文件不同,静态包含是将两个 JSP 文件二合一,生成一个以包含页面命名的 servlet 和 class 文件;动态包含的两个 JSP 文件各自生成自己的 servlet 和 class 文件。

(3) 在客户端访问包含页面时地址栏后面直接加上参数后传递,这种形式的传参是客户端送来的,但是这两个页面的 request 对象不是同一个,包含的页面可以向被包含的页面传递参数,所以被包含的 request 对象含的参数个数应该不小于包含页面的参数个数。所以它们各有各的 request 对象,而且被包含的 JSP 页面可以访问传到包含页面的参数。

(4) 动态包含只有在执行到它时才加载,所以称其为动态包含。

(5) 基于以上关于静态包含与动态包含的比较,可以发现动态包含相较于静态包含来说更符合我们的要求,所以网站中采用动态包含的形式。

8.3.3 首页布局

应用动态包含指令 <jsp:include> 实现的前台首页布局代码如【例8-6】所示。

【例8-6】网站前台首页代码：index.jsp

```jsp
<%@ page language = "java"contentType = "text/html"pageEncoding = "UTF -8"% >
<! DOCTYPE html PUBLIC " -//W3C//DTD XHTML 1.0 Transitional//EN" "http://www.w3.
org/TR/xhtml1/DTD/xhtml1 - transitional.dtd" >
<html xmlns = "http://www.w3.org/1999/xhtml" >
<head >
<title > 电子商务网站 </title >
<link href = "css/style.css" rel = "stylesheet" type = "text/css" />
</head >
<body >
    <jsp:include page = "fg - header.jsp" flush = "true" />
    <jsp:include page = "fg - nav.jsp" flush = "true" />
    <jsp:include page = "fg - banner.jsp" flush = "true" />
    <div id = "main" >
        <jsp:include page = "fg - sort.jsp" flush = "true" />
        <jsp:include page = "fg - goods.jsp" flush = "true" />
    </div >
    <jsp:include page = "fg - footer.jsp" flush = "true" />
</body >
</html >
```

以上程序应用 <jsp:include> 标签分别动态包含以下文件。
(1) fg - header.jsp：该文件用于显示网页的 LOGO 和登录链接。
(2) fg - nav.jsp：该文件用于显示网站导航栏。
(3) fg - banner.jsp：该文件用于显示网站的广告。
(4) fg - sort.jsp：该文件用于显示网站的商品类别信息。
(5) fg - good.jsp：该文件用于显示商品信息。
(6) fg - footer.jsp：该文件用于显示友情链接、商品版权信息和后台登录入口。

8.4 用户模块的设计与实现

8.4.1 用户模块概述

网站前台用户模块包括以下功能：用户登录、用户注册、用户信息修改。

前台页面中用户只有通过登录模块的验证才能体验网站的全部功能。用户在页头的登录模块中单击"登录"超链接跳转到登录页面，输入用户名和密码，单击"登录"按钮，如果验证成功，用户将会以会员身份登录到商城首页，并可在网站中进行购物。与此同时，用户登录成功后可以对用户信息进行修改。

网站后台用户模块包括以下功能：用户信息查询和用户信息删除。由于安全性问题，后台管理员仅能对用户信息进行删除操作，不能进行修改操作。

8.4.2 用户模块技术分析

用户模块主要包括三个部分：网站 JSP 页面、Servlet 类、数据库操作类。网页前台页面将数据传递给 Servlet 类，Servlet 类进行逻辑判断并调用数据库操作类，处理完成之后将结果返回网站 JSP 页面。

本模块需要的程序列表如表 8-1 所示。

表 8-1 用户模块程序列表

序号	页面名称	页面描述
1	Member.java	用户的 VO 类
2	DatabaseConnection.java	负责数据库的连接和关闭操作（见 8.2.2 小节）
3	MemberDAO.java	定义操作的 DAO 类接口
4	MemberDAOImpl.java	DAO 接口的实现类，完成具体的操作
5	MemberDAOProxy.java	代理实现类，负责数据库打开和关闭
6	DAOFactory.java	工厂类，取得 DAO 接口的实例
7	MemberService.java	定义业务逻辑接口类
8	MemberServiceImpl.java	业务逻辑接口实现类，完成业务逻辑操作
9	MemberServlet.java	接收请求参数，进行参数验证，调用 DAO 完成具体的验证，并根据 DAO 的验证结果返回信息

1. 编写用户模块的 VO 类

在用户模块中，涉及的数据表是会员信息表（tb_member），会员信息表保存的是会员用户名和密码等信息。根据这些信息可以得出会员模块的 VO 类。会员模块的 VO 类名称为 Member，创建 Member 的具体代码如【例 8-7】所示。

【例 8-7】会员模块 VO 类：Member.java

```
package com.py.vo;
public class Member {
    private String account;//会员账号
    private String password;//会员密码
    private String reallyName;//真实姓名
    private String email;//邮箱
    private String tel;//手机
    private String idCard;//身份证
```

```
    public String getAccount() {
        return account;
    }
    public void setAccount(String account) {
        this.account = account;
    }
/******************省略其他属性的 getter() 和 setter() 方法********************/
    public String getIdCard() {
        return idCard;
    }
    public void setIdCard(String idCard) {
        this.idCard = idCard;
    }
```

2. 编写用户模块的 DAO 类

用户模块的 DAO 类包括以下四个部分。

(1) DAO 接口：主要定义操作的接口，定义一系列数据库的原子性操作标准，如增加、修改、删除、查询等。

(2) Impl：DAO 接口的实现类，完成具体数据库操作，但是不负责数据库的关闭。

(3) Proxy：DAO 代理实现类，负责数据库的打开和关闭。

(4) Factory：DAO 工厂类，通过工厂类取得 DAO 实例化对象。

【例 8-8】会员模块 DAO 接口：MemberDAO.java

```
package com.py.dao;
import java.util.List;
import com.py.vo.Member;
public interface MemberDAO {
    /*
     * 通过会员账号查询用户
     */
    public Member selectMemberByAccount(String account)throws Exception;
    /*
     * 查询所有会员
     */
    public List<Member> selectMember()throws Exception;
    /*
     * 增加会员
     */
    public boolean insertMember(Member member)throws Exception;
    /*
     * 删除会员
     */
    public boolean deleteMemberByAccount(String account)throws Exception;
```

```
    /*
     * 修改会员信息
     */
    public boolean updateMember(Member member)throws Exception;
}
```

在此 DAO 接口中定义了多种方法。

(1) selectMemberByAccount()方法：此方法执行数据库查询操作，根据会员账号返回一个 Member 对象，Member 对象中包含一条完整的数据信息。

(2) selectMember()方法：此方法执行数据库查询操作，查询所有的会员信息，返回一个 list 对象。

(3) insertMember()方法：此方法执行数据库插入操作，返回一个 boolean 型变量，根据返回的变量来判断插入操作是否成功。

(4) deleteMemberByAccount()方法：此方法执行数据库删除操作，返回一个 boolean 型变量，根据返回的变量来判断删除操作是否成功。

(5) updateMember()方法：此方法执行数据修改操作，返回一个 boolean 型变量，根据返回的变量来判断插入操作是否成功。

【例 8-9】会员模块 DAO 接口实现类：MemberDAOImpl.java

```
package com.py.dao.impl;
import java.sql.Connection;
import java.sql.PreparedStatement;
import java.sql.ResultSet;
import java.util.ArrayList;
import java.util.List;
import com.py.dao.MemberDAO;
import com.py.vo.Member;
public class MemberDAOImpl implements MemberDAO {
    private Connection conn = null;//定义数据库连接对象
    private PreparedStatement ps = null;//定义数据库操作对象
    public MemberDAOImpl(Connection conn) {//设置数据库连接
        this.conn = conn;
    }
    /*
     * 通过会员账号查询用户
     */
    public Member selectMemberByAccount(String account) throws Exception {
        Member member = null;//声明 Member 对象
        String sql = "SELECT * FROM tb_member WHERE account = ?";
        this.ps = this.conn.prepareStatement(sql);//实例化 PreparedStatement 对象
        this.ps.setString(1, account);//设置会员账号
        ResultSet rs = this.ps.executeQuery();//执行查询操作
        if(rs.next()){
```

```java
            member = new Member();//实例化 Member 对象
            member.setAccount(rs.getString(1));//设置 account 内容
            member.setPassword(rs.getString(2));//设置 password 内容
            member.setReallyName(rs.getString(3));//设置 reallyName 内容
            member.setEmail(rs.getString(4));//设置 email 内容
            member.setTel(rs.getString(5));//设置 tel 内容
            member.setIdCard(rs.getString(6));//设置 idCard 内容
        }
    this.ps.close();//关闭 PreparedStatement 操作
    return member;//如果查询不到结果则返回 null
}
```

以上程序实现了前面接口定义的 selectMemberByAccount( )方法。根据传入的参数 account 的值返回 Member 对象。

```java
/*
 * 查询所有会员
 */
public List<Member> selectMember() throws Exception {
    List<Member> list = new ArrayList<Member>();//定义集合
    String sql = "SELECT * FROM tb_member";//实例化 PreparedStatement 对象
    this.ps = this.conn.prepareStatement(sql);
    ResultSet rs = this.ps.executeQuery();//执行查询操作
    Member member = null;//声明 Member 对象
    while(rs.next()){//依次取出全部数据
        member = new Member();
        member.setAccount(rs.getString(1));//设置 account 内容
        member.setPassword(rs.getString(2));//设置 password 内容
        member.setReallyName(rs.getString(3));//设置 reallyName 内容
        member.setEmail(rs.getString(4));//设置 email 内容
        member.setTel(rs.getString(5));//设置 tel 内容
        member.setIdCard(rs.getString(6));//设置 idCard 内容
        list.add(member);
    }
    this.ps.close();//关闭 PreparedStatement 操作
    return list;//返回集合
}
```

以上程序实现前面接口定义的 selectMember( )方法,返回 list 对象。

```java
/*
 * 增加会员
 */
public boolean insertMember(Member member) throws Exception {
    boolean flag = false;//定义标识符
    String sql = "INSERT INTO tb_member VALUES(?,?,?,?,?,?)";
```

```java
        this.ps = this.conn.prepareStatement(sql);//实例化 PreparedStatement 对象
        this.ps.setString(1,member.getAccount());//设置 account 内容
        this.ps.setString(2,member.getPassword());//设置 password 内容
        this.ps.setString(3,member.getReallyName());//设置 reallyName 内容
        this.ps.setString(4,member.getEmail());//设置 email 内容
        this.ps.setString(5,member.getTel());//设置 tel 内容
        this.ps.setString(6,member.getIdCard());//设置 idCard 内容
        if(this.ps.executeUpdate()>0){//执行插入操作
            flag = true;//插入成功则将标识符变为 true
        }
        this.ps.close();//关闭 PreparedStatement 操作
        return flag;//返回标识符
    }
```

以上程序实现前面接口定义的 insertMember()方法，返回 flag 标识符。

```java
    /*
     * 删除会员
     */
    public boolean deleteMemberByAccount(String account) throws Exception {
        boolean flag = false;
        String sql = "DELETE FROM tb_member WHERE account = ?";
        this.ps = this.conn.prepareStatement(sql);
        this.ps.setString(1, account);
        if(this.ps.executeUpdate()>0){//数据库发生更新
            flag = true;
        }
        this.ps.close();
        return flag;
    }
```

以上程序实现前面接口定义的 deleteMemberByAccount()方法，返回 flag 标识符。

```java
    /*
     * 修改会员信息
     */
    public boolean updateMember(Member member) throws Exception {
        boolean flag = false;//定义标识符
        String sql = "UPDATE tb_member SET password = ?,reallyName = ?,email = ?,
            tel = ?,idCard = ? WHERE account = ?";
        this.ps = this.conn.prepareStatement(sql);//实例化 PreparedStatement 对象
        this.ps.setString(1,member.getAccount());//设置 account 内容
        this.ps.setString(2,member.getPassword());//设置 password 内容
        this.ps.setString(3,member.getReallyName());//设置 reallyName 内容
        this.ps.setString(4,member.getEmail());//设置 email 内容
        this.ps.setString(5,member.getTel());//设置 tel 内容
```

```
        this.ps.setString(6,member.getIdCard());//设置 idCard 内容
        if(this.ps.executeUpdate() > 0){//执行插入操作
            flag = true;//插入成功则将标识符变为 true
        }
        this.ps.close();//关闭 PreparedStatement 操作
        return flag;//返回标识符
    }
```

以上程序实现前面接口定义的 updateMember( )方法,返回 flag 标识符。

【例 8-10】 会员模块 DAO 接口代理类:MemberDAOProxy. java

```
public class MemberDAOProxy implements MemberDAO{
    private DatabaseConnection dbc = null;//定义数据库连接类
    private MemberDAO dao = null;//声明 DAO 对象
    public MemberDAOProxy()throws Exception{//在构造方法中实例化连接,同时实例化 dao 对象
        this.dbc = new DatabaseConnection();//连接数据库
        this.dao = new MemberDAOImpl(this.dbc.getConnection());//实例化真实主题类
    }
    /*
     * 通过会员账号查询用户
     */
    public Member selectMemberByAccount(String account) throws Exception {
        Member member = null;//定义对象
        try{
            member = this.dao.selectMemberByAccount(account);//调用真实实现类
        }catch(Exception e){
            throw e;//将异常交给被调用处处理
        }finally{
            this.dbc.close();//关闭数据库连接
        }
        return member;
    }
    /*
     * 查询所有会员
     */
    public List<Member> selectMember() throws Exception {
        // TODO Auto-generated method stub
        List<Member> list = null;//定义返回的集合
        try{
            list = this.dao.selectMember();//调用真实实现类
        }catch(Exception e){
            throw e;//将异常交给被调用处处理
        }finally{
            this.dbc.close();//关闭数据库连接
```

```java
            }
            return list;
    }
    /*
     * 增加会员
     */
    /*
     * 增加会员
     */
    public boolean insertMember(Member member) throws Exception {
        boolean flag = false;//定义标志位
        try{
            if(this.dao.selectMemberByAccount(member.getAccount())==null){//判断数据库中是否存在该会员账号
                flag = this.dao.insertMember(member);//调用真实实现类
            }
        }catch(Exception e){
            throw e;//将异常交给被调用处处理
        }finally{
            this.dbc.close();//关闭数据库连接
        }
        return flag;
    }
    /*
     * 删除会员
     */
    public boolean deleteMemberByAccount(String account) throws Exception {
        boolean flag = false;//定义标志位
        try{
            if(this.dao.selectMemberByAccount(account)!=null){//判断数据库中是否存在该会员账号
                flag = this.dao.deleteMemberByAccount(account);//调用真实实现类
            }
        }catch(Exception e){
            throw e;//将异常交给被调用处处理
        }finally{
            this.dbc.close();//关闭数据库连接
        }
        return flag;
    }
    /*
     * 修改会员信息
     */
    public boolean updateMember(Member member) throws Exception {
```

```
            boolean flag = false;//定义标志位
            try{
                if(this.dao.selectMemberByAccount(member.getAccount())! =null){
//判断数据库中是否存在该会员账号
                    flag = this.dao.updateMember(member);//调用真实实现类
                }
            }catch(Exception e){
                throw e;//将异常交给被调用处处理
            }finally{
                this.dbc.close();//关闭数据库连接
            }
            return flag;
        }
}
```

在代理类的构造方法中实例化了数据库连接类的对象以及实现类,而在代理类中的各个方法也只是调用了实现类的相应方法。

【例 8-11】会员模块 DAO 工厂类:DAOFactory.java

```
public class DAOFactory {
    public static MemberDAO getMemberDAOInstance()throws Exception{//取得 DAO 接口实例
        return new MemberDAOProxy();//取得代理类的实例
    }
/*****************************省略其他方法*****************************/
}
```

工厂类的功能就是直接返回 DAO 接口的实例化对象,以后客户端可以直接通过工厂类取得 DAO 接口的实例化对象。

3. 编写业务逻辑接口类

【例 8-12】会员模块业务逻辑接口:MemberService.java

```
package com.py.service;
import java.util.List;
import com.py.vo.Member;
public interface MemberService {
    /*
     * 设置 result 的 getter()与 setter()方法
     */
    public String getResult();
    public void setResult(String result);
    /*
     * 通过会员账号查询用户
     */
    public Member selectMemberByAccount(String account);
```

```java
/*
 * 会员登录
 */
public Member selectMemberLogin(String account, String password);
/*
 * 查询所有会员
 */
public List<Member> selectMember();
/*
 * 增加会员
 */
public boolean insertMember(Member member);
/*
 * 删除会员
 */
public boolean deleteMemberByAccount(String account);
/*
 * 修改会员信息
 */
public boolean updateMember(Member member);
}
```

业务逻辑接口定义了会员模块所需要实现的具体业务逻辑的接口。

4. 编写业务逻辑接口实现类

【例8-13】会员模块业务逻辑接口实现类：MemberServiceImpl.java

```java
package com.py.service.impl;
import java.util.ArrayList;
import java.util.List;
import com.py.factory.DAOFactory;
import com.py.service.MemberService;
import com.py.vo.Member;
public class MemberServiceImpl implements MemberService {
    private String result;
    public String getResult() {
        return result;
    }
    public void setResult(String result) {
        this.result = result;
    }
    /*
     * 通过会员账号查询用户
     */
    public Member selectMemberByAccount(String account) {
```

```java
        Member member = new Member();
        try {
            member = DAOFactory.getMemberDAOInstance().selectMemberByAccount(
                    account);
        } catch (Exception e) {
            e.printStackTrace();
        }
        return member;
    }
    /*
     * 会员登录
     */
    public Member selectMemberLogin(String account, String password) {
        Member member = new Member();
        if (account != null && password != null) {
            try {
                member = DAOFactory.getMemberDAOInstance()
                        .selectMemberByAccount(account);
                if (member == null) {
                    this.setResult("不存在此会员，请输入正确会员账号！！！");
                } else if (!member.getPassword().equals(password)) {
                    this.setResult("密码错误！！！");
                } else {
                    this.setResult(null);//登录成功
                }
            } catch (Exception e) {
                e.printStackTrace();
            }
        } else {
            this.setResult("表单不能为空！");
        }
        return member;
    }
    /*
     * 查询所有会员
     */
    public List<Member> selectMember() {
        List<Member> list = new ArrayList<Member>();
        try {
            list = DAOFactory.getMemberDAOInstance().selectMember();
        } catch (Exception e) {
            e.printStackTrace();
        }
        return list;
```

```java
}
/*
 *  增加会员
 */
public boolean insertMember(Member member) {
    boolean flag = false;
    if (member.getAccount() != null && member.getPassword() != null
            && member.getReallyName() != null && member.getEmail() != null
            && member.getTel() != null && member.getIdCard() != null) {
        try {
            flag = DAOFactory.getMemberDAOInstance().insertMember(member);
            if (flag) {
                this.setResult("注册成功！");//注册成功
            } else {
                this.setResult("此用户名已经存在！！！");
            }
        } catch (Exception e) {
            e.printStackTrace();
        }
    } else {
        this.setResult("表单不能为空！");
    }
    return flag;
}
/*
 *  删除会员
 */
public boolean deleteMemberByAccount(String account) {
    boolean flag = false;
    try {
        flag = DAOFactory.getMemberDAOInstance().deleteMemberByAccount(
                account);
        if (flag) {
            this.setResult("删除成功！");//删除成功
        } else {
            this.setResult("不存在该会员，删除失败！！！");
        }
    } catch (Exception e) {
        e.printStackTrace();
    }
    return flag;
}
/*
 *  修改会员信息
 */
```

```java
public boolean updateMember(Member member) {
    boolean flag = false;
    if (member.getAccount()! = null && member.getPassword()! = null
            && member.getReallyName()! = null && member.getEmail()! = null
            && member.getTel()! = null && member.getIdCard()! = null) {
        try {
            flag = DAOFactory.getMemberDAOInstance().updateMember(member);
            if (flag) {
                this.setResult("修改成功！");//修改成功
            } else {
                this.setResult("不存在该会员，修改失败！！！");
            }
        } catch (Exception e) {
            e.printStackTrace();
        }
    } else {
        this.setResult("表单不能为空！");
    }
    return flag;
}
}
```

业务逻辑接口实现类实现了具体的调用数据库的操作，定义了字符串 result，用来保存提示信息，同时提供了 result 的 getter( )方法，以便于在其他类中获得 result。在业务逻辑接口实现类中要对传递过来的参数进行非空验证，验证成功才能进行数据库操作。

5. 编写会员模块的 Servlet 类

在会员模块的 Servlet 类中，首先通过 request 对象的 getParameter( )方法获取参数 method 的值，然后通过字符串匹配方法 equals( )来判断执行哪种操作。

【例 8-14】会员模块 Servlet 类：MemberServlet.java

```java
public class MemberServlet extends HttpServlet {
public void doPost(HttpServletRequest request, HttpServletResponse response)
        throws ServletException, IOException {
    String method = request.getParameter("method");//获取 method 参数
    if ("selectMemberLogin".equals(method)) {//匹配参数
    //省略方法体
    }
    if ("insertMember".equals(method)) {//匹配参数
    //省略方法体
    }
    if ("updateMember".equals(method)) {//匹配参数
    //省略方法体
    }
```

```
if ("checkLogin".equals(method)) {//匹配参数
//省略方法体
}
if ("logoutMember".equals(method)) {//匹配参数
//省略方法体
}
if ("selectMember".equals(method)) {//匹配参数
//省略方法体
}
if ("selectMemberByAccount".equals(method)) {//匹配参数
//省略方法体
}
```

8.4.3 用户登录的实现过程

用户登录后成为会员是电子商务网站中用户进行购物的必要条件。运行本系统后首先进入电子商务网站首页，用户在没有登录的情况下，可以查看商城的公共信息、查看商品信息、通过特定关键字查询商品等。用户可以在网站右上角单击"登录"超链接，跳转到登录页面，如图 8.18 和图 8.19 所示。

图 8.18 "登录"超链接

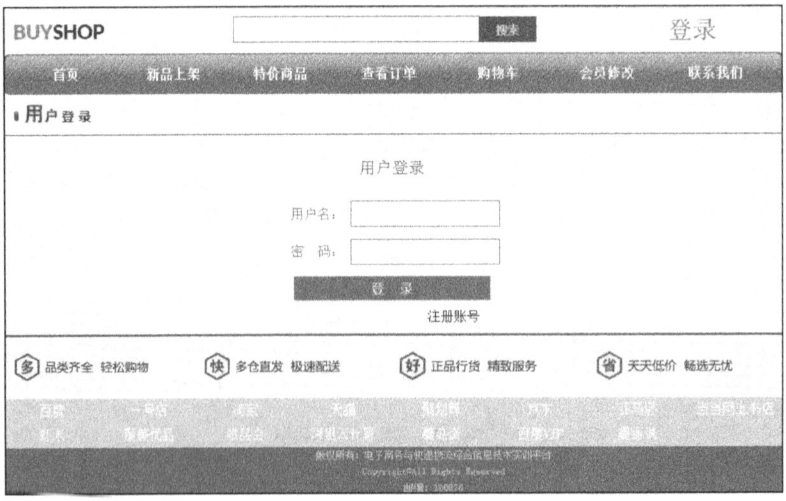

图 8.19 登录页面

1. 设计用户登录页面：fg-memberLogin.jsp

用户登录页面主要用于收集用户的输入信息及通过自定义的 JavaScript 函数对输入信息进行验证。

用户登录的表单元素如表 8-2 所示。

表 8-2 用户登录的表单元素

名称	元素类型	重要属性	含义
memberForm	form	action = "MemberServlet.do? method = selectMemberLogin"	用户登录表单
account	text		会员账号
password	password		会员密码
submit	submit		登录按钮

表单提交时还需要对表单信息进行判断，使用 onsubmit 事件在表单提交前进行验证，此事件决定表单是否提交，这里主要对表单进行非空判断和对会员账号进行验证。

【例 8-15】对登录表单进行验证的 JavaScript

```
<script>
function validate(form){
for(i=0;i<form.length;i++){
if(form.elements[i].value==""){
alert("表单信息不能为空");
form.elements[i].focus();
return false;
}
}
if(!/^[a-z0-9]+$/.test(form.account.value)){
alert("请输入有数字和小写字母组成的用户名");
return false;
}
return true;
}
</script>
```

以上 JavaScript 对表单进行了非空验证，并将会员账号限制在数字和小写字母中。

验证通过后，表单信息将通过 HTTP 协议传递到表单中 action 属性的值所代表的路径中，如图 8.20 所示。

```
<form name="memberForm" method="post"
    action="MemberServlet.do?method=selectMemberLogin"
    onsubmit="return validate(this)">
```

图 8.20 提交表单

2. 会员登录的 Servlet 类

在会员登录页面的"用户名"和"密码"文本框中输入会员账号和密码后,单击"登录"按钮,跳转到 URL 为"MemberServlet. do? method = selectMemberLogin"的地址。从 URL 可以知道 method 参数值为 selectMemberLogin,即在 Servlet 中会运行以下模块。

【例 8 – 16】会员登录的 Servlet 类:MemberServlet. java

```java
public class MemberServlet extends HttpServlet {
    private MemberService memberservice = new MemberServiceImpl();//初始化 Service对象
    HttpSession session = null;//声明 HttpSession 对象
    private String result = null;//声明 result
    private boolean flag = false;//声明标识符
    public void doPost(HttpServletRequest request, HttpServletResponse response)
        throws ServletException, IOException {
        String method = request.getParameter("method");//获取 method 参数
        if("selectMemberLogin".equals(method)){
            String account = request.getParameter("account");//获取 account
            String password = request.getParameter("password");//获取 password
            Member member = null;//声明 Member 对象
            member = memberservice.selectMemberLogin(account,password);
            result = memberservice.getResult();
            if (result = =null) {
                HttpSession session = request.getSession();//得到 session
                session.setAttribute("member", member);//将 member 保存在 request 范围内
                response.sendRedirect("index.jsp");
            }else{
                request.setAttribute("result", result);
                request.getRequestDispatcher("fg - memberLogin.jsp").forward(
                    request, response);
            }
        }
        else if("insertMember".equals(method)){
            //省略方法体
        }
/***************************省略其他方法***************************/
    }
}
```

在以上程序中,首先通过 request 对象的 getParameter( )方法获取 method 值,使用 equals( )方法匹配参数判断执行哪部分程序,接着同样通过 getParameter( )方法获取会员账号和密码。调用 memberservice 对象的 selectMemberLogin(account, password)方法判断会员

账号与密码是否匹配，若匹配成功则将返回的 Member 对象保存在 session 范围内并跳转到网站首页。

3. web.xml 配置

【例 8-17】web.xml

```
<servlet>                                                    <!--定义 servlet-->
        <servlet-name>MemberServlet</servlet-name>   <!--与 servlet-mapping
对应-->
        <servlet-class>                                      <!--定义包.名称-->
                com.py.servlet.MemberServlet
        </servlet-class>
</servlet>
<servlet-mapping>                                            <!--映射路径-->
        <servlet-name>MemberServlet</servlet-name>   <!--与 servlet 相对应-->
        <url-pattern>/MemberServlet.do</url-pattern> <!--映射路径-->
```

上面的配置表示通过/MemberServlet.do 路径即可找到对应的 <servlet> 节点，并找到 <servlet-class> 所指定的 MemberServlet.class 程序。

8.4.4 用户注册的实现过程

用户想要在商城进行购物，最先需要满足的要求就是成为网站的会员。用户可以通过注册操作成为网站的会员。用户注册页面如图 8.21 所示。

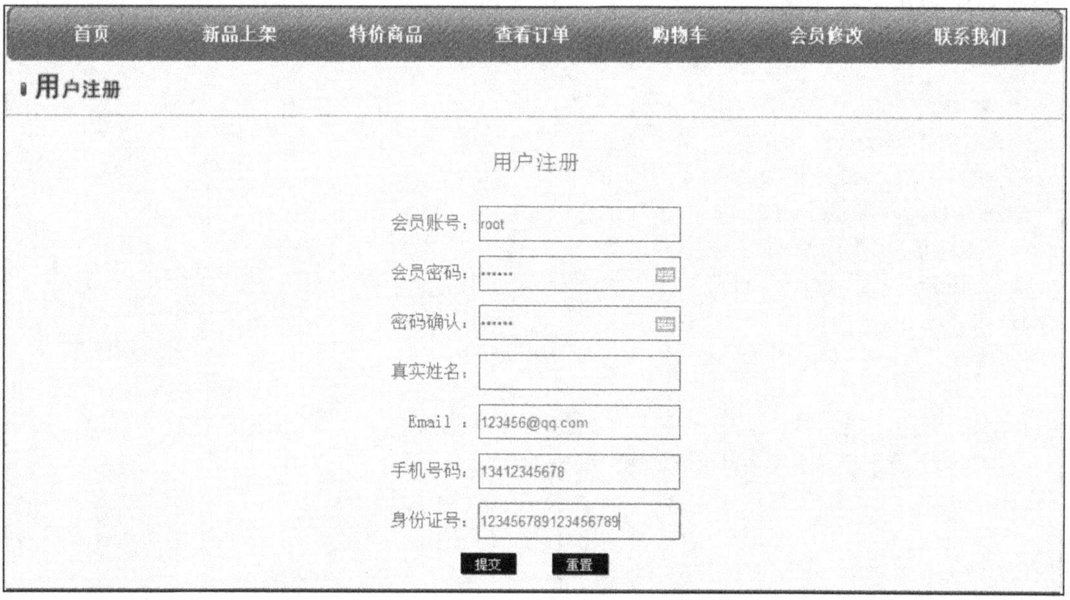

图 8.21 注册页面

1. 设计用户注册页面：fg – memberRegister.jsp

用户页面主要用于收集用户的输入信息及通过自定义的 JavaScript 函数对输入信息进行验证。

用户登录的表单元素如表 8 – 3 所示。

表 8 – 3 用户登录的表单元素

名称	元素类型	重要属性	含义
memberForm	form	action = " MemberServlet. do？ method = insertMember"	用户注册表单
account	text		会员账号
password	password		会员密码
passwordOne	password		会员密码验证
reallyName	text		真实姓名
email	text		邮箱
tel	text		手机号
idCard	text		身份证号
submit	submit		注册按钮

表单提交时还需要对表单信息进行判断，使用 onsubmit 事件在表单提交前进行验证，此事件决定表单是否提交。

【例 8 – 18】对注册表单进行验证的 JavaScript

```
<script>
function validate(form){
for(i =0;i<form.length;i ++){
if(form.elements [i] .value = =""){
alert("表单信息不能为空");
form.elements [i] .focus();
return false;
}
}
if(! /^ [a-z0-9] + $/.test(form.account.value)){
alert("请输入有数字和小写字母组成的用户名");
return false;
}
if(! /^ [a-zA-Z0-9_-] {6,16} $/.test(form.password.value)){
alert("密码由 5 ~16 位字符组成");
return false;
}
```

```
if(form.password.value! =form.passwordOne.value){
alert("您两次输入的密码不一致,请重新输入");
return false;
}
if(!/\w+([-+.]\w+)*@\w+([-.]\w+)*\.\w+([-.]\w+)*/.test(form.
email.value)){
alert("邮箱格式不正确,请输入正确格式,如:123456789@123.com");
return false;
}
if(!/^(0|86|17951)?(13[0-9]|15[012356789]|17[678]|18[0-9]|14[57])
[0-9]{8}$/.test(form.tel.value)){
alert("手机号码格式错误");
return false;
}
if(!/(^\d{15}$)|(^\d{17}([0-9]|X)$)/.test(form.idCard.value)){
alert("请输入正确身份证号码");
return false;
}
return true;
}
</script>
```

以上 JavaScript 程序主要进行了以下验证。

(1) 对表单进行了非空验证。
(2) 会员账号限制在数字和小写字母中。
(3) 会员密码由 5~16 位大小写字母和数字组成。
(4) 前后两次密码输入相同。
(5) 正确的邮箱格式。
(6) 正确的身份证格式。

验证通过后,表单信息将通过 HTTP 协议传递到表单中 action 属性的值所代表的路径中,如图 8.22 所示。

```
<form name="memberForm" method="post" action="MemberServlet.do?method=insertMember"
    onsubmit="return validate(this)">
```

图 8.22 提交表单

2. 用户注册的 Servlet 类

在会员注册页面中输入了注册信息后,单击"提交"按钮,网页会访问一个 URL,该 URL 是 MemberServlet.do?method=insertMember。从 URL 地址可以知道 method 参数值为 insertMember,即在 Servlet 中会运行以下模块。

【例 8-19】用户注册的 Servlet 类：MemberServlet.java

```java
        else if("insertMember".equals(method)){
            Member member = new Member();
            HttpSession session = request.getSession();//得到 session
            member.setAccount(request.getParameter("account"));
            member.setPassword(request.getParameter("password"));
            member.setReallyName(request.getParameter("reallyName"));
            member.setEmail(request.getParameter("email"));
            member.setTel(request.getParameter("tel"));
            member.setIdCard(request.getParameter("idCard"));
            flag = memberservice.insertMember(member);//执行插入
            result = memberservice.getResult();//获取 result
            if(flag){
                session.setAttribute("member", member);//将 member 对象保存在 session 范围内
                response.sendRedirect("index.jsp");//客户端跳转到 index.jsp
            }else{
                request.setAttribute("result", result);//将 result 保存在 request 范围类
                request.getRequestDispatcher("fg-memberRegister.jsp")
                        .forward(request, response);//服务器端跳转到 fg-memberRegister.jsp
            }
        }
```

在以上程序中，首先通过 request 对象的 getParameter()方法获取表单传递过来的参数，接着把参数保存在 member 对象中，调用 memberservice 的 insertMember(member)。若注册成功则将 Member 对象保存在 session 范围内后跳转到首页；若失败则跳转到注册页面并提示。

8.4.5 修改用户信息的实现过程

用户只有登录后才能执行修改用户信息的操作，用户修改页面如图 8.23 所示。

1. 设计修改用户信息页面：fg-memberUpdate.jsp

修改用户页面主要用于收集用户的输入信息及通过自定义的 JavaScript 函数对输入信息进行验证。

修改用户信息的表单元素如表 8-4 所示。

图 8.23 修改用户信息

表 8-4 修改用户信息的表单元素

名称	类型	重要属性	含义
memberForm	form	action = " MemberServlet. do？ method = updateMember"	修改用户表单
account	text		会员账号
oldPassword	password		原密码
password	password		会员密码
passwordOne	text		会员密码验证
reallyName	text		真实姓名
email	text		邮箱
tel	text		手机号
idCard	text		身份证号
submit			登录按钮

表单提交时还需要对表单信息进行判断，使用 onsubmit 事件在表单提交前进行验证，此事件决定表单是否提交，这里主要对表单进行非空判断和对会员账号进行验证。

【例 8-20】 对修改用户信息表单进行验证的 JavaScript

```
function validate(form){
for(i=0;i<form.length;i++){
if(form.elements[i].value==""){
alert("表单信息不能为空");
form.elements[i].focus();
return false;
}
}
if(!/^[a-zA-Z0-9_-]{6,16}$/.test(form.password.value)){
alert("密码由5~16位字符组成");
return false;
}
if(form.passwordOld.value!=form.oldPassword.value){
alert("原密码错误");
return false;
}
if(form.password.value!=form.passwordOne.value){
alert("您两次输入的密码不一致,请重新输入");
return false;
}
if(!/\w+([-+.]\w+)*@\w+([-.]\w+)*\.\w+([-.]\w+)*/.test(form.
email.value)){
alert("邮箱格式不正确,请输入正确格式,如:123456789@123.com");
return false;
}
if(!/^(0|86|17951)?(13[0-9]|15[012356789]|17[678]|18[0-9]|14[57])
[0-9]{8}$/.test(form.tel.value)){
alert("手机号码格式错误");
return false;
}
if(!/(^\d{15}$)|(^\d{17}([0-9]|X)$)/.test(form.idCard.value)){
alert("请入正确身份证号码");
return false;
}
return true;
}
</script>
```

以上 JavaScript 程序主要进行了以下验证。

（1）对表单进行了非空验证。

（2）会员账号限制在数字和小写字母中。

（3）会员密码由 5~16 位大小写字母和数字组成。

(4) 输入的原密码与 session 范围内的 Member 对象的密码相同。
(5) 前后两次密码输入相同。
(6) 正确的邮箱格式。
(7) 正确的身份证格式。

验证通过后，表单信息将通过 HTTP 协议传递到表单中 action 属性的值所代表的路径中，如图 8.24 所示。

```
<form name="memberForm" method="post" action="MemberServlet.do?method=updateMember"
  onsubmit="return validate(this)">
```

图 8.24　提交表单

2. 修改用户信息的 Servlet：MemberServlet.java

在修改用户信息页面中输入会员信息后，单击"提交"按钮，网页会访问一个 URL，该 URL 是"MemberServlet.do? method = updateMember"。从 URL 地址可以知道 method 参数值为 updateMember，即在 Servlet 中会运行以下模块。

【例 8 - 21】用户修改的 Servlet 类：MemberServlet.java

```
            else if("updateMember".equals(method)){
                Member member = new Member();
                HttpSession session = request.getSession();//得到 session
                member.setAccount(request.getParameter("account"));
                member.setPassword(request.getParameter("password"));
                member.setReallyName(request.getParameter("reallyName"));
                member.setEmail(request.getParameter("email"));
                member.setTel(request.getParameter("tel"));
                member.setIdCard(request.getParameter("idCard"));
                flag = memberservice.updateMember(member);
                result = memberservice.getResult();
                if(flag){
                    session.removeAttribute("member");//删除 session 范围内的 member 属性
                    session.setAttribute("member", member);//将新 member 保存在 session 范围内
                    response.sendRedirect("index.jsp");//客户端跳转到 index.jsp
                }else{
                    request.setAttribute("result",result);//将
                    request.getRequestDispatcher("fg - memberUpdate.jsp").forward(
                        request, response);//服务器端跳转到 fg - memberUpdate.jsp
                }
            }
```

在以上程序中，首先通过 request 对象的 getParameter() 方法获取表单传递过来的参数，表单参数保存在 member 对象中，接着调用 memberservice 对象的 updateMember(member) 方法，最后将新的 Member 对象保存在 session 范围内后跳转到首页；若失败则跳转到修改用户信息页面并提示。

8.5　商品信息查询模块的设计与实现

8.5.1　商品信息查询模块概述

商品是电子商务网站的物质内容，丰富的商品资源才能够吸引顾客，所以电子商务网站的商品管理是系统最重要的一个环节。如何安全地安排页面内容，从而使用户查询更加方便高效，这是商品管理必须考虑的内容。前台商品查询模块主要包括商品分类查询、商品分页查询、特价商品查询以及新品上架查询。

8.5.2　商品信息查询模块技术分析

在本程序中，要实现商品信息查询功能，需要的程序列表如表 8-5 所示。

表 8-5　商品信息查询模块程序列表

序号	页面名称	页面描述
1	Goods.java	商品的 VO 类
2	DatabaseConnection.java	负责数据库的连接和关闭操作（见 8.2.2 小节）
3	GoodsDAO.java	定义操作的 DAO 类接口
4	GoodsDAOImpl.java	DAO 接口的实现类，完成具体的操作
5	GoodsDAOProxy.java	代理实现类，负责数据库打开和关闭
6	DAOFactory.java	工厂类，取得 DAO 接口的实例
7	GoodsService.java	定义业务逻辑接口
8	GoodsServiceImpl.java	业务逻辑接口实现类，完成具体操作
9	GoodsServlet.java	接收请求参数，进行参数验证，调用 DAO 完成具体的验证，并根据 DAO 的验证结果返回信息

1. 编写商品信息查询模块的 VO 类

在商品信息查询模块的 VO 类中，涉及的数据表是商品信息表 tb_goods，商品信息表保存的是商品的名称、价格、商品产地及商品所属类别等信息。根据这些信息可以得出商品查询模块的 VO 类，商品信息查询模块的 VO 类名称为 Goods，创建 Goods 的具体代码如【例 8-22】所示。

【例 8-22】商品信息查询 VO 类：Goods.java

```
package com.py.vo;
public class Goods {
    private int goodsId;
    private int sortId;
    private String BookName;
    private String introduce;
    private String publisher;
    private String publishdate;
    private float nowprice;
    private float freeprice;
    private String picture;
    private int mark;
    public int getGoodsId() {
        return goodsId;
    }
    public void setGoodsId(int goodsId) {
        this.goodsId = goodsId;
    }
    /*******************省略其他属性的 getter() 和 setter() 方法********************/
    public int getMark() {
        return mark;
    }
    public void setMark(int mark) {
        this.mark = mark;
    }
}
```

2. 编写商品信息模块的 DAO 类

商品信息模块的 DAO 类包括四个部分。

(1) DAO 接口：主要定义操作的接口，定义一系列数据库的原子性操作标准，如增加、修改、删除、查询等。

(2) Impl：DAO 接口的实现类，完成具体数据库操作，但是不负责数据库的关闭。

(3) Proxy：DAO 代理实现类，负责数据库的打开和关闭。

(4) Factory：DAO 工厂类，通过工厂类取得 DAO 实例化对象。

【例 8-23】 商品信息查询 DAO 接口类：GoodsDAO.java

```java
package com.py.dao;
import java.util.List;
import com.py.vo.Goods;
public interface GoodsDAO {
    /*
     * 查询所有商品
     */
    public List<Goods> selectGoods() throws Exception;
    /*
     * 按商品编号查询商品
     */
    public Goods selectGoodsByGoodsId(int goodsId) throws Exception;
    /*
     * 按类别编号查询商品
     */
    public List<Goods> selectGoodsBySortId(int sortId) throws Exception;
    /*
     * 按特价标识查询商品
     */
    public List<Goods> selectGoodsByMark(int mark) throws Exception;
    /*
     * 按关键字查询商品
     */
    public List<Goods> selectKeywords(String keywords) throws Exception;
    /*
     * 增加商品
     */
    public boolean insertGoods(Goods goods) throws Exception;
    /*
     * 删除商品
     */
    public boolean deleteGoodsByGoodsId(int goodsId) throws Exception;
    /*
     * 修改商品价格信息
     */
    public boolean updateGoodsPrice(Goods goods) throws Exception;
}
```

在此 DAO 接口中定义了两个方法：selectGoodsBySortId() 和 selectGoodsByMark()，selectGoodsBySortId() 方法执行数据库查询操作，根据商品类别返回的是多条查询结果，所以使用 list 返回；selectGoodsByMark() 方法返回的同样是多条查询结果，使用 list 返回。

【例 8-24】 商品信息查询 DAO 实现类：GoodsDAOImpl. java

```java
package com.py.dao.impl;
import java.sql.Connection;
import java.sql.PreparedStatement;
import java.sql.ResultSet;
import java.util.ArrayList;
import java.util.List;
import com.py.dao.GoodsDAO;
import com.py.vo.Goods;
public class GoodsDAOImpl implements GoodsDAO{
    private Connection conn = null;//定义数据库连接对象
    private PreparedStatement ps = null;//定义数据库操作对象
    public GoodsDAOImpl(Connection conn) {//设置数据库连接
        this.conn = conn;
    }
    /*
     * 查询所有商品
     */
    public List<Goods> selectGoods() throws Exception {
        //方法体省略
    }
    /*
     * 按商品编号查询商品
     */
    public Goods selectGoodsByGoodsId(int goodsId) throws Exception {
        //方法体省略
    }
    /*
     * 按类别编号查询商品
     */
    public List<Goods> selectGoodsBySortId(int sortId) throws Exception {
        List<Goods> list = new ArrayList<Goods>();//定义集合接收全部数据
        String sql = "SELECT * FROM tb_goods WHERE sortId=? ORDER BY goodsId DESC";
        this.ps = this.conn.prepareStatement(sql);//实例化 PreparedStatement 对象
        this.ps.setInt(1, sortId);//设置类别编号
        ResultSet rs = this.ps.executeQuery();//执行查询操作
        Goods goods = null;//声明 Goods 对象
        while(rs.next()){//依次取出全部数据
            goods = new Goods();//实例化新的 Goods 对象
            goods.setGoodsId(rs.getInt(1));//设置商品 ID
            goods.setSortId(rs.getInt(2));//设置类别 ID
            goods.setBookName(rs.getString(3));//设置书籍名称
            goods.setIntroduce(rs.getString(4));//设置书籍简介
```

```java
            goods.setPublisher(rs.getString(5));//设置出版社
            goods.setPublishdate(rs.getString(6));//设置出版日期
            goods.setNowprice(rs.getFloat(7));//设置现价
            goods.setFreeprice(rs.getFloat(8));//设置特价
            goods.setPicture(rs.getString(9));//设置商品图片地址
            goods.setMark(rs.getInt(10));//设置特价标识
            list.add(goods);//向集合里添加对象
        }
        this.ps.close();//关闭 PreparedStatement 操作
        return list;//返回 list
    }
    /*
     * 按特价标识查询商品
     */
    public List<Goods> selectGoodsByMark(int mark) throws Exception {
        List<Goods> list = new ArrayList<Goods>();//定义集合接收全部数据
        String sql = "SELECT *  FROM tb_goods WHERE mark = ? ORDER BY goodsId DESC";
        this.ps = this.conn.prepareStatement(sql);//实例化 PreparedStatement 对象
        this.ps.setMark(1, mark);//设置特价标识
        ResultSet rs = this.ps.executeQuery();//执行查询操作
        Goods goods = null;//声明 Goods 对象
        while(rs.next()){//依次取出全部数据
            goods = new Goods();//实例化新的 Goods 对象
            goods.setGoodsId(rs.getInt(1));//设置商品 ID
            goods.setSortId(rs.getInt(2));//设置类别 ID
            goods.setBookName(rs.getString(3));//设置书籍名称
            goods.setIntroduce(rs.getString(4));//设置书籍简介
            goods.setPublisher(rs.getString(5));//设置出版社
            goods.setPublishdate(rs.getString(6));//设置出版日期
            goods.setNowprice(rs.getFloat(7));//设置现价
            goods.setFreeprice(rs.getFloat(8));//设置特价
            goods.setPicture(rs.getString(9));//设置商品图片地址
            goods.setMark(rs.getInt(10));   //设置特价标识
            list.add(goods);//向集合里添加对象
        }
        this.ps.close();//关闭 PreparedStatement 操作
        return list;//返回 list
    }
}
    /*
     * 按关键字查询商品
     */
    public List<Goods> selectKeywords(String keywords) throws Exception {
        //方法体省略
```

```java
    }
    /*
     * 增加商品
     */
    public boolean insertGoods(Goods goods) throws Exception {
        //方法体省略
    }
    /*
     * 删除商品
     */
    public boolean deleteGoodsByGoodsId(int goodsId) throws Exception {
        //方法体省略
    }
    /*
     * 修改商品价格信息
     */
    public boolean updateGoodsPrice(Goods goods) throws Exception {
        //方法体省略
    }
}
```

【例 8 - 25】商品信息查询 DAO 代理类：GoodsDAOProxy.java

```java
public class GoodsDAOProxy implements GoodsDAO{
    private DatabaseConnection dbc = null;//定义数据库连接类
    private GoodsDAO dao = null;//声明 DAO 对象
    public GoodsDAOProxy()throws Exception{//在构造方法中实例化连接,同时实例化 DAO 对象
        this.dbc = new DatabaseConnection();//连接数据库
        this.dao = new GoodsDAOImpl(this.dbc.getConnection());//实例化真实主题类
    }
    /*
     * 查询所有商品
     */
    public List<Goods> selectGoods() throws Exception {
        //方法体省略
    }
     /*
      * 按商品编号查询商品
      */
    public Goods selectGoodsByGoodsId(int goodsId) throws Exception {
    }
     /*
      * 按类别编号查询商品
      */
```

```java
public List<Goods> selectGoodsBySortId(int sortId) throws Exception {
    List<Goods> list = null;//定义返回的集合
    try{
        list = this.dao.selectGoodsBySortId(sortId);//调用真实实现类
    }catch(Exception e){
        throw e;//将异常交给被调用处处理
    }finally{
        this.dbc.close();//关闭数据库连接
    }
    return list;
}
/*
 * 按特价标识查询商品
 */
public List<Goods> selectGoodsByMark(int mark) throws Exception {
    List<Goods> list = null;//定义返回的集合
    try{
        list = this.dao.selectGoodsByMark(mark);//调用真实实现类
    }catch(Exception e){
        throw e;//将异常交给被调用处处理
    }finally{
        this.dbc.close();//关闭数据库连接
    }
    return list;
}
/*
 * 按关键字查询商品
 */
public List<Goods> selectKeywords(String keywords) throws Exception {
}
/*
 * 增加商品
 */
public boolean insertGoods(Goods goods) throws Exception {
}
/*
 * 删除商品
 */
public boolean deleteGoodsByGoodsId(int goodsId) throws Exception {
}
/*
 * 修改商品价格信息
 */
public boolean updateGoodsPrice(Goods goods) throws Exception {
}
}
```

分别根据类别 ID(sortId)和特价标识(mark)查询商品信息,将查询到的商品信息保存在 list 中,返回 list。

【例 8-26】 商品信息模块工厂类:DAOFactory.java

```java
package com.py.factory;
import com.py.dao.*;
import com.py.dao.proxy.*;
public class DAOFactory {
    public static GoodsDAO getGoodsDAOInstance()throws Exception{//取得 DAO 接口实例
        return new GoodsDAOProxy();//取得代理类的实例
    }
/*****************************省略其他方法*****************************/
}
```

工厂类的功能就是直接返回 DAO 接口的实例化对象,以后客户端可以直接通过工厂类取得 DAO 接口的实例化对象。

3. 编写商品信息模块业务逻辑接口

【例 8-27】 商品信息模块业务逻辑接口:GoodsService.java

```java
package com.py.service;
import java.util.List;
import com.py.vo.Goods;
public interface GoodsService {
    /*
     * 设置 result 的 getter()与 setter()方法
     */
    public String getResult();
    public void setResult(String result);
    /*
     * 根据类别 ID 搜索商品
     */
    public List<Goods> selectGoodsBySortId(int sortId);
    /*
     * 根据特价标识搜索商品
     */
    public List<Goods> selectGoodsByMark(int mark);
    /*
     * 根据关键字搜索商品
     */
    public List<Goods> selectByKeywords(String keywords);
    /*
     * 搜索商品
     */
    public List<Goods> selectGoods();
```

```java
/*
 * 根据商品 ID 搜索商品
 */
public Goods selectGoodsByGoodsId(int goodsId);
/*
 * 根据商品 ID 删除商品
 */
public boolean deleteGoodsByGoodsId(int goodsId);
/*
 * 增加商品
 */
public boolean insertGoods(Goods goods);
/*
 * 修改商品价格
 */
public boolean updateGoodsPrice(Goods goods);
}
```

4. 编写商品信息模块业务逻辑接口实现类

【例 8-28】 商品信息模块业务逻辑接口：GoodsServiceImpl.java

```java
package com.py.service.impl;
import java.util.List;
import com.py.factory.DAOFactory;
import com.py.service.GoodsService;
import com.py.vo.Goods;
public class GoodsServiceImpl implements GoodsService {
    private String result = null;
    public String getResult() {
        return result;
    }
    public void setResult(String result) {
        this.result = result;
    }
    /*
     * 根据类别 ID 搜索商品
     */
    public List<Goods> selectGoodsBySortId(int sortId) {
        List<Goods> list = null;
        try {
            list = DAOFactory.getGoodsDAOInstance().selectGoodsBySortId(sortId);
        } catch (Exception e) {
            e.printStackTrace();
        }
```

```java
        return list;
    }
    /*
     * 根据特价标识搜索商品
     */
    public List<Goods> selectGoodsByMark(int mark) {
        List<Goods> list = null;
        try {
            list = DAOFactory.getGoodsDAOInstance().selectGoodsByMark(mark);
        } catch (Exception e) {
            e.printStackTrace();
        }
        return list;
    }
/******************************其他方法省略******************************/
}
```

5. 编写商品信息模块的 Servlet 类

在商品信息模块的 Servlet 类中，首先通过 request 对象的 getParameter( )方法获取参数 method 的值，然后通过字符串匹配方法 equals( )来判断执行哪种操作。

```java
package com.py.servlet;
import java.io.IOException;
import java.util.List;
import javax.servlet.ServletException;
import javax.servlet.http.HttpServlet;
import javax.servlet.http.HttpServletRequest;
import javax.servlet.http.HttpServletResponse;
import com.py.service.GoodsService;
import com.py.service.impl.GoodsServiceImpl;
import com.py.vo.Goods;
public class GoodsServlet extends HttpServlet {
    private GoodsService goodsservice = new GoodsServiceImpl();//初始化 Service 对象
    private String result = null;//声明 result
    private boolean flag = false;//声明标识符
    public void doPost(HttpServletRequest request, HttpServletResponse response)
            throws ServletException, IOException {
        String method = request.getParameter("method");
        if("selectGoodsBySortId".equals(method)){//根据类别 ID 查询商品
            int sortId = Integer.parseInt(request.getParameter("sortId"));
            List<Goods> list = null;
            list = goodsservice.selectGoodsBySortId(sortId);
            int pageNumber = list.size();
            int maxPage = pageNumber;
```

```java
            String number = request.getParameter("i");
            if (maxPage % 6 == 0)
                maxPage = maxPage / 6;
            else {
                maxPage = maxPage / 6 + 1;
            }
            if (number == null) {
                number = "0";
            }
            request.setAttribute("number", String.valueOf(number));
            request.setAttribute("maxPage", String.valueOf(maxPage));
            request.setAttribute("pageNumber", String.valueOf(pageNumber));
            request.setAttribute("list", list);
            request.getRequestDispatcher("fg-selectSortGoods.jsp").forward(
                    request, response);
        }
        else if("selectGoodsByMark".equals(method)){//根据特价标识查询商品信息
            int mark = Integer.parseInt(request.getParameter("mark"));
            List<Goods> list = null;
            list = goodsservice.selectGoodsByMark(mark);
            int pageNumber = list.size();
            int maxPage = pageNumber;
            String number = request.getParameter("i");
            if (maxPage % 6 == 0)
                maxPage = maxPage / 6;
            else {
                maxPage = maxPage / 6 + 1;
            }
            if (number == null) {
                number = "0";
            }
            request.setAttribute("number", String.valueOf(number));
            request.setAttribute("maxPage", String.valueOf(maxPage));
            request.setAttribute("pageNumber", String.valueOf(pageNumber));
            request.setAttribute("list", list);
            if (mark == 1) {
                request.getRequestDispatcher("fg-selectFreeGoods.jsp").forward(
                        request, response);
            } else {
                request.getRequestDispatcher("fg-selectNowGoods.jsp").forward(
                        request, response);
            }
```

```
        }
/*****************************其他方法省略*****************************/
    public void doGet(HttpServletRequest request, HttpServletResponse response)
            throws ServletException, IOException {
        this.doPost(request, response);
    }
}
```

8.5.3 商品信息分类查询的实现过程

在电子商务网站前台页面的商品类别区域中显示了商品的类别信息，如图 8.25 所示。

图 8.25 类别信息

单击任意商品类别超链接后会跳转到对应的商品列表。例如，单击"编程"超链接，则跳转到图 8.26 所示页面。

图 8.26 分类查询

(1) 设计商品类别超链接显示页面: fg - sort.jsp。

```jsp
<%@ page import = "java.util.*" %>
<%@ page import = "com.py.vo.Sort"%>
<%@ page import = "com.py.factory.DAOFactory"%>
<%
List <Sort> sortList = DAOFactory.getSortDAOInstance().selectSort();//查询商品类别集合对象
%>
<div id = "sort">
    <ul>
    <%
            for(int i =0;i<sortList.size();i++){//使用 for 循环输出商品类别信息
                Sort sort = (Sort)sortList.get(i);
        %>
        <li><a class = "a3" href = "GoodsServlet.do? method = selectGoodsBySortId &sortId = <%=sort.getSortId()%>"><%=sort.getSortName()%></a></li>
<% }%>
</ul>
</div>
```

单击任意超链接后将跳转到 GoodsServlet.do 页面,并传递参数 method 和 sortId。

(2) 商品分类查询 Servlet 类: GoodsServlet.java。在 GoodsServlet.java 文件中通过 getParameter()方法获取 method 和 sortId 参数,然后通过 equals()方法判断将要执行哪部分代码。

```java
public void doPost(HttpServletRequest request, HttpServletResponse response)
        throws ServletException, IOException {
    String method = request.getParameter("method");
    if("selectGoodsBySortId".equals(method)){
        int sortId = Integer.parseInt(request.getParameter("sortId"));
        List <Goods> list = null;
        list = goodsservice.selectGoodsBySortId(sortId);
        int pageNumber = list.size();
        int maxPage = pageNumber;
        String number = request.getParameter("i");
        if (maxPage % 6 == 0)
            maxPage = maxPage / 6;
        else {
            maxPage = maxPage / 6 + 1;
        }
        if (number == null) {
            number = "0";
        }
```

```
                request.setAttribute("number", String.valueOf(number));
                request.setAttribute("maxPage", String.valueOf(maxPage));
                request.setAttribute("pageNumber", String.valueOf(pageNumber));
                request.setAttribute("list", list);
                request.getRequestDispatcher("fg-selectSortGoods.jsp").forward(
                        request, response);
        }
/***********************省略其他方法***************************/
        }
/***********************省略其他方法***************************/
}
```

(3) 配置 web.xml:

```
<servlet>                                               <!--定义 servlet -->
        <servlet-name>GoodsServlet</servlet-name>       <!--与 servlet-mapping 对
应 -->
        <servlet-class>                                 <!--定义包.名称 -->
            com.py.servlet.GoodsServlet
        </servlet-class>
</servlet>
<servlet-mapping>                                       <!--映射路径 -->
        <servlet-name>GoodsServlet</servlet-name>       <!--与 servlet 相对应 -->
        <url-pattern>/GoodsServlet.do</url-pattern>     <!--映射路径 -->
</servlet-mapping>
```

(4) 设计商品分类查询页面: fg-selectSortGoods.jsp。

```
<%@ page import="com.py.vo.Goods"%>
<%@ page import="java.util.*" %>
<%
List<Goods> sortList = (List<Goods>) request.getAttribute("list");//获取类别商品集合
int number = Integer.parseInt((String)request.getAttribute("number"));//所有记录数
int maxPage = Integer.parseInt((String)request.getAttribute("maxPage"));//最大页码
int pageNumber = Integer.parseInt((String)request.getAttribute("pageNumber"));//当前页码
int start = number* 6;//开始条数
int over = (number +1)* 6;//结束条数
int count = pageNumber - over;//还剩多少条记录
if(count <=0){//判断 count 变量值是否小于等于 0
    over = pageNumber;//当剩余记录小于等于 0 时,将当前页码数赋给结束条数
    }
%>
/***********************省略其他代码***************************/
            <%
                if(sortList.size() = =0){//判断是否为空
            %>
```

```
              <div class = "goodsTwoNo">没有商品的信息</div>
              <%
                  }else{
                            for(int i = start;i < over;i + +){//使用for循环输出
                            Goods sortGoods = (Goods)sortList.get(i);
              %>
/*************************省略其他代码***************************/
              <%
                  }
              %>
              <div class = "page">
                  <div class = "pageOne">
                      共为<%=maxPage%>页
                  </div>
                  <div class = "pageOne">
                      共有<%=pageNumber%>条记录
                  </div>
                  <div class = "pageOne">
                      当前为第<%=number +1%>页
                  </div>
                  <%
                      if((number +1) = =1){
                  %>
                  <div class = "pageOne">上一页</div>
                  <%
                      }else{
                  %>
                  <div class = "pageOne">
                      <a
   href = "GoodsServlet.do? method = selectGoodsBySortId&sortId = <%=sortId%> &
i = <%=number -1%>">上一页</a>
                  </div>
                  <%
                      }
                  %>
                  <%
                      if(maxPage < = (number +1)){
                  %>
                  <div class = "pageOne">下一页</div>
                  <%
                      }else{
                  %>
                  <div class = "pageOne">
                      <a
```

```
            href = "GoodsServlet.do? method = selectGoodsBySortId&sortId = < % = sortId% > &
i = < % = number + 1% > " > 下一页 </a >
                    </div>
                    <%
                        }
                    %>
            </div>
```

在 fg – selectSortGoods. jsp 通过 request 对象的 getAttribute( )方法获取从后台 GoodsServlet. java 中传递过来的各种属性值。通过对 list 集合进行 for 循环输出来显示商品信息,通过分页的各种变量,设置总页数、多少条记录、当前页数以及"上一页""下一页"。

8.6 购物车模块的设计与实现

8.6.1 购物车模块概述

在超级市场中,顾客可以根据自己的需要将选择的商品放置到购物车,然后到收银台结账,而在电子商务网站中,通常会采用一种被称为"购物车"的技术来模拟现实生活中的购物车。这个技术使用起来非常方便,不但可以随时添加、查看、修改、清空"购物车"中的商品,还可以随时去收银台结账。前台购物车模块主要包括向购物车中添加商品、购物车内商品查询、修改购物车商品数量、移除购物车中的商品及清空购物车等。

8.6.2 购物车模块技术分析

本系统中,实现购物车模块主要应用到 JavaBean 技术。首先建立一个 JavaBean(SellGoods. java),里面包含商品 ID、商品数量、商品价格三个属性,然后将该 JavaBean 保存在 session 范围内,这样在用户的一次会话过程中,用户能够随时保存商品信息。

在本程序中,要实现购物车模块功能,需要的程序列表如表 8 – 6 所示。

表 8 – 6 购物车模块程序列表

序号	页面名称	页面描述
1	SellGoods. java	购物车的 VO 类
2	CartServlet. java	接收请求参数,进行参数验证,调用 DAO 完成具体的验证,并根据 DAO 的验证结果返回信息

1. 编写购物车的 VO 类

购物车的 VO 类需要存放商品编号、商品数量、商品价格三个属性。

```
package com.py.vo;
public class SellGoods {
    public int Id;//编号
    public float price;//价格
    public int number;//数量
}
```

2. 编写购物车的 Servlet 类

在购物车模块的 Servlet 类中，首先通过 request 对象的 getParameter( ) 方法获取参数 method 的值，然后通过字符串匹配方法 equals( ) 来判断执行哪种操作。

```
public class CartServlet extends HttpServlet {
    public void doPost(HttpServletRequest request,HttpServletResponse response)
            throws ServletException,IOException{
        String method = request.getParameter("method");
        if("cartAdd".equals(method)){
//方法体省略
        }
        if("cartClear".equals(method)){
//方法体省略
        }
        if("cartModify".equals(method)){
//方法体省略
        }
    }
    public void doGet(HttpServletRequest request,HttpServletResponse response)
            throws ServletException,IOException{
        this.doPost(request,response);
    }
}
```

8.6.3 购物车添加商品的实现过程

用户在前台首页中单击商品图片或者单击"查看详情"按钮时，将可以看到商品的详细信息，如果用户已登录，则可以通过单击"购买"按钮将商品加入购物车，如图 8.27 和图 8.28 所示。

（1）设计商品详细信息查询页面：fg – goodsSelectOne. jsp。

```
< form name = "cartForm" method = "post" action = "CartServlet.do? method = cartAdd" >
< input type = "hidden" name = "goodsId" value = " <% = goods.getGoodsId()% >" / >
< input type = "hidden" name = "price" value = " <% = goods.getFreeprice()% >" / >
< input type = "image" src = "images/icon_cart.gif" class = "inputNoBorder" / >
</form >
```

图 8.27 添加商品

图 8.28 登录后才能购买

在 fg-goodsSelectOne.jsp 页面通过提交表单的方式将参数 method=cartAdd 以及商品的编号、价格、数量传递到 CartServlet.java。

（2）购物车模块 Servlet 类：CartServlet.java。在购物车模块 Servlet 类中，getParameter()方法可以获取 method 和 sortId 参数，然后通过 equals()方法判断将要执行哪部分代码。

```java
public class CartServlet extends HttpServlet {
    public void doPost(HttpServletRequest request,HttpServletResponse response)
            throws ServletException,IOException{
        String method = request.getParameter("method");//获取参数
        if("cartAdd".equals(method)){//匹配参数
            int goodsId = Integer.parseInt(request.getParameter("goodsId"));//获取商品编号
            float goodsPrice = Float.parseFloat(request.getParameter("price"));//获取商品价格
            boolean flag=true;//定义标识符
            SellGoods sellgoods=new SellGoods();//新建对象
            sellgoods.Id=goodsId;
            sellgoods.price=goodsPrice;
            sellgoods.number=1;
            HttpSession session = request.getSession();//得到session
            Vector<SellGoods> cart = (Vector<SellGoods>)session.getAttribute("cart");
            //从session中取得属性cart内容
            if(cart==null){//判断cart是否为空
                cart=new Vector<SellGoods>();
                //如果session范围中不存在cart属性,则新建SellGoods类型的Vector
            }else{
                for(int i=0;i<cart.size();i++){//使用for循环遍历Vector中的SellGoods对象
                    SellGoods goods=(SellGoods)cart.elementAt(i);
                    if(goods.Id==sellgoods.Id){//如果新加入的商品编号与原编号一致,该商品数量加一
                        goods.number++;
                        cart.setElementAt(goods,i);
                        flag=false;//判断原cart中是否存在新添加的商品
                    }
                }
            }
            if(flag){
                cart.add(sellgoods);//向cart中添加商品
                session.setAttribute("cart",cart);//将cart保存在session范围内
            }
            response.sendRedirect("fg-cartSee.jsp");//客户端跳转到fg-cartSee.jsp
        }
/*************************省略其他方法***************************/
    }
/*************************省略其他方法***************************/
}
```

（3）配置 web.xml：

```xml
<servlet>                                           <!--定义servlet-->
        <servlet-name>CartServlet</servlet-name>    <!--与servlet-mapping对应-->
        <servlet-class>
            com.py.servlet.CartServlet
        </servlet-class>                            <!--定义包.名称-->
</servlet>
<servlet-mapping>                                   <!--映射路径-->
        <servlet-name>CartServlet</servlet-name>    <!--与servlet相对应-->
        <url-pattern>/CartServlet.do</url-pattern>  <!--映射路径-->
</servlet-mapping>
```

8.6.4 查看购物车的实现过程

购物车查看页面显示了购物车中的商品信息，如图 8.29 所示。

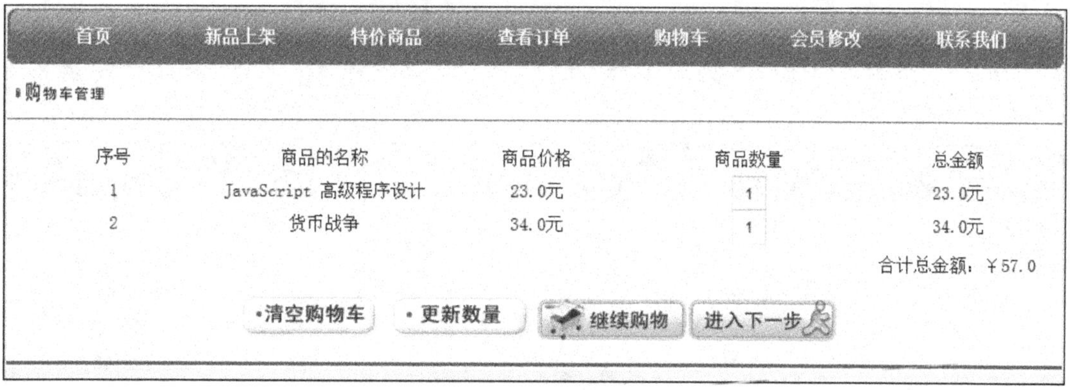

图 8.29 购物车

设计购物车查看页面：fg-cartSee.jsp。fg-cartSee.jsp 页面从 session 范围内取得 cart 对象，然后使用 for 循环对其进行遍历，将商品信息展示出来。

```jsp
<%
    float sum=0;
    Vector<SellGoods> cart=(Vector<SellGoods>)session.getAttribute("cart");
    for(int i=0;i<cart.size();i++){
        SellGoods sellgoods=(SellGoods)cart.elementAt(i);
        sum=sum+sellgoods.number*sellgoods.price;
        System.out.print("sum="+sum);
%>
<!--品样式代码省略-->
<%
    }
%>
```

8.6.5 修改商品数量的实现过程

（1）JavaScript 验证商品数量信息。

首先通过 onblur 判断用户是否离开商品数量输入框，用户离开商品数量输入框时将触发 check( ) 函数。check( ) 函数代码如下：

```
<script>
        function check(form){
    if(isNaN(form.num<%=i%>.value)||form.num<%=i%>.value==""||form.num<%=i%>.value==0||form.num<%=i%>.value<0) {
                            alert("请输入正确数量");
                            form.num<%=i%>.focus();
                            return;
                    }
        form.submit();
    }
</script>
```

以上代码将实现商品数量的非空以及正整数判断，若数量填写错误，将弹出警告，如图 8.30 所示。

图 8.30 验证输入数量

若数量填写正确，将触发 form.submit( ) 方法，将表单提交到 CartServlet.java，代码如下：

```
<form method="post" action="CartServlet.do?method=cartModify"
            name="form">
<!--其他代码省略-->
<input name="num<%=i%>" style="width:30px; height:30px; line-height:30px;
text-align:center;" type="text" value="<%=sellgoods.number%>" onblur=
"check(this.form)" />
<!--其他代码省略-->
</form>
```

（2）修改商品数量的 Servlet 实现：CartServlet.java。在 CartServlet.java 中接收 method 参数和商品数量。

```java
if("cartModify".equals(method)){
            HttpSession session = request.getSession();//得到 session
            Vector<SellGoods> cart = (Vector<SellGoods>)session.getAttribute("cart");
            Vector<SellGoods> newcart = new Vector<SellGoods>();//声明新的购物车对象
            for(int i=0;i<cart.size();i++){
                SellGoods mygoodselement = (SellGoods)cart.elementAt(i);//获取每个商品的对象
                String num = request.getParameter("num"+i);
                try{
                    int newnum = Integer.parseInt(num);
                    mygoodselement.number = newnum;//增加相同的商品数量
                    if(newnum! =0){
                        newcart.addElement(mygoodselement);//将新商品放入新购物车对象中
                    }
                }catch(Exception e){
                    e.printStackTrace();
                }
            }
            session.setAttribute("cart",newcart);//将 newcart 对象保存在 session 中
            response.sendRedirect("fg-cartSee.jsp");//客户端跳转到 fg-cartSee.jsp
        }
```

（3）配置 web.xml：

```xml
<servlet>                                            <!--定义 servlet-->
        <servlet-name>CartServlet</servlet-name>     <!--与 servlet-mapping 对应-->
        <servlet-class>                              <!--定义包.名称-->
            com.py.servlet.CartServlet
        </servlet-class>
</servlet>
<servlet-mapping>                                    <!--映射路径-->
        <servlet-name>CartServlet</servlet-name>     <!--与 servlet 相对应-->
        <url-pattern>/CartServlet.do</url-pattern>   <!--映射路径-->
</servlet-mapping>
```

8.6.6 清空购物车的实现过程

清空购物车的 Servlet 实现页面：CartServlet.java。清空购物车的实现非常简单，只需将保存在 session 中的购物车信息清空，并将页面重定向到购物车为空即可。

清空按钮超链接如下:

```
<a href="CartServlet.do?method=cartClear"><img src="images/icon_cart_06.gif"/></a>
```

该超链接指向 CartServlet.java，传递了参数 method=cartClear，具体代码如下：

```
if("cartClear".equals(method)){
        HttpSession session = request.getSession();//得到 session
        session.removeAttribute("cart");//去除 session 范围内的 cart
        response.sendRedirect("fg-cartSee.jsp");//客户端跳转回 fg-cartSee.jsp
}
```

8.7 订单模块的设计与实现

8.7.1 订单模块概述

在前台订单模块中仅能查询客户的订单信息，无法修改订单信息或者删除订单；在后台订单模块中仅能删除订单信息或者对订单出货标识进行修改。

8.7.2 订单模块技术分析

在本程序中，要实现订单模块功能，需要的程序列表如表 8-7 所示。

表 8-7 订单模块程序列表

序号	页面名称	页面类型	页面描述
1	Order	JavaBean	订单的 VO 类
2	OrderDetail	JavaBean	订单明细的 VO 类
3	DatabaseConnection	Java	负责数据库的连接和关闭操作
4	OrderDAO	Java	定义操作的 DAO 类接口
5	OrderDetailDAO	Java	定义操作的 DAO 类接口
6	OrderDAOImpl	Java	DAO 接口的实现类，完成具体的操作
7	OrderDetailDAOImpl	Java	DAO 接口的实现类，完成具体的操作
8	OrderDAOProxy	Java	代理实现类，负责数据库打开和关闭
9	OrderDetailDAOProxy	Java	代理实现类，负责数据库打开和关闭
10	DAOFactory	Java	工厂类，取得 DAO 接口的实例

续表

序号	页面名称	页面类型	页面描述
11	OrderService	Java	定义业务逻辑接口
12	OrderServiceImpl	Java	业务逻辑接口实现类
13	GoodsServiceImpl.java	业务逻辑接口实现类，完成具体操作	接收请求参数，进行参数验证，调用 DAO 完成具体的验证，并根据 DAO 的验证结果返回信息

8.7.3 生成订单的实现过程

生成订单是网上购物的最终目的，前面所有的功能的实现都是为了最后生成一个用户满意的订单做准备的，在此要生成一个用户可以随时查询的订单号，还要保存用户订单中所购买的商品信息。当用户确定购物车中的商品不再改变之后，就可以到收银台结账并生成订单。生成订单流程为：从购物车中读取商品编号、商品数量、商品价格信息，生成一个唯一的订单号，同时把用户注册的基本信息读取出来，形成一个完整的订单，并写入数据库中。填写订单的页面如图 8.31 所示。

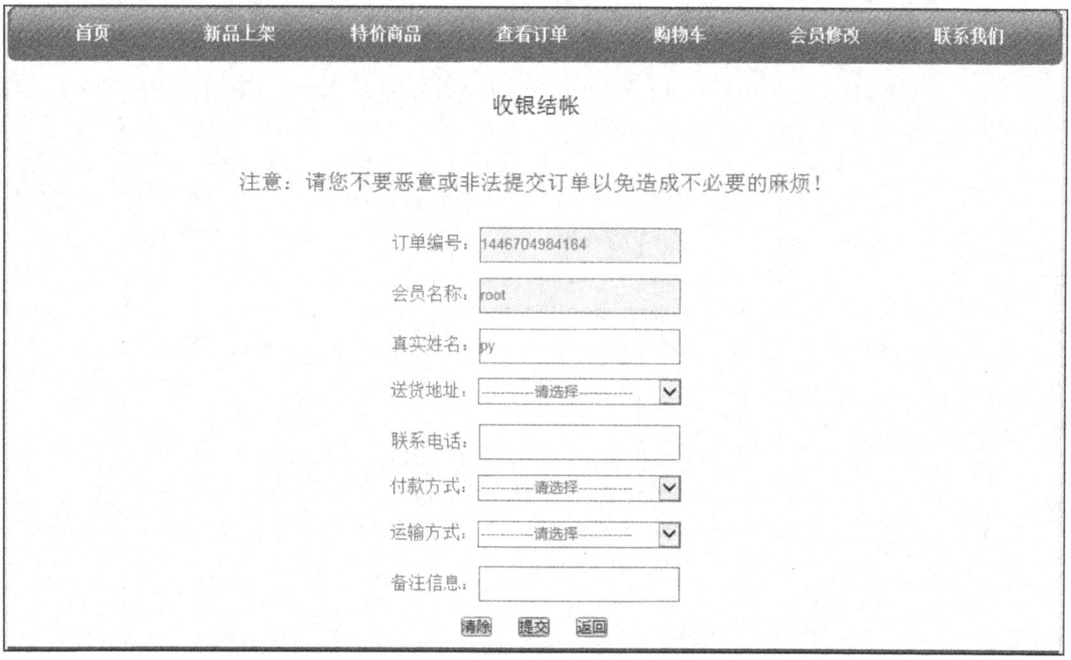

图 8.31 填写订单页面

生成订单过程中可以通过 session 范围内的用户对象和购物车对象来取得用户信息和购物信息。订单填写完毕之后，单击"提交"按钮，可以将表单信息提交到 OrderServlet.java 中，在其中通过 request 对象的 getParameter( )方法获取用户填写的订单主信息和商品信息，然后将订单主信息保存在订单信息表（tb_order）中，将商品信息保存在订单明细表（tb_orderdetail）中。

(1) 订单提交页面：fg – orderSubmit. jsp。

```
<form name = "orderForm" method = "post" action = "OrderServlet.do? method = insertOrder" onsubmit = "return validate(this)" >
<!--其他代码省略 -->
</form>
```

订单提交页面将订单信息传递到 OrderServlet. java 中。

(2) 订单提交的 Servlet 实现：OrderServlet. java。OrderServlet. java 通过 request 的 getParameter( )方法获取 fg – orderSubmit. jsp 页面传递过来的信息。

```
public class OrderServlet extends HttpServlet {
    public void doPost(HttpServletRequest request, HttpServletResponse response)
            throws ServletException, IOException {
        String method = request.getParameter("method");
        if ("insertOrder".equals(method)) {
            HttpSession session = request.getSession();//得到 session
            Vector < SellGoods > cart = (Vector < SellGoods >) session
                    .getAttribute("cart");//获取 session 范围内的 cart
            Order order = new Order();//实例化 Order 对象
            OrderDetail orderDetail = new OrderDetail();//实例化 OrderDetail 对象
            String orderId = request.getParameter("orderId").trim();//获取表单的参数
            String account = request.getParameter("account");//获取表单的参数
            String reallyName = request.getParameter("reallyName");//获取表单的参数
            String address = request.getParameter("address");//获取表单的参数
            String tel = request.getParameter("tel");//获取表单的参数
            String setMoney = request.getParameter("setMoney");//获取表单的参数
            String post = request.getParameter("post");//获取表单的参数
            String bz = request.getParameter("bz");//获取表单的参数
            if (orderId == null || account == null || reallyName == null
                    || address == null || tel == null || setMoney == null
                    || post == null || bz == null) {//判断参数是否为空
                request.setAttribute("result", "表单为空！");
                request.getRequestDispatcher("fg-orderSubmit.jsp").forward(
                        request, response);//服务器端跳转
            } else {
                //先添加订单表
                order.setOrderId(orderId);
                order.setAccount(account);
                order.setReallyName(reallyName);
                order.setAddress(address);
                order.setTel(tel);
```

```
                    order.setSetMoney(setMoney);
                    order.setPost(post);
                    order.setBz(bz);
            } else {
                try {
                    if (DAOFactory.getOrderDAOInstance().insertOrder(order)) {// 添加订单表
                            //然后添加订单明细表
                            for (int i = 0; i < cart.size(); i++) {
                                SellGoods sellgoods = (SellGoods)cart.elementAt(i);
                                orderDetail.setOrderId(orderId);
                                orderDetail.setGoodsId(sellgoods.Id);
                                orderDetail.setPrice(sellgoods.price);
                                orderDetail.setNumber(sellgoods.number);
                                if (!DAOFactory.getOrderDetailDAOInstance()
                                        .insertOrderDetail(orderDetail)) {
                                    request.setAttribute("result", "提交订单错误");
                                    request.getRequestDispatcher(
                                            "fg-orderSubmit.jsp").forward(request,
                                            response);
                                }
                            }
                            session.removeAttribute("cart");//删除 session 范围内的 cart
                            response.sendRedirect("fg-orderDetail.jsp");//客户端跳转
                    } else {
                        request.setAttribute("result", "提交订单错误");
                        request.getRequestDispatcher("fg-orderSubmit.jsp")
                                .forward(request, response);//服务器端跳转
                    }
                } catch (Exception e) {
                    e.printStackTrace();
                }
            }
        }
```

以上程序中首先接收表单传递过来的订单信息参数，对参数进行非空判断，若为空，则返回订单提交页面；若不为空，则将参数值赋值给 Order 对象。接着将 Order 对象插入数据库中的订单信息表(tb_order)中，成功插入后从 session 范围内取得 cart 对象，使用 for 循环将 cart 对象中的商品信息插入订单明细表(tb_orderdetail)中。

8.8　软件测试

软件编写完成后需要对其进行功能测试，下面介绍如何使用 ATF 自动化测试工具对其进行测试。

8.8.1　工具简介

北京邮电大学研发的 ATF 是国内研发的一款轻量级自动化测试工具，它是基于 QTP 和 Selenium 等软件的基础，通过封装它们的方法形成一套超级简单的实例描述脚本语言。ATF 通过实例描述语言，支持多语言生成，从而支持多工具，能覆盖更多的软件产品和平台。它通过安装插件的方式支持各种类型的软件系统的测试，包括 B/S、桌面程序、IOS、Android、字符终端、接口测试。通过 ATF 可以简单地实现 GUI 界面自动化测试，它利用了脚本管理构建化，仅有顺序结构，简单易上手，测试人员不必花大量时间去掌握复杂的定位技术及断言技术。

8.8.2　工作目录简介

工作目录是一个本地文件夹，符合预先规定的目录结构，ATF 工具所用的部分资源从工作目录中获取，如案例脚本、对象库、执行结果记录单等，如图 8.32 所示。

图 8.32　工作目录

8.8.3　被测系统及自动化代码维护

选择"执行控制"菜单，进入对应界面，如图 8.33 所示。

被测系统自动化代码包括两部分：一是控件函数，用于实现被测系统中各控件类型的自动化操作，如输入文本框、单击按钮等，可以根据不同系统的特点建立满足各自系统实现的控件、控件支持的操作；二是案例脚本执行框架，每个案例的脚本根据此框架进行生成，分系统设置可以满足不同系统特点的个性化需要。

在对象模型上面的列表中单击"添加"按钮，可以新增类型，在下方的列表中单击"新增"按钮，可以新增类型的方法，在右方维护方法的各种属性，然后单击"保存"按钮即可。

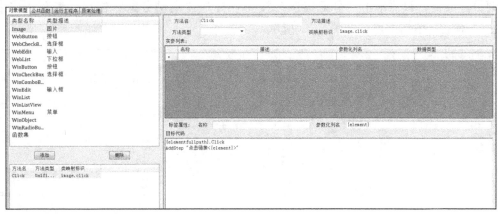

图 8.33　执行控制界面

8.8.4　案例管理

1. 导入案例

根据案例导入模板编写案例后，即可导入 ATF 工具中进行管理。单击图 8.34 中的"导入案例"按钮，选择要导入的 Excel 文件，完成导入。如果案例内容不符合规范，将导入失败，界面中展示具体的失败信息。

图 8.34　导入案例

2. 分配案例

ATF 支持案例分配功能，可以将同一案例库下的案例分配给不同的人进行自动化执行，方便组内协作。在案例库浏览中每个人都可以看到所有的案例，并且看到执行者；而在后面的脚本编写、数据填写、自动化执行阶段，只能看到分配给自己执行的案例。

要分配案例，只需单击"分配案例"按钮，打开"案例分配"窗口，填写相应信息后单击"确定"按钮即可，如图 8.35 所示。

图 8.35　分配案例

3. 设置案例执行方式

ATF 支持案例的手工执行和自动化执行，因此需要配置案例的执行方式，只有执行方式为"自动化"的用例，才可以在后面的步骤中编辑脚本数据，进行自动化执行，如图 8.36所示。

4. 设置案例脚本管理方式

案例的自动化执行脚本管理方式多样，没有最好，只有最适合。ATF 支持不同的案例使用不同的脚本管理模式，目前较好的方案是通过模板进行管理，因此脚本管理方式一般选择"模板"即可，如图 8.37 所示。

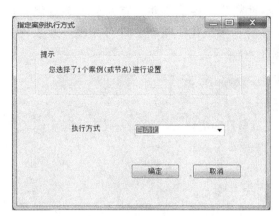
图 8.36 设置案例执行方式

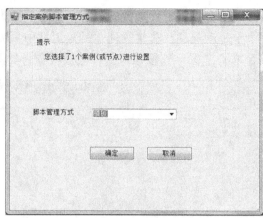
图 8.37 设置案例脚本管理方式

8.8.5 案例自动化

编写自动化脚本，录制 QTP 脚本，适当修饰脚本，增加可读性，将脚本内容复制到工具中以便保存；同时将脚本对象库导出为外部对象库（扩展名为 tsr 的文件），放在对应工作目录"＜工作目录＞\ QtpTest\ ＜被测系统名称＞\ ObjectRepository\ ＜对象库名＞.tsr 中"，其中对象库名与录制脚本对应的交易名称一致，如图 8.38 和图 8.39 所示。

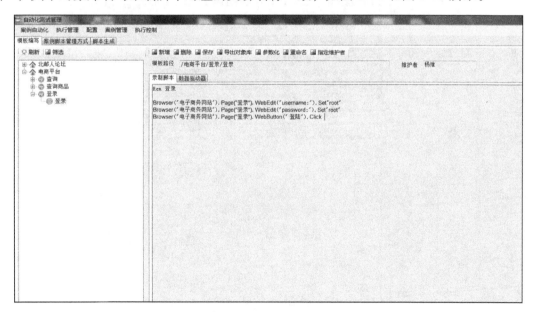
图 8.38 录制脚本

1. 参数化

当使用模板管理自动化脚本时，属于同一交易的一批案例的脚本可以用同一个模板脚本，对模板脚本配以不同的参数，即可满足不同案例的个性化要求。使模板脚本中的数据从固定值变为可配置参数的过程，称为模板脚本参数化，传统自动化脚本实现参数化需要一个个手动处理，非常烦琐，ATF 工具中只需单击"参数化"按钮，即可完成。参数化完成后单击"保存"按钮来保存模板脚本，如图 8.40 所示。

图 8.39　导出脚本

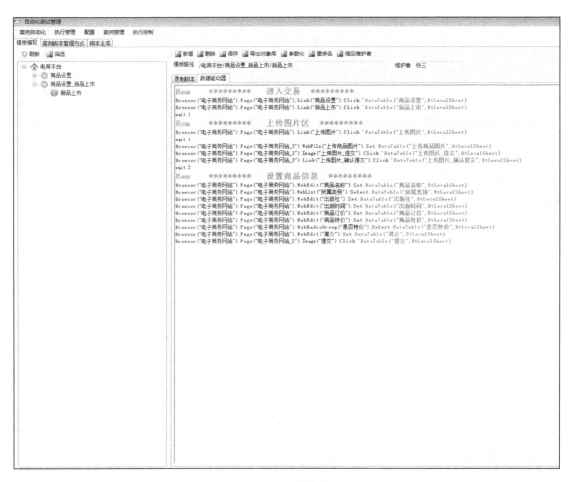

图 8.40　参数化

2. 案例脚本管理配置

一批案例虽然属于同一交易，但是执行起来差别可能比较大，此时可以使用多个模板脚本来管理这一批案例，即 ATF 工具支持多模板脚本，因此需要配置模板脚本管理哪些案例的脚本。

选择"自动化"→"模板"，打开"某管理方式下案例"表格，该表格显示该模板下管理的案例，右侧"所有可选案例"表格显示模板所属交易下的所有案例。选择右侧表格的部分案例，单击"加入"按钮，再单击"保存"按钮，则选择的案例将由本模板脚本来管理，如图 8.41 所示。

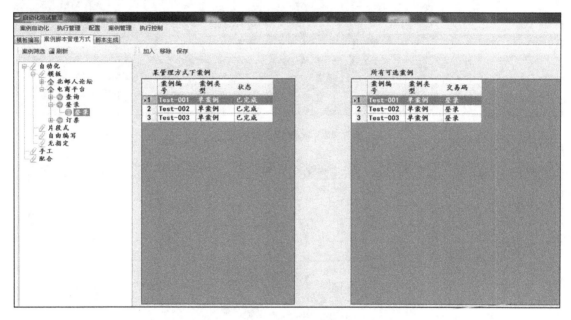

图 8.41 案例脚本管理配置

3. 案例脚本数据配置

为模板配置各案例的个性化数据是 ATF 工具的重点和特色。通过模板＋数据即可生成案例要执行的自动化脚本，同时在自动化回归执行需要维护脚本时，在数据配置表格中进行维护比直接在代码中维护更简单、更不易出错。

可以选择部分案例进行数据配置，可选案例必须满足条件：一是该案例归当前用户执行；二是该案例执行方式为"自动化"；三是该案例脚本管理方式为"模板"。如图 8.42 所示，左侧上半部分通过测试点对可选案例进行分类，避免一次性处理大量案例，增加难度。左侧下半部分显示选择的案例集包含的交易和模板脚本，双击某个模板脚本，则右侧上半部分显示该模板对应案例的数据表格，在此表格中根据案例描述的测试意图进行数据配置，最后单击工具栏中的"构建"按钮，即可生成案例要执行的自动化脚本。

除了配置数据，ATF 工具还支持插入步骤，用于增加模板中没有的自动化脚本。由于各个案例差别较大，操作步骤差异较多时，多余步骤难以写在模板脚本中，因此可以针对单个案例插入个性化的自动化代码，来满足不同案例的个性化需求，如图 8.43 和图 8.44 所示。

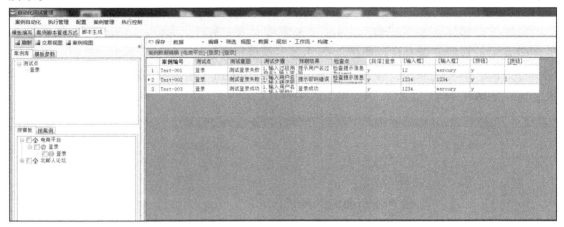

图 8.42　案例脚本数据配置

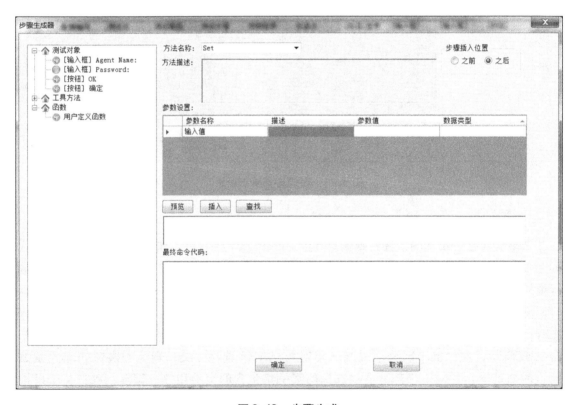

图 8.43　步骤生成

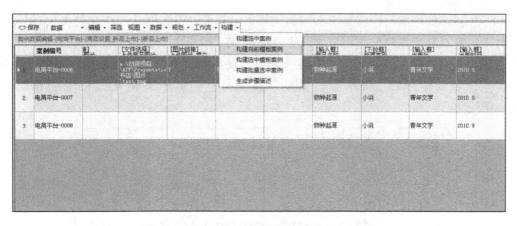

图 8.44 构建当前模板案例

8.8.6 执行管理

1. 执行规划

案例的执行有时会相当复杂,ATF 支持将案例分组,各组分别配置案例的执行策略,这样的案例组称为剧本,意即一组案例按照规划好的方案一步步执行。

选择"执行管理"→"剧本规划"命令,进入对应界面,单击工具栏中的"新增剧本"按钮,打开"新增测试剧本"窗口,在"剧本名称"文本框中输入剧本名称,单击"确定"按钮后就新增了一个剧本,如图 8.45 所示。

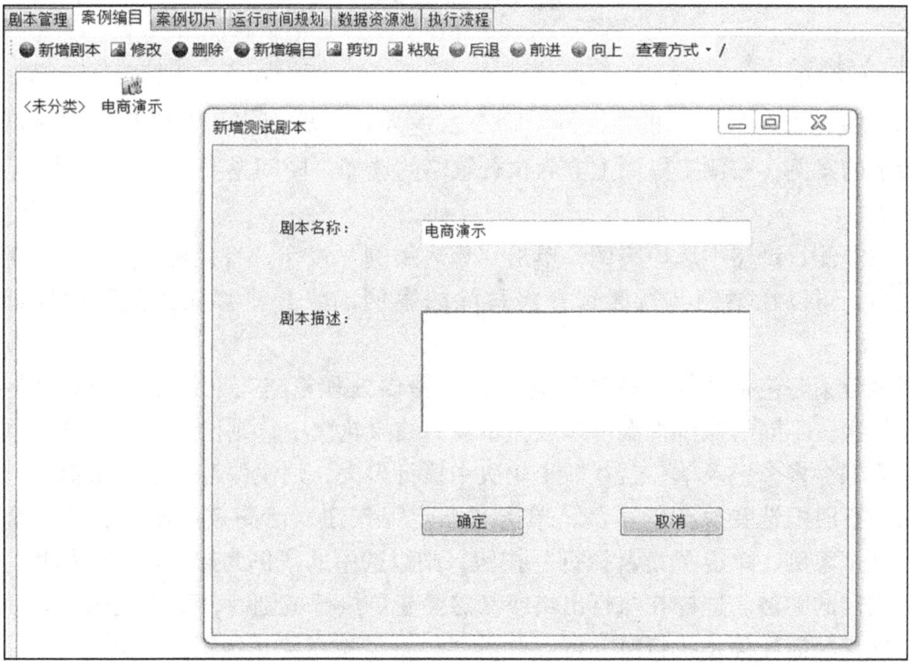

图 8.45 新增测试剧本

ATF 还可以新增编目，相当于不同的文件夹，其可以将案例从一个文件夹移动到另一个文件夹，整理好后案例分组更清晰，更容易寻找。单击工具栏中的"新增编目"按钮，打开"新增编目"窗口，在该窗口中设置即可。在某编目中选中部分案例，单击"剪切"按钮，定位到其他目录，再单击"粘贴"按钮，就完成了案例在编目中的移动，如图 8.46 所示。

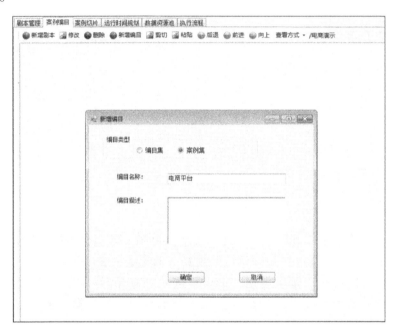

图 8.46　新增编目

2. 批量执行

选择"执行管理"→"批量执行"命令，进入对应界面。其左侧目录树显示按剧本及编目展示的案例；右侧主界面上方为执行策略的选择，中间是要执行的案例，下方是执行过程日志。

首先在左侧目录树中选择案例，单击"载入案例"按钮，将案例载入执行案例区。如果载入过多，可以在案例执行区选择需移除的案例，单击"移除案例"按钮即可，如图 8.47 所示。

选择执行策略包括"执行选择策略"和"错误处理策略"，并配置了执行结果选项，设置结果轮次。不同的执行批次可以放在不同的结果轮次中，则同一个案例在不同轮次汇总执行后会保存多个记录单；若在一个轮次中执行多次，则仅保存一个记录单。

批量执行时框选要执行的案例，单击"圈定"按钮，已圈定的案例将变为金黄色背景，选中某个案例，单击"批量执行"按钮，则以选中的案例为起始案例开始执行，并且只执行已圈定的案例。这样在执行出错或者需要变更执行范围时，更方便选择。执行过程中遇到特殊情况需要停止执行时，可以单击"终止"按钮终止执行。

注意：为提高启动速度，可以在执行之前先打开 QTP，做好准备。

执行完成后生成执行记录单,如图 8.48 所示。

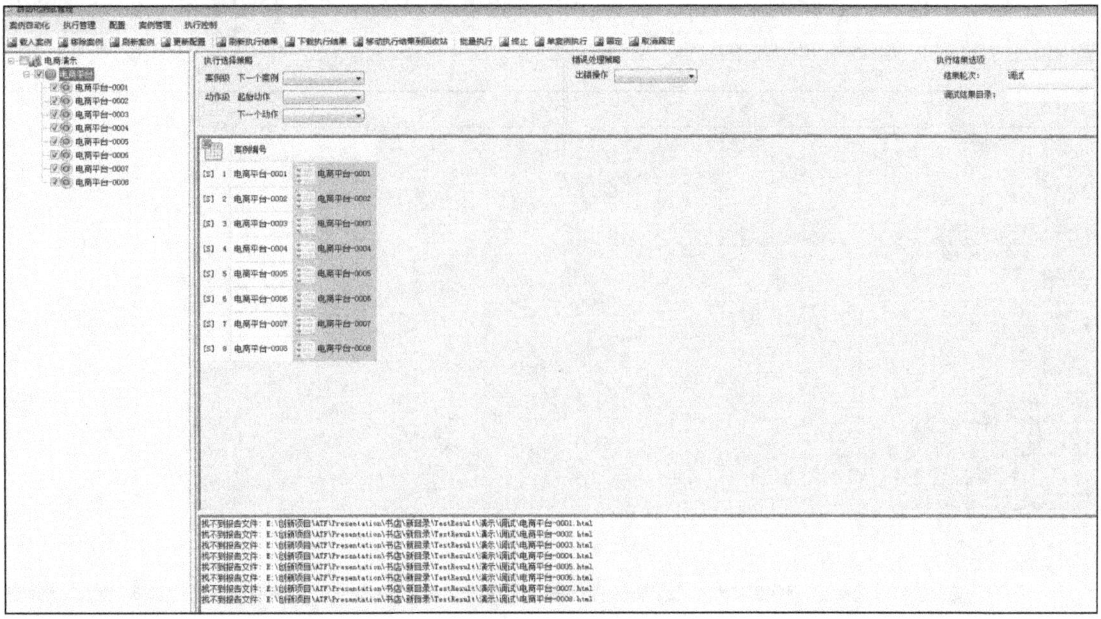

图 8.47　批量执行

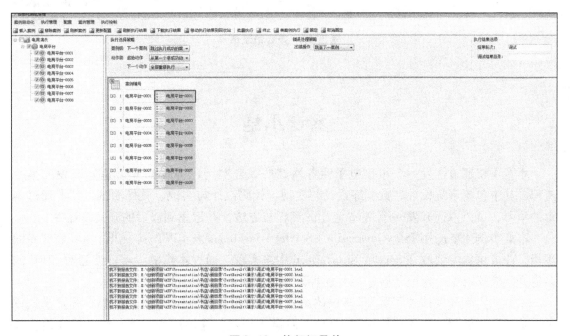

图 8.48　执行记录单

执行完成后,如果执行失败,则案例前的图标显示红色叉;如果执行成功,则案例前的图标显示绿色勾。在案例上右击,在弹出的快捷菜单中选择"查看记录单"命令,可以查看执行结果,如图 8.49 所示。

图 8.49　查看记录单

本章小结

本章主要通过开发一个小型电子商务网站的综合实例,讲解了 Web 应用开发的整个流程,其中包括系统设计、数据库设计与实现、代码设计与实现、软件测试。读者通过本章的学习,可以掌握开发一个 Web 应用的流程与方法,并运用到以后的开发设计中。

本章实例主要应用 JSP + JavaScript + Servlet + JavaBean 来实现,其中 JSP 主要处理界面逻辑,业务逻辑主要放在 Servlet 和 JavaBean 中来实现。通过本章的学习,读者对 J2EE 的多层开发模式有了一定的了解,可将这种开发模式应用到以后的开发中。

本章的实例开发体现了 J2EE 多层体系开发的思想,但如果严格按照 MVC 开发模式评价,是远远不够的,如果严格按照 MVC 开发模式开发,建议读者阅读一些专门介绍设计模式的书籍,并学习一些实现 MVC 模式的框架,如 Struts、Spring、SpringMVC 等,这些都是得到广泛应用的比较成熟的框架。

附录　本书主要专业术语

（1）B/S 结构：Browser/Server（浏览器/服务器）结构，是随着 Internet 技术的兴起，对 C/S 结构的一种变化或者改进的结构。在这种结构下，用户界面完全通过浏览器实现，一部分事务逻辑在前端实现，但是主要事务逻辑在服务器端实现。

（2）C/S 结构：Client/Server（客户端/服务器）结构，通过将任务合理分配到客户端和服务器端，降低了系统的通信开销，可以充分利用两端硬件环境的优势。

（3）XML：Extensible Markup Language，可扩展标记语言，是一种标记语言。标记指计算机所能理解的信息符号，通过此种标记，计算机之间可以处理包含各种信息的文章等。如何定义这些标记，既可以选择国际通用的标记语言，如 HTML，也可以使用如 XML 这样由相关人士自由决定的标记语言，这就是语言的可扩展性。

（4）CSS：Cascading Style，层叠样式表，是一种用来表现 HTML（标准通用标记语言的一个应用）或 XML（标准通用标记语言的一个子集）等文件样式的计算机语言。

（5）JavaScript：JavaScript 是一种由 Netscape 的 LiveScript 发展而来的原型化继承的面向对象的动态类型的区分大小写的客户端脚本语言，主要目的是解决服务器终端语言，如 Perl，遗留的速度问题。在 1995 年 Netscape 公司开发 Navigator 浏览器时，服务端需要对数据进行验证，由于网络速度相当缓慢，只有 28.8Kb/s，验证步骤浪费的时间太多。于是 Netscape 的浏览器 Navigator 加入了 JavaScript，提供了数据验证的基本功能。所以，JavaScript 被数以百万计的网页用来改进设计、验证表单、检测浏览器、创建 Cookies，以及更多的应用。

（6）JSP：Java Server Pages，是由 Sun Microsystems 公司倡导和许多公司参与共同创建的一种使软件开发者可以响应客户端请求，而动态生成 HTML、XML 或其他格式文档的 Web 网页的技术标准。JSP 技术以 Java 语言作为脚本语言，JSP 网页为整个服务器端的 Java 库单元提供了一个接口，用于服务 HTTP 的应用程序。用 JSP 开发的 Web 应用是跨平台的，既能在 Linux 下运行，也能在其他操作系统上运行。

（7）JDK：Java Development Kit，是 Sun Microsystems 公司针对 Java 开发的产品。JDK 是整个 Java 的核心，包括 Java 运行环境、Java 工具和 Java 基础类库。

（8）JRE：Java Runtime Environment，Java 运行环境，是运行 Java 程序所必须的环境的集合，包含 JVM 标准实现及 Java 核心类库。

（9）Eclipse：著名的跨平台的自由集成开发环境（IDE），最初主要用来 Java 语言开发，但它的用途并不限于 Java 语言，如支持 C/C++、COBOL、PHP、Android 等编程语言的插件已经可用。

（10）MyEclipse：MyEclipse 企业级工作平台（My Eclipse Enterprise Workbench，简称 MyEclipse）是对 Eclipse IDE 的扩展，利用它可以极大地提高在数据库和 J2EE 的开发、发布，以及应用程序服务器的整合方面的工作效率。它是功能丰富的 J2EE 集成开发环境，包括了完备的编码、调试、测试和发布功能，完整支持 HTML、Struts、JSF、CSS、JavaScript、SQL、Hibernate。

(11) Tomcat：Tomcat 服务器是一个免费的开放源代码的 Web 应用服务器，是 Apache 软件基金会（Apache Software Foundation）的 Jakarta 项目中的一个核心项目，由 Apache、Sun 和其他一些公司及个人共同开发而成。因为 Tomcat 技术先进、性能稳定，而且免费，所以深受 Java 爱好者的喜爱并得到了部分软件开发商的认可，成为目前比较流行的 Web 应用服务器。目前 Tomcat 的最新版本是 8.0。

(12) Dreamweaver：Adobe Dreamweaver，简称 DW，是美国 Macromedia 公司开发的集网页制作和管理网站于一身的所见即所得网页编辑器。Dreamweaver 由 MX 版本开始使用 Opera 软件公司的排版引擎 Presto 作为网页预览。由于同 Adobe CS Live 在线服务 Adobe Browser Lab 集成，因此可以使用 CSS 检查工具进行设计，使用内容管理系统进行开发并实现快速、精确地浏览器兼容性测试。

(13) MySQL：MySQL 是一个开放源码的关联式数据库管理系统。原开发者为瑞典的 MySQL AB 公司，该公司在 2008 年被升阳微系统公司（Sun Microsystems）收购。甲骨文公司（Oracle）2009 年收购升阳微系统公司，MySQL 成为 Oracle 旗下产品。MySQL 被广泛地应用在 Internet 上的中小型网站中。由于其体积小、速度快、总体拥有成本低，尤其是开放源码这一特点，许多中小型网站为了降低网站总体拥有成本而选择了 MySQL 作为网站数据库。MySQL 所使用的 SQL 语言是用于访问数据库的最常用标准化语言。

(14) API：Application Programming Interface，应用程序编程接口，是一些预先定义的函数，目的是提供应用程序与开发人员基于某软件或硬件得以访问一组例程的能力，而又无须访问源码，或理解内部工作机制的细节。

(15) JDBC：JDBC（Java Data Base Connectivity，Java 数据库连接）是一种用于执行 SQL 语句的 Java API，可以为多种关系数据库提供统一访问，它由一组用 Java 语言编写的类和接口组成。JDBC 提供了一种基准，据此可以构建更高级的工具和接口，使数据库开发人员能够编写数据库应用程序，JDBC 实现了所有这些面向标准的目标并且具有简单、严格类型定义且高性能实现的接口。

(16) Servlet：Servlet（Server Applet），全称 Java Servlet，未有中文译文，是用 Java 编写的服务器端程序。其主要功能在于交互式地浏览和修改数据，生成动态 Web 内容。狭义的 Servlet 是指 Java 语言实现的一个接口，广义的 Servlet 是指任何实现了这个 Servlet 接口的类，一般情况下，人们将 Servlet 理解为后者。Servlet 运行于支持 Java 的应用服务器中。从实现上讲，Servlet 可以响应任何类型的请求，但绝大多数情况下，Servlet 只用来扩展基于 HTTP 协议的 Web 服务器。最早支持 Servlet 标准的是 JavaSoft 的 Java Web Server。此后，一些其他的基于 Java 的 Web 服务器开始支持标准的 Servlet。

(17) JSP 内置对象：JSP 内置对象，是可以不加声明和创建就可以在 JSP 页面脚本（Java 程序片和 Java 表达式）中使用的成员变量。

(18) MVC：Model View Controller，是软件工程中的一种软件架构模式，把软件系统分为三个基本部分：模型（Model）、视图（View）和控制器（Controller）。MVC 是一种软件设计典范，用一种业务逻辑和数据显式分离的方法组织代码，将业务逻辑聚集到一个部件里面，在界面和用户围绕数据的交互能被改进和个性化定制的同时而不需要重新编写业务逻辑。MVC 用于映射传统的输入、处理和输出功能在一个逻辑的图形化用户界面的结构中。

参 考 文 献

[1] 余芳. JSP 动态网站开发案例指导[M]. 北京：电子工业出版社，2009.
[2] 范立锋，乔世权，程文彬. JSP 程序设计[M]. 北京：人民邮电出版社，2009.
[3] 徐建华，李玉林，马军，等. Java 入门与提高[M]. 北京：科学出版社，2008.
[4] 张跃平，耿祥义. JSP 程序设计[M]. 北京：清华大学出版社，2009.
[5] 王珊，萨师煊. 数据库系统概论[M]. 4 版. 北京：高等教育出版社，2006.
[6] 刘中兵，李伯华，邹晨. JSP 数据库项目案例导航[M]. 北京：清华大学出版社，2006.
[7] 刘军. 电子商务系统的规划与设计[M]. 北京：人民邮电出版社，2011.
[8] 肖刚. Java Web 服务器应用程序设计[M]. 北京：电子工业出版社，2001.
[9] 黄浩文，黄静舒. JSP 核心技术和电子商务应用实例[M]. 北京：机械工业出版社，2001.
[10] 陈丹丹，高飞. JSP 项目开发全程实录[M]. 3 版. 北京：清华大学出版社，2013.
[11] 温谦. CSS 网页设计标准教程[M]. 北京：人民邮电出版社，2009.
[12] Jeremy McPeak，Paul Wilton. JavaScript 入门经典[M]. 5 版. 胡献慧，译. 北京：清华大学出版社，2016.

高等院校物流专业创新规划教材

序号	书名	书号	编著者	定价	序号	书名	书号	编著者	定价
1	物流工程	7-301-15045-0	林丽华	30.00	40	物流系统优化建模与求解	7-301-22115-0	李向文	32.00
2	物流管理信息系统	7-301-16564-5	杜彦华	33.00	41	集装箱运输实务	7-301-16644-4	孙家庆	34.00
3	现代物流学	7-301-16662-8	吴 健	42.00	42	库存管理	7-301-22389-5	张旭凤	25.00
4	物流英语	7-301-16807-3	阚功俭	28.00	43	运输组织学	7-301-22744-2	王小霞	30.00
5	采购管理与库存控制	7-301-16921-6	张 浩	30.00	44	物流金融	7-301-22699-5	李蔚田	39.00
6	物料学	7-301-17476-0	肖生苓	44.00	45	物流系统集成技术	7-301-22800-5	杜彦华	40.00
7	物流项目招投标管理	7-301-17615-3	孟祥茹	30.00	46	商品学	7-301-23067-1	王海刚	30.00
8	物流运筹学实用教程	7-301-17610-8	赵丽君	33.00	47	项目采购管理	7-301-23100-5	杨 丽	38.00
9	现代物流基础	7-301-17611-5	王 侃	37.00	48	电子商务与现代物流	7-301-23356-6	吴 健	48.00
10	现代物流管理学	7-301-17672-6	丁小龙	42.00	49	国际海上运输	7-301-23486-0	张良卫	45.00
11	供应链库存管理与控制	7-301-17929-1	王道平	28.00	50	物流配送中心规划与设计	7-301-23847-9	孔继利	49.00
12	物流信息系统	7-301-18500-1	修桂华	32.00	51	运输组织学	7-301-23885-1	孟祥茹	48.00
13	城市物流	7-301-18523-0	张 潜	24.00	52	物流管理	7-301-22161-7	张佺举	49.00
14	营销物流管理	7-301-18658-9	李学工	45.00	53	物流案例分析	7-301-24757-0	吴 群	29.00
15	物流信息技术概论	7-301-18670-1	张 磊	28.00	54	现代物流管理	7-301-24627-6	王道平	36.00
16	物流配送中心运作管理	7-301-18671-8	陈 虎	40.00	55	配送管理	7-301-24848-5	傅莉萍	48.00
17	物流工程与管理	7-301-18960-3	高举红	39.00	56	物流管理信息系统	7-301-24940-6	傅莉萍	40.00
18	国际物流管理	7-301-19431-7	柴庆春	40.00	57	采购管理	7-301-25207-9	傅莉萍	46.00
19	商品检验与质量认证	7-301-10563-4	陈红丽	32.00	58	现代物流管理概论	7-301-25364-9	赵跃华	43.00
20	供应链管理	7-301-19734-9	刘永胜	49.00	59	物联网基础与应用	7-301-25395-3	杨 扬	36.00
21	逆向物流	7-301-19809-4	甘卫华	33.00	60	仓储管理	7-301-25760-9	赵小柠	40.00
22	供应链设计理论与方法	7-301-20018-6	王道平	32.00	61	采购供应管理	7-301-26924-4	沈小静	35.00
23	物流管理概论	7-301-20095-7	李传荣	44.00	62	供应链管理	7-301-27144-5	陈建岭	45.00
24	供应链管理	7-301-20094-0	高举红	38.00	63	物流质量管理	7-301-27068-4	钮建伟	42.00
25	企业物流管理	7-301-20818-2	孔继利	45.00	64	物流成本管理	7-301-28606-7	张 远	36.00
26	物流项目管理	7-301-20851-9	王道平	30.00	65	供应链管理(第2版)	7-301-27313-5	曹翠珍	49.00
27	供应链管理	7-301-20901-1	王道平	35.00	66	现代物流信息技术(第2版)	7-301-23848-6	王道平	35.00
28	物流学概论	7-301-21098-7	李 创	44.00	67	物流信息管理(第2版)	7-301-25632-9	王汉新	49.00
29	航空物流管理	7-301-21118-2	刘元洪	32.00	68	物流项目管理(第2版)	7-301-26219-1	周晓晔	40.00
30	物流管理实验教程	7-301-21094-9	李晓龙	25.00	69	物流运作管理(第2版)	7-301-26271-9	董千里	38.00
31	物流系统仿真案例	7-301-21072-7	赵 宁	25.00	70	物流技术装备(第2版)	7-301-27423-1	于 英	49.00
32	物流与供应链金融	7-301-21135-9	李向文	30.00	71	物流运筹学(第2版)	7-301-28110-9	郝 海	45.00
33	物流信息系统	7-301-20989-9	王道平	28.00	72	交通运输工程学(第2版)	7-301-28602-9	于 英	48.00
34	物流项目管理	7-301-21676-7	张旭辉	38.00	73	第三方物流(第2版)	7-301-28811-5	张旭辉	38.00
35	现代企业物流管理实用教程	7-301-17612-2	乔志强	40.00	74	现代仓储管理与实务(第2版)	7-301-28709-5	周兴建	48.00
36	出入境商品质量检验与管理	7-301-28653-1	陈 静	32.00	75	物流配送路径优化与物流跟踪实训	7-301-28763-7	周晓光	42.00
37	智能物流	7-301-22036-8	李蔚田	45.00	76	智能快递柜管理系统实训	7-301-28815-3	杨萌柯	39.00
38	新物流概论	7-301-22114-3	李向文	34.00	77	物流信息技术实训	7-301-28807-8	周晓光	38.00
39	物流决策技术	7-301-21965-2	王道平	38.00	78	电子商务网站实训	7-301-28831-3	邢 颖	45.00

如您需要浏览更多专业教材，请扫下面的二维码，关注北京大学出版社第六事业部官方微信(微信号：pup6book)，随时查询专业教材、浏览教材目录、内容简介等信息，并可在线申请纸质样书用于教学。

感谢您使用我们的教材，欢迎您随时与我们联系，我们将及时做好全方位的服务。联系方式：010-62750667，63940984@qq.com，pup_6@163.com，lihu80@163.com，欢迎来电来信。客户服务 QQ 号：1292552107，欢迎随时咨询。